共和国科技脊梁

GONGHEGUO KEJI JILIANG

杨建邺 编著

WUHAN PUBLISHING HOUSE
武汉出版社

(鄂)新登字 08 号

图书在版编目(CIP)数据

共和国科技脊梁 / 杨建邺编著. —— 武汉：武汉出版社，2019. 4
ISBN 978-7-5582-2779-0

Ⅰ. ①共… Ⅱ. ①杨… Ⅲ. ①科学家-生平事迹-中国-现代 Ⅳ. ①K826.1

中国版本图书馆 CIP 数据核字(2019)第 045491 号

编　　著 :	杨建邺
责 任 编 辑 :	张荣伟
封 面 设 计 :	刘　勍
出　　版 :	武汉出版社
社　　址 :	武汉市江岸区兴业路 136 号　　邮　　编 : 430014
电　　话 :	(027)85606403　85600625
	http://www.whcbs.com　　E-mail:zbs@whcbs.com
印　　刷 :	武汉中科兴业印务有限公司　　经　　销 : 新华书店
开　　本 :	787 mm×1092 mm　1/16
印　　张 :	21　　字　　数 : 360 千字
版　　次 :	2019 年 4 月第 1 版　　2019 年 4 月第 1 次印刷
定　　价 :	58.00 元

版权所有 • 翻印必究
如有质量问题，由承印厂负责调换。

目 录

科学报国李四光 / 1
慧眼如炬熊庆来 / 6
水杉命名者胡先骕 / 15
远见卓识竺可桢 / 24
桥梁专家茅以升 / 29
仗义执言吴有训 / 37
桃李满园周培源 / 43
"科学之光"严济慈 / 48
核物理先驱赵忠尧 / 56
数学与诗苏步青 / 64
坚持真理郑作新 / 72
铮铮铁骨王淦昌 / 81
刚直不阿束星北 / 86
克隆先驱童第周 / 95
大器晚成张香桐 / 100
正道直行谈家桢 / 110
自学成才华罗庚 / 121
安贫乐道王竹溪 / 129
长河孤旅黄万里 / 138
萦梦太空钱学森 / 149
永不言弃钱伟长 / 154
"裂变之光"钱三强 / 163
"不问政治"彭桓武 / 167

矢志不渝唐敖庆 / 179

爱好广泛的胡宁 / 183

风云人生叶笃正 / 192

中国"核司令"程开甲 / 198

融会古今吴文俊 / 208

实事求是的黄昆 / 216

悬壶济世吴孟超 / 221

壮志未酬姚桐斌 / 230

科学良知邹承鲁 / 239

许身报国邓稼先 / 243

将门虎子梁思礼 / 247

科技统帅朱光亚 / 254

敢说敢为蒋锡夔 / 262

九天揽月孙家栋 / 269

"当代神农"袁隆平 / 278

挑战极限陈景润 / 286

"嫦娥之父"欧阳自远 / 291

方正之士王选 / 298

"核潜艇之父"黄旭华 / 308

"天眼之父"南仁东 / 312

诺奖得主屠呦呦 / 315

神舟"总舵手"戚发轫 / 325

参考文献 / 331

科学报国李四光

李四光（1889—1971），中国地质学家，中国科学院院士。他在世界地质科学领域里首先建立了"构造体系"的概念，创立了中国地质力学。新中国成立以后，出任地质部部长之职，对我国石油的勘探与开发作出了重大贡献。

中国地质学家李四光

李四光这个名字的来历

1902年，李四光考取了武昌第二高等小学堂。当时有一句流传很广的话："湖北省，二百堂，武汉学生五千强。"这说明武汉当时办了不少新学堂。正是在这种大好形势下，李四光考上了武昌第二高等小学堂。

在进这个小学堂时，发生了一件有趣的事情。李四光原名是李仲揆，但在填写报名单时，刚从乡下来到省城的孩子不免有些紧张，在姓名那一栏里竟慌里慌张填上年龄"十四"（那时时兴报虚岁），这一下可把他吓坏了，他连忙把"十"加了几笔改成了"李"，可这名字叫"李四"多不雅气！岂不真成了"张三李四"，让人笑话嘛！换一张报名单吧，他又没钱了。正在着急时，忽然看见大厅正中挂着一块匾，上面写着四个大字，"光被四表"，于是他灵机一动，在"李四"后面加了一个"光"字，从此，"李四光"成了他的学名。

如果没这段轶事，中国现代历史上就只有"李仲揆"而没有"李四光"了。

勇敢否定世界权威

在北欧北美，地质学家发现了第四纪冰川的遗迹，可是一些在中国工作过的外国地质学家，根本没有做过认真、广泛和深入的调查，就毫无根据地断言：中国没有第四纪冰川。李四光对这个武断的结论持怀疑态度，并决心把这个问题调查清楚。

1921 年春夏之交，李四光带领学生对华北地区的河北省沙河县、山西省的大同盆地口泉等地进行地质调查时，发现了明显地带有冰川擦痕的漂砾，以及冰川冲刷形成的"冰川 U 谷"。李四光根据自己的科学考察，写出了文章《华北晚近冰川作用的遗迹》，大胆地否定了世界著名地质学权威李希霍芬（Ferdinand von Richthofen, 1833—1905）、德日进（Pierre Teilhard de Chardin, 1881—1955）等人的观点。

但直到 1949 年，李四光的这一理论才最终得到全世界的公认。在受到嘲讽、压制的近 30 年的岁月里，李四光始终坚持实事求是的科学态度，不盲目相信外国权威，不害怕各方面的嘲讽、打击，表现出一位中国科学家的高贵品格。

他为中国地质学界首次争得了一份荣光。

"太极拳打得好！"

1953 年的一天，毛泽东、周恩来把李四光请进了中南海，征询他对中国石油资源的看法。毛主席说，天上飞的、地下跑的，没有石油就飞不成、转不动。多年来，国内外学者大多认为中国大部是"陆相地层"，没有可供开采的石油。这个结论到底可靠不可靠？中国到底有没有可供开采的油田？

谈起这个问题，李四光不禁浮思联翩，有说不尽的话想倾诉。20世纪初，美孚石油公司的两位专家曾率领一个钻井队，到陕北一带打了七口井，花了300多万美元，结果无功而返。后来美国斯坦福大学的布莱克威尔德教授(Prof. E. Blackweider)到中国作了一番地质调查，结论是：中国缺乏石油资源。

从此"中国贫油"的说法就不胫而走，谬种流传。但李四光对这种不负责任的结论从来就不轻易相信。1928年在《燃烧问题》一书中，他就指出，美孚的失败，并不能证明中国没有油田。中国西北出油的希望虽然很大，还有许多地方也并非没有希望。

毛泽东与李四光握手交谈

1935年在英国讲学时，他又预测属于新华夏系的沉降带中，很可能蕴藏可开采的石油。可惜他的预言和他的希望，在解放前是根本没有人相信的，因此也不可能实现。他为此不知多么的伤心和难受，现在国家的最高领导人亲自垂询，真使李四光百感交集，无限激动。他立即把自己数十年来研究的结果和设想，向毛泽东和周恩来做了仔细解说。

他根据自己对地质力学的研究，运用他所建立的构造体系，特别是新华夏构造体系的观点，仔细分析了我国的地质条件，坚定地认为，有没有大量石油的储藏，问题的关键不在于"海相"或"陆相"地层，而在于是否有"生油"和"储油"的条件。李四光根据石油生成的条件，指出"海相"可以生油，"陆相"

同样可以生油,西方学者认为只有"海相"地层才会生油,是没有道理的。

"生油"的问题解决以后,还要研究中国地质构造有没有"储油"的条件。因为初生的石油,混杂于泥沙之中,点点滴滴,没有开采价值,还必须经过一番地层构造上的大变动,才能把那些分散在各地点点滴滴的石油集中、密封到一起,这才具有开采价值。石油集中的过程一般有两种情形:一是地层发生断裂,于是四处分散的石油流到裂隙封闭到了一块儿;还有一种情形是地层发生"褶皱",分散的石油在地层这种旋扭运动中集中起来,就像拧毛巾可以让水分集中起来一样。

李四光说,中国几条大山脉实际上是地球自转时形成的褶皱,是一种扭动性构造,因而在松辽平原—华北平原—江汉平原形成一条巨大的沉降带,在这些沉降带里有生油条件,加上地层扭动,也有储油条件。因此,李四光坚定地说,在我国辽阔的领域内,天然石油的蕴藏量应当是丰富的。关键是要抓紧石油地质的勘探工作。

1952年与周恩来总理一起交谈

毛泽东、周恩来听罢李四光的科学分析,极为高兴,于是立即指示各地地质部门要加紧开展石油勘察工作。

1954年,李四光根据自己进行地质力学研究的成果,科学地指出中国有三个远景最大的可能含油区:一是青海、西康、云南地带,二是阿拉善—陕北盆地,三是东北—华北平原。广大石油地质工作者得知了这样广阔、壮丽的前景,信心大增,劲头更足。

1959年9月24日,正是共和国建立十周年前夕,在黑龙江肇州县,首次获得自喷工业油流。紧接着,捷报频传,在1960年,中国取得了震惊世界的大庆油田大会战的辉煌胜利;1962年9月,胜利油田又打出了当时国内最高产量的油井。

毛泽东高兴地称赞李四光:"你的太极拳打得好!"

1971年4月29日,李四光因病逝世,享年82岁。李四光早年为悼念他的一个好学生曾写一首诗,这首诗也正好是李四光毕生从事地质科学研究的光辉写照:

崎岖五岭路,嗟君从我游。
峰峦隐复见,环绕湘水头。
风云忽变色,瘴疠蒙金瓯。
山兮复何在,石迹耿千秋。

慧眼如炬熊庆来

熊庆来（1893—1969），1893年出生于云南省弥勒县。熊庆来主要从事函数论方面的研究工作，定义了一个"无穷级函数"，该函数在国际上被称为"熊氏无穷数"，被载入世界数学史册，并因此奠定了他在国际数学界的地位。

读书要紧！

熊庆来、李广田①故居

1907年，熊庆来考入云南高等学堂的前身——云南方言学堂，在这儿开始学习法语。

1909年，16岁的熊庆来由昆明回到家乡息宰村，与3岁时就订下亲事的未婚妻姜菊缘完婚。已订婚13年的熊庆来，这时才第一次见到新娘。

进洞房之前，按当地的规矩，新娘要跪下向新郎叩头——这叫"叩挑水头"，意思是新娘向新郎叩过这个"挑水头"后，将来新郎才会给新娘挑水。接着，按规矩新郎就要抬起腿来，跨一下跪着的新娘的头——这是男尊女卑的旧风俗。接受过现代文明教育的熊庆来，从心底厌恶这种有辱妇女的风俗，自作主张地没有跨新娘的头，反过来还向新娘作了一个揖。

---

① 李广田（1906—1968），山东邹平人。1929年考入北京大学外语系，1935年大学毕业回济南教中学。1952年出任云南大学副校长，1957—1959年任云南大学校长。曾与北大学友卞之琳、何其芳合出诗集《汉园集》。

一时间在场的亲友宾客都愣住了——这完全不合规矩呀！不过很快大家又都反应过来了，交头接耳地称赞新郎说："真有礼貌！""不愧是读书人！""人家到底是在昆明读书的！"

新娘姜菊缘这时心中升起一股温暖之情。

新婚后3天，按规矩新郎要偕新娘"回门"，并且要在新娘家住10天。回门也有一套礼节，娘家的亲友都轮流着请新人及他们的父母吃饭。还没有等到在亲友家把该吃的饭吃完，10天已经过去了。

一对新人又忙着动身回家去。这时，熊庆来读书的高等学堂开学的日期已经临近。新人回家只住了三天，新郎就告别了新婚才半个月的新娘，辞别了祖父母和父母亲，启程回昆明。

动身前夜，慈祥的老祖母悄悄地把庆来叫到跟前，细声问：

"咋个就要忙着走了？是不是你们小夫妻感情不好啊？"

熊庆来连忙解释说："不是，奶奶。菊缘蛮好的，我们俩也蛮好的。可是，读书要紧呀！"

"读书要紧！"——新婚半月仅16岁的熊庆来，就是怀着这样强烈的求知欲，匆匆告别了新娘子和亲人，又跋涉在四百多里崎岖不平的山路上。

战争改变了他的志愿

1913年秋天，熊庆来考取云南官费留学，与缪云台等12位同学远赴欧美学习现代科学知识。熊庆来被分配到比利时学习矿业，他先到比利时黎野日城的包芒学院学习法语。1914年秋天学完法语，正式报考黎野日大学。如果不是发生第一次世界大战，那么，一位矿业工程师不久后将回到中国。

但是正当熊庆来在1914年8月初进行考试的时候，德国军队在8月4日发动了突然袭击，入侵比利时，并迅即占领了黎野日城。结果考试还没有完毕，就不得不半途中止。

熊庆来只得转赴法国求学。可是，此时要往南直接越过比法边境进入法国已经不可能了。大批德军驻扎在比法边境线上。他只能从较近的北面出境。于是，熊庆来草草收拾行装，带上箱子穿过硝烟，夹在难民的行列中逃离比利时，从北面进入荷兰，再转道英伦，然后从英国渡过英吉利海峡进入法国，到达巴黎。一路辗转颠簸，历尽艰辛。

经过一番考虑，熊庆来在巴黎先进入圣路易中学算学专修班，预备学习一段时间后，再投考巴黎高等矿业学校——他原先立下了学习矿业，回到矿产丰富的云南兴建实业的志向，这时他的意愿仍然坚定不移。

可是，令人沮丧的是他很快得知消息说，巴黎高等矿业学校因战时总动员而决定关闭，并且一时半会儿不可能重新开学。这下可让熊庆来着了急：怎么办呢？总不能因此辍学返回中国吧。于是，熊庆来人生道路在这时被决定了：他攻读矿业的计划成了泡影，转而攻读数学。

多年之后在回忆起这段往事时，他几次对子女们说："我学习数学是相当偶然的。"

巴斯德的故事

1920年，熊庆来留学期间留影

在法国留学期间，熊庆来熟知法国科学家巴斯德的故事。

1870年法国与普鲁士开战，法国惨败，拿破仑三世被俘。战胜国普鲁士向法国索取50亿法郎的巨额赔款。普鲁士原以为索取如此巨额的赔款，法国在今后若干年内肯定一蹶不振。然而出乎意料的是，法国在短短的一年之内，就全部付清了这一大笔赔款，全世界都为此感到震惊。

那么，法国从哪里筹集到这笔巨款呢？这要感谢巴斯德完成的研究工作。在酿酒方面，他发明的"加温灭菌法"，解决了当时酿酒业长期无法解决的酒类变质问题，使法国的酿酒业得到了飞跃的发展。在养蚕业方面，1865年欧洲流行一种蚕病，使原本很繁荣的法国养蚕业发生了严重危机，甚至于可以说已经濒临绝境。幸运的是巴斯德经过潜心研究，发现了引发蚕病的病原体，并找到了防治感染的方法。这一方法成功拯救了法国即将全军覆没的养蚕业，使它得到迅速恢复和发展。正是他的研究，拯救了法国酿酒业和养蚕业，给法国带来了繁荣，创造了巨大的财富。

巴斯德的重大发现还远远不仅限于解决了酿酒、养蚕的问题,也远远不仅50亿法郎的价值,他发现的"传染病预防接种法",使人类从许多危险的传染病的威胁下解放出来,无疑是人类历史上最伟大的医学发现之一。

法国科学家巴斯德的科学救国精神和实践,给熊庆来的影响实在是太大了。他牢牢记住了巴斯德,以巴斯德为自己效学的典范。在他后来的生活和教学中,他多次给周围的人讲巴斯德的故事。他希望子女们、学生们以至同仁、国人都向巴斯德学习,用科学来拯救自己的祖国,建设自己的祖国。

1932年,熊庆来作为第一次出席国际数学家大会的中国代表,与全体与会代表摄于瑞士苏黎世。右上方圆框内是熊庆来的放大照

他的二儿子熊秉明晚年曾经说:"(父亲)常常讲起巴斯德。巴斯德的故事我从小听过许多次。……父亲讲巴斯德的故事,欧几里得、伽利略、牛顿的故事,一如他讲《左传》《战国策》,给我们幼小的心惊讶和启发,似乎在未来生命的海洋上看到有隐约的航线。"

熊庆来的小儿子熊秉群进入中年之后,忆起幼时情形,印象最深的是:"小时候父亲给我们讲故事,一类是历史故事,如晏婴使楚、将相和等,另一类是科学家的故事,如巴斯德、居里夫人。"

1930年代熊庆来在清华大学任教时,学校准备建造考究的美国式体育馆,他认为没有必要。他几次对孩子们说:"巴斯德发现细菌,居里夫妇发现镭,都不是在漂亮的实验室里完成的。"

熊庆来在清华大学任教时的学生,云南师范大学教授朱德祥回忆说,熊先生常讲法国爱国青年巴斯德的故事。此人在法国经济大恐慌的关口,拼命研究细菌学并取得成功,从而挽救了当时法国受蚕瘟和酒腐威胁的两大行业,使法国有钱偿还敌国的战债。熊先生用这类故事激励青年学科学。

打算卖掉的皮袍

许多人知道熊庆来发现和帮助数学天才华罗庚成才的故事,但是知道他如何帮助青年才俊严济慈成才的故事的人,可能就比较少了。其实这两个故事都很感人。华罗庚的故事,在华罗庚那一节讲,这儿讲严济慈的故事。

1921年秋,熊庆来应聘到南京东南大学创办数学系,任教授兼数学系主任,同时还兼任南京高等师范学校的教授。在这段时期培养的学生中,优秀者不少,如严济慈、赵忠尧、唐培经、周绍廉、陈传璋等等。这些学生日后多成为中国数学界与物理界的栋梁。其中,尤以熊庆来与严济慈之间的师生情谊最为深厚。

严济慈在1918年,以第一名的优异成绩考取南京高等师范学校。熊庆来很快发现严济慈不仅学习认真刻苦,而且是一个不可多得的人才。他多次对妻子姜菊缘说,严济慈这个学生是个人才,我们都要多关心他一点。要培养一个人才不容易。我们国家缺人才啊。

熊庆来全家福

1923年夏,严济慈要毕业了。熊庆来想:像严济慈这样优秀的学生,日后的前途将会是怎样的呢?如果有条件继续深造的话,那将能成为出类拔萃之才,为国家为社会做出很大的贡献。假若条件不好,恐怕就要被埋没了。当今的社会,兵荒马乱教育不兴,等待着严济慈的会是什么呢?这样好的学生,应该帮助他争取出国深造!否则,现在国内这样的条件,他难以进一步提高,这就太可惜了。可是,出国需要很多钱……

后来，熊庆来和几个同事决定共同资助严济慈出国的路费和学习、生活的费用，直到他完成学业为止。在这期间，熊庆来因为家里人口增多，加上他常常生病，日子过得十分拮据，虽然妻子省吃俭用，可是仍然常有入不敷出、捉襟见肘的时候。有一次，姜菊缘提醒丈夫应该寄一百元钱给严济慈了，但是家里没有那么多钱。怎么办呢？熊庆来想起了自己还有一件皮袍，就让姜菊缘把皮袍卖掉寄钱。

妻子姜菊缘说："这怎么行？卖了你以后穿什么？你的身体又不好，少了皮袍你受得了吗？"

熊庆来说："不要紧，天气渐渐暖和了，我一下子穿不上。寄钱要紧！"

姜菊缘知道丈夫的脾气，不便再说什么，但是心细的姜菊缘盘算开了："这皮袍子怎么能卖？他那身体到了冷天没有皮袍子他怎么受得了？现在要是卖了这件皮袍子，以后再也买不起了。不能卖！"

思来想去，她突然想到一个办法：去找丈夫的老朋友、负责中英庚款的孙洪芬先生，先找他私人借一百元寄给严济慈，以后再设法还给他。后来，姜菊缘和熊庆来省吃俭用，几个月内从生活费内挤出了一百元，还给了孙洪芬先生。

在严济慈成为著名的物理学家之后，他常常满怀深情地谈起熊先生和师母对他的无私帮助和关心。提到卖皮袍子这事时，他激动地说：

> 熊先生为我卖皮袍子的事，是事隔10年之后，在一次和师母谈天时，才偶然听师母说到此事，当时我心中真是百感交集，感动不已，眼眶都湿润了。这事对我来说，真是刻骨铭心，永世难以忘怀，从这件事可以看出熊先生那博大的胸怀，对年轻一代表现了多么深切的关心，付出了多么深厚的热情和挚爱啊！

生命的最后岁月

1966年，一场大动乱席卷了中国大地。史无前例的"文化大革命"使中国仿佛一夜之间退回到了野蛮时代。熊庆来被扣上了"反动学术权威"的帽子,打成了"熊(庆来)华(罗庚)黑线"人物,批判他的大字报贴满了数学研究所。他多年来谦逊、勤恳地从事的科学研究工作被否定,殷切地辛劳地培养人才的努力被贬低,对祖国与乡土的坚定的热爱遭践踏……

8月,数学所里的造反派野蛮地抄了熊庆来的家。年逾七十的熊老夫妇,不知所措地看着他们如入无人之境,翻箱倒柜。熊庆来已完成的最后三篇论文稿也被抄走了。(这三篇论文以后也未能发表,因为在熊庆来逝世之后家属被告知,这三篇论文被数学所的有关人员"遗失"了)

从此,没完没了的批斗开始了。这时,半身不遂的熊庆来还同时患有糖尿病和冠心病、肾盂肾炎,身体虚弱,常常要到医院打针治疗。

可是,造反派的"英雄"们,对这样一位风烛残年的老人丝毫没有怜悯之心,不仅逼迫他参加批斗会,接受"革命群众"的批判斗争,而且要求一喊就来,不准迟到。没有办法,姜菊缘只好提上尿壶,搀扶着丈夫一步一挪、艰难地向批斗会场走去……

冬天的一个下午,在数学所四楼的一间大会议室,又召开批斗大会。台下黑压压地坐满了二百多人。熊庆来被唤到台上,一开始还给了把椅子让他坐着。可是十多分钟后,慷慨激昂的造反派就命令他站起来接受批判。从下午2点多钟,一直站到6点多钟,天都黑了,批判会才算结束。试想,一个半身不遂的身患高血压的老人怎么受得了啊!?

还有一次,熊庆来和华罗庚两个"黑线人物"一起受到批判。批判会开始,造反派二话不说,先让他们俩罚站。一只腿有残疾的华罗庚搀扶着半身不遂的老师站在那里,两人都站得那样艰难。这时华罗庚作为对国家有重要贡献的科学家,是由总理指示要加以保护的,可仍然摆脱不了被批判的命运。他忍不住对主持会场的人说:"我虽然也是残废人,但毕竟还年轻一点,站就站了。可是熊老师年老了,你们要给他个凳子坐嘛!"

熊庆来接着华罗庚的话,说:"不,华先生是所长,他不坐我也不能坐!"

后来几个造反派很勉强地给了一条凳子,共患难的师生二人才挨着坐下了。

数学所的造反派们还成立了"熊庆来专案组",派出人员搞所谓的"内查外调"。他们还停发了熊庆来的工资,只给15元的生活费,并且冻结了熊庆来在银行的储蓄存款。

这时熊庆来的身体很差,经常需要到医院治病。后来没有办法,只好把早年徐悲鸿送他的一幅《奔马图》设法变卖了,才换来一点治病的钱。

熊庆来的住房也被一间一间地挤占了。原来的四间住房,1967年被挤占了一间,住进来一家人;1968年又被挤占了两间,住进来两家人。厨房、卫生间则几家共用。熊庆来仅有的一点家中的宁静,也一去不复返了。

在熊庆来去世前半个多月,他因身体虚弱行动艰难,不慎摔了一跤,折断了一个脚趾。这时的血压高达270,尿液化验三个"+"号,可是却只能在附近医院草草地看一下门诊,因为他是"反动学术权威",连住院治疗的资格都没有。他的健康状况越来越差,日趋恶化……

1969年2月3日凌晨,就在他写完最后一份"交代材料"之后,他走完了76年艰辛的人生历程——一个20世纪中国老知识分子的艰辛历程!

熊庆来故居中他的雕像(其子熊秉明创作)

清晨,远在十几公里外的邮电学院被发配烧锅炉的小儿子秉群才得到消息,蹬着自行车飞奔回来,扑到父亲身上痛哭不已。

接着,他一连打了13个电话,通知亲友。在当时那种险恶的政治氛围中,很多人哪敢相见啊。冒着严寒赶到家中吊唁的只有严济慈和华罗庚。已是古稀之年的严济慈进屋见到熊老的遗容时,才叫了一声"熊先生",就呜咽了。他泪眼凝视老师,心如刀绞,悲愤不已,搀扶着悲伤欲绝的师母,竟说不出安慰的话来……

华罗庚得知熊老溘然长逝的消息赶来吊唁时,遗体已经送往焚化间准备火化。华罗庚拄着拐杖、踉踉跄跄地直奔焚化间。想到和自己相处了几十年的恩师,华罗庚心都碎了,泪水流满面颊。他无论如何要见恩师最后一面。只见他急切地弯下腰,边饮泣,边翻开尸体上的盖面布,一张熟悉得不能再熟悉的慈祥的面孔,蓦地映入了他的眼帘!他再也抑制不住哭出声来……

他深深地向恩师鞠了三个躬,又久久地含泪凝视着恩师长眠的脸。半晌,才一步一回头地抽泣着,掩面离去。

水杉命名者胡先骕

胡先骕(1894—1968),江西南昌新建人,植物学家和教育家,中国植物分类学的奠基人。与人联合创办中国科学社生物研究所、静生生物调查所,还创办了庐山森林植物园、云南农林植物研究所。发起筹建中国植物学会。首次鉴定并与郑万钧联合命名活化石"水杉"。

五岁作诗

胡先骕天资很高,自幼就表现出很高的文学天赋,被誉为"神童"。五岁时,他父亲因为"庚子事变"①从北京回到南昌。有一次吃饭的时候,他的父亲随口出一上联"五龄小子",他马上以"七岁神童"对出下联,父亲非常高兴。后来,父亲就亲自给他讲授杜甫的《月夜忆舍弟》《梦李白》等五言律诗。

七岁时他的父亲赴陕西就任官职,当时已是秋天,遍地落叶,景物萧索,小先骕在纸片上勾勒出一幅风雨孤舟的素描,还题了两句诗:

连日风和雨,孤舟远远行。

后来他父亲坐船行至汉江,恰好遇到与儿子画中的情形极其相似的情境,不禁十分感慨地续写了两句:

可怜儿七岁,犹解宦游情。

胡先骕一生都喜欢写诗,存留下来的约有四百余首。晚年他把平生的诗作请钱锺书先生代为编订,选出大约一半,分上下两卷,自费印了三百册,送给好友,书名为《忏庵诗稿》。钱锺书还为这本诗稿写了一个短跋:

---

① 列强的欺凌,激起了中国百姓普遍的愤恨,由此造成义和团运动,并最终导致八国联军在1900年攻占北京城,这就是"庚子事变"。次年列强强迫清政府签订《辛丑条约》。

挽弓力大，琢玉功深。登临游览之什，发山水之清音，寄风云之壮志，尤擅一集胜场。丈论诗甚推同光以来乡献，而自作诗旁搜远绍，转益多师，堂宇恢弘，谈艺者或以西江社里宗主尊之，非知言也。承命校读，敬书卷尾。庚子重五后学钱锺书。

钱锺书自称"后学"，推重胡先骕的诗，是因为胡先骕与他的父亲钱基博一直都有交往。

胡先骕的婚姻观

胡先骕与家人

胡先骕的政治思想、文化思想保守，五四时期反对新文化运动。在对待家庭婚姻，他也是按中国传统的方式行事，丝毫没有染上西方人的浪漫习气。1912年底他到美国留学之前，遵父命与王蓉芳女士完婚。这项婚姻是父母包办的，王蓉芳是浙江孝丰人，胡先骕的表姐，比他大一岁，两人指腹为婚，而且青梅竹马。王蓉芳双亲早逝，她一直以大姐身份在家主持家务，给弟弟办完婚事后，才出嫁到胡家。王蓉芳虽出生于富裕人家，却没受过教育，不认识字，相貌也不漂亮，而且缠过足；但是她的性格极其温顺，善于理家。与胡先骕结婚后，两人相敬如宾，贫贱与共。不幸的是1926年4月，王蓉芳病逝于南京，年仅33岁，胡先骕万分悲痛。胡先骕的二女儿胡昭静在《先君步曾公轶事》一文中回忆说：

在我成年后，父亲仍然很怀念母亲，他们结婚后的十多年里从没发生过口角争执，一切事都听父亲的安排。有一件事很能说明这一点，大姑父逝世以后，父亲在没有与母亲商量的情况下就把大姑母接到家里。在姑母来我家以后，母亲欣然接待，毫无异议。母亲的贤惠明理，远不是后来的新式女子所能比的。母亲病重不能起床的时候，还在病床上指点家事，教育子女。因为久病，母亲想找一个淑女来照顾父亲，刚好姻亲家里有一个貌美而贤惠的丫鬟，母亲想给父亲娶过来，但是父亲坚决不同意。

胡先骕虽然思想保守，但在婚姻方面却瞧不起中国男人纳妾的陋习。他认为："男女居室，固为人生一大事，然亦只人生万物之一端，而不宜于着重者也。"

发现"活化石"水杉

胡先骕在古植物学领域最大的功绩，是与郑万钧共同发现并命名水杉。有"活化石"之称的水杉，从6500万年前，至160万年前，曾广泛分布于北半球的中纬度和高纬度地区。随着全球气温的逐步下降和冰川的剧烈影响，水杉分布区的北界逐渐向南推移，分布区也逐渐缩小，最后遗留在我国湖北、重庆和湖南交界处。1945年，农林部技师王战在位于现今湖北省利川县的谋道溪（又名磨刀溪）采得标本，几经辗转，最后由胡先骕与郑万钧于1948年定名为"水杉"。在胡先骕与郑万钧合著的《水杉新科及生存之水杉新种》论文中，详细报道了水杉的新科、新种及发现经过。

当年采集第一份标本的水杉树

（1945年）万钧在渝，由吴中伦先生转示农林部王战在四川万县磨刀溪所采之水杉标本,并经王氏鉴定为水松(Glyptostrobus pensilis)。唯其叶对生,果鳞亦对生,与水松绝异,当经认该种,系一新植物,而非水松。随于三十五年(1946年)二月及五月,由中央大学森林系技术员薛纪如先生两次前往万县磨刀溪,采获花及叶果标本,益知确系从未发现之新属,至饶兴趣。唯战时后方文献极少,乃由万钧函胡先骕,告知发现此一有趣之新属,并将其小型标本寄往北平,当经研究,确定为水杉(Metasequoia glyptostroboides)……水杉属化石种,有十种。水杉属之生存种仅川鄂交界所产之一种,其原产地称此树为水杉。因其形似杉类而喜生于水边,故得名。

这个发现被认为是中国现代植物学的一个非常重要的成就,对植物形态学、分类学和古生物学都有重要意义,轰动了当时国际植物学界。这一发现首先引起美国科学家的注意,生物学家梅尔(Elmer Drew Merrill, 1876—1956)立即写文章称颂这一发现的重要意义;古生物学家钱耐(Chaney)也给予高度评价,并撰文详加介绍。由于他们两位的重视,以后就引起国际科学界极大关注。1946年2月,钱耐与《旧金山纪事报》(San Francisco Chronicle)科学编辑西尔维曼(Silviman)两人得到美国"护杉同盟"(Save the Redwoods League)的资助,亲自到水杉原生地一个多月,采得标本及幼苗四株,空运回美国,种植在加州大学的温室中。

出任中正大学校长

在胡先骕看来,大学校长是一个很光荣的职务,他曾经说:

(大学校长)在欧美各国均以名流硕学充之。如美国哥伦比亚大学聘艾森豪威尔元帅为校长,即其一例。而在中国过去亦极重视大学校长之人选。过去无论矣。自民国建立以来,北京大学校长先后为严几道、马相伯、蔡子民所充任。以校长为一时之人望,故能增加大学之尊严,有名之学者亦易礼致。

胡先骕从来没有从政的意愿,但是他认为大学校长与政府官员不同。所以在 1940 年,当江西省省长熊式辉邀请胡先骕出任刚刚筹建的国立中正大学校长的时候,他表示愿意担任这一职务。

1940 年 9 月 26 日,胡先骕从重庆乘飞机赴桂林,再转到泰和,10 月 2 日到校正式任职。他在静生所的职位,则根据五年可休假一年的制度,先请假一年。但是,胡先骕到职以后,因为不愿意无条件地听命于国民党而受到排斥和打击,最后不得不在 1944 年无奈地辞去校长的职务。

不准逮捕学生

胡先骕出任中正大学校长以后,倡导学术自由,不做政治的附庸。上任之后不久,就把省长熊式辉派来的不学无术的文法学院院长马博厂和政治系两位教授解聘。他对政治势力不肯屈服,但是对学生则关爱有加。最轰动一时的例子是处理"《民国日报》事件"所表现出来对学生的宽厚。

1943 年春,胡先骕去重庆参加党政训练班期间,中正大学学生与江西《民国日报》记者发生口角,该报记者竟在报纸上撰文,毫无道理地贬损中正大学,因而引起学生的不满,愤怒的学生冲入报馆,砸了报社。这件事一时震惊全国,蒋介石立即下手谕,要求严惩肇事学生。胡先骕急忙从重庆赶回学校,在得知风潮起因于《民国日报》记者无理挑起事端,就在训斥学生之后,宣布不开除一名学生,但参加砸报馆的学生要签名承认打砸行为不对。有 170 多名学生自动签名,

出任国立中正大学校长时的胡先骕

胡先骕决定只对这些学生给记大过处分。风波很快平息,胡先骕此举得到学生的热烈拥护。

胡先骕虽然不愿意与熊式辉充分合作,但是他总算还能实现自己的办学理念和方针;但是,后来他不与蒋经国合作,那可就不是小事,最后只能是他在无奈之中辞去校长之职。与蒋经国的冲突起源于蒋经国想控制中正大学,

为自己捞取政治资本。蒋经国在治理赣南的几年中,得到一些民望,积累了一定的政治资本。接着他又想继续扩大他的政治影响,就想尽办法要把中正大学迁到赣州。但是他万万没有想到的是,他的这一想法居然遭到胡先骕拒绝,于是他认为只要除掉胡先骕,就可以达到自己的目的。于是他对父亲蒋介石说中正大学办得如何如何糟糕,如何如何不堪。蒋介石也不知道是真的相信了蒋经国的话,还是有其他目的,立即下了手谕迫使胡先骕辞职。胡先骕后来回忆说:

> 蒋经国向他父亲进谗言,下手谕逼我辞职,在全体教授都打电报挽留无效后,我便在一九四四年春天辞了职。这件事陈立夫是不愿意的,我后来听见人说,陈立夫为了此事曾说过:"伺候一个人已经够了,难道还要伺候人家的儿子吗!"

胡先骕本人对蒋介石逼迫他辞职——尤其是在第一届学生毕业在即的时候,认为蒋实在不够朋友;如果一定要他辞职,也应当等学生毕业之后,让自己在第一届毕业生的毕业证书上盖上自己的印章以后再说,何需如此急迫行事?

此后,胡先骕不愿与蒋家人有任何接触。有一次乘飞机从重庆飞回江西,当他得知蒋经国也在这架飞机上的时候,他不想与蒋经国同行,就在半途的桂林提前下了飞机。抗战胜利后,蒋介石在庐山时听说胡先骕也在山上,于是主动约见。胡先骕得知这一消息后,立即提早下山,免得与蒋介石会面。

《水杉歌》

1961年,胡先骕以如椽大笔写下了气势磅礴的长韵《水杉歌》。他极尽描写之能事,让水杉屹立在壮观的新世界,这是何等雄伟!这种无我之境,是中国旧体诗的最高意境,如李白所说"海风吹不断,江月照还空"。胡先骕还细致描述水杉的习性、地质的变迁以及今日的发现与命名,最后他胸怀激烈地写道:

> 如今科学益昌明，已见浃浃飘汉帜。
> 化石龙骸夸禄丰，水杉并世争长雄。
> 禄丰龙已成陈迹，水杉今日犹葱茏。
> 如斯绩业岂易得，宁辞皓首经为穷。
> 琅函宝笈正问世，东风伫看压西风。

曾经与水杉一同生存于世的众多生物，现在都已经灭绝，只有水杉依旧郁郁葱葱。这样的科学发现不是轻易能够获得的，而是皓首穷经、刻苦钻研的结果。胡先骕对水杉的发现很自负，对中国植物分类学得到长足的发展也感到十分欣慰。中国植物学在引进西方科学的基础上创建起来，但是经过胡先骕这一代众多科学家的努力，逐渐得以独立，即使在西方人面前也不用自卑，所以有了"东风伫看压西风"的自信与自豪。

《水杉歌》科学内涵如此丰富，文学意境如此高远，只有从事科学研究，又具有文学才华的人才能写

1948年引种到庐山的水杉

出来，纯粹的诗人是难以望其项背的，因为诗人没有长期关注研究材料，其心志难以深入其髓。所以《水杉歌》可以说是深邃的科学意境与高度的文学修养结合得最完美的杰作之一。

《水杉歌》写得这么好，它的发表却费了不少的周折。1961年春胡先骕写好《水杉歌》后，投稿到某诗刊，没有被采用。被拒绝的原因还是政治因素，自1949年后胡先骕的文章除科学论文可以发表之外，其他文字都难以出现在刊物上。《水杉歌》遭退稿以后，胡先骕老友秉志得知，立即建议胡先骕将

诗稿寄给陈毅。当时恰逢中国共产党对知识分子的政策有所松动，陈毅收到《水杉歌》后不仅大为赞赏，还写了读后感，推荐到《人民日报》。于是《水杉歌》与陈毅的"读后感"在1962年2月17日一起发表在《人民日报》上。陈毅对胡先骕很尊崇，他说："胡老此诗，介绍中国科学上的新发现，证明中国科学一定能够自立且有首创精神，并不需要俯仰随人。诗末结以'东风伫看压西风'，正足以大张吾军。此诗富典实、美歌咏，乃其余事，值得讽诵。"

诗被《人民日报》刊出后，陈毅还特邀胡先骕晤谈。得到这种礼遇，再加上诗中"东风伫看压西风"之句，与当时西风东风的政治比喻相同，一些部门以为胡先骕思想有所进步，这使得他的政治待遇有所改善，不仅将其纳入统战的对象，还邀请他列席过全国政协会议——但这是仅有的一次。因为胡先骕真率成性，好发批评意见，临行前家人再三嘱咐他不要随便发言，但他在会上仍是放言无忌，从此以后就再也没有被邀请参加会议了。

胡先骕的《水杉歌》后来由他自己译成英文，刊登于香港出版的《东方地平线》杂志。他对这一呕心之作十分珍爱，曾多次书赠好友。

"中国生物学界的老祖宗"

1999年，中共党史出版社出版的《陆定一传》里，有1956年4月27日陆定一在中央政治局扩大会议上的讲话记录，当时陆定一是中共中央政治局候补委员、宣传部部长。这次会议主题是讨论毛泽东《论十大关系》。陆定一在讲话中提到胡先骕时，毛泽东插了不少话，这些插话很有意思，特录在下面供读者参考：

> 从前胡先骕的那个文章我也看了……他那个时候骂苏联，所以我们就气了。他讲的问题是生物学界很重要的问题，这个人在生物学界很有威望（毛泽东插话：不是什么人叫我们跟他斗一斗吗？）。后来我们……（在）报纸上没有提他的名字……（毛泽东插话：胡先骕那个文章对不对？）。他批评李森科的观点很好，那是属于学术问题，我们不要去干涉比较好（康生插话：我问了一下于光远，他觉得胡先骕是有道理的。胡先骕是反对李森科的，什么问题呢？李森科说：从松树上长出一棵榆树来，这是辩证法的突变……毛泽东问：

能不能变？康生答：怎么能变呢？……整个的来讲，胡先骕讲得还是对的，他只讲错了一个例子，我们不应该去抓人家的小辫子，就说他是错误的）。那不一定去向他承认错误（毛泽东插话：那个人是很顽固的，他是中国生物学界的老祖宗，年纪七八十了。他赞成文言文，反对白话文，这个人现在是学部委员吗？）不是，没有给（毛泽东插话：恐怕还是要给，他是中国生物学界的老祖宗）。

但是，胡先骕无论是在1955年还是毛泽东发话以后的1957年，都没有被选上学部委员（即现在的中科院院士）。凭胡先骕在植物学界的贡献和威望，绝对可以当上学部委员；但是由于胡先骕性格直率、锋芒毕露，得罪了一些人；再加上他毫不留情地批评苏联学霸和伪科学家李森科的"理论"，一度被认为是反对苏联而受到严厉批判，幸好李森科不久在苏联也受到批判，学霸倒了，这才没有给他酿成大祸，否则右派帽子就戴定了——陆定一就说过，胡先骕是没有戴帽的右派。

但是，像胡先骕这样的先驱性奠基性人物被拒于学部委员之外，终究是一件十分遗憾的事情。我国学者谢泳先生对这件事犀利地评判说："对1955年学部委员的选举来说，胡先骕的落选，不是他个人的耻辱，而是这种体制的耻辱。"

说到当时学部的体制，著名科学家竺可桢当时的一条意见可以使我们窥视其中的弊病，他说，学部既有233位专家，应当为最高权力机关，为何组织章程草案第十条，院务委员会是最高权力机关，许多是行政人员，而院务常委会中行政人员成分更大。

在这样一种体制结构下，想要求学部委员的人选或者其他一些事情都能尽如人意，是不大可能的。

远见卓识竺可桢

竺可桢(1890—1974),字藕舫,浙江绍兴人。中国科学院院士,中国近代气象学家、地理学家、教育家。中国近代地理学和气象学的奠基者。

少年英才

1890年,竺可桢出生于浙江绍兴。竺可桢幼时聪明好学,从2岁开始认字,童年起,学习勤奋,并萌生爱国思想,敬佩宋代诗人陆游和明代学者王阳明等人的学识和思想。

1909年,竺可桢就读于唐山路矿学堂,学习成绩全班第一。第二年,竺可桢如愿以偿地考取第二期留美庚款公费生。他认为中国以农立国,因此决定到伊利诺大学农学院学习。毕业后,转入哈佛大学地学系,潜心研读与农业关系密切的气象学。

气象学家竺可桢

1914年,在美国康奈尔大学留学的任鸿隽、杨铨等人提议组织一个科学社,并创办杂志向国内介绍科学知识和科学思想。不久,科学社及其刊物就随其创办人一同转到了哈佛大学。其后,科学社正式定名为"中国科学社"。竺可桢成为"中国科学社"第一批成员,并积极参与社务活动。

获得哈佛大学硕士学位后,竺可桢留在哈佛继续深造,这期间他是中国科学社最重要的领导人之一。他卓有成效的工作使科学救国思想的宣传有了相对固定的阵地,并最终促使科学救国思潮的形成。

1918年,竺可桢获得哈佛大学气象学博士学位。随即,他怀着一腔报国为民的激情,返回阔别了8年的祖国。

学成归国

竺可桢回国后,不受高官厚禄,先受聘到武昌高等师范学校讲授地理和天文气象课。他自编讲义,内容新颖、丰富,体现了当时最先进的地理和气象学说,还在课外带领学生参观实习,深得同学爱戴。他的教学成绩与负责精神,也深为校方重视。

1920年秋,竺可桢转至南京高等师范学校,讲授气象学、地理学等。这年冬天,在南京高等师范学校的基础上,开始筹建东南大学,竺可桢任地学系主任。在这期间,发表了有关东南亚台风、天气型、历史上气候变迁和阐述发展地理科学等一系列专著,

南京北极阁雄姿

并当选为中国气象学会首届理事、副会长。

1928年应中央研究院蔡元培院长的聘请,在南京北极阁筹建气象研究所,任气象研究所所长。从这一年开始到1936年,竺可桢全力以赴创建北极阁气象台的地面和高空观测、天气预报和气象广播等业务,推动全国气象台站建设,培训气象人才,带头开拓气象研究。在这八年中,他发表论著约50篇。他也正是由于这些成就,被选为中央研究院评议员。

浙大岁月

1936年,竺可桢被任命为浙江大学校长。

1937年11月,日军迫近杭州时竺可桢率校西迁。先后经浙、赣、湘、粤、

桂、黔等六省,并于1940年初迁到遵义湄潭。浙江大学留在那里一直到1946年夏,才复员回到杭州。

在这几年中,竺可桢锐意发展浙江大学,开展科学研究,提高学术与教学水平,扩充院系,设立分校,并坚持培育良好的学风,使浙江大学声誉大振。当李约瑟到浙江大学参观时,对浙江大学的教学和研究感到非常震惊,认为这时的浙江大学可以与英国的剑桥大学相媲美。

湄潭浙江大学旧址

抗战胜利以后,竺可桢又忙于组织浙江大学迁回杭州,在这期间又增设医学院。在这期间他还被选为国际气象学会气候学委员,作为中国代表团成员之一出席联合国教科文组织(United Nations Educational, Scientific and Cultural Organization,缩写UNESCO)成立大会。

1948年,竺可桢被选为中央研究院院士。

1949年4月,拒绝随国民党政权一起去台湾,到上海暂居。

老骥伏枥

中华人民共和国成立之后,竺可桢被任命为中国科学院副院长,主要分管自然科学研究方面的组织领导工作。根据国家关于科学研究工作的方针,竺可桢广泛征求意见,制定调整、建立研究机构的原则,并组织实施;选聘研究人才,组织与高等院校的合作,大力开展科学研究工作。1953年开始冬小麦的物候观测工作,继而又进行了棉花、水稻的物候观测。

1955年选聘为中国科学院院士（学部委员），兼任生物学地学部主任。1955年6月，时任中科院院长郭沫若在学部成立大会的报告中，正式提出了要在院内设置一个"综合考察工作委员会"，专门负责综合性的考察工作，以适应全院日益繁重的综合考察任务。在竺可桢的推动下，"综合考察工作委员会"正式成立，竺可桢担任委员会主任。

在竺可桢的指导下，由中国科学院地理研究所主持建立了全国物候观测网，把农作物物候的观测工作推向了全国。制定了物候观测方法（草案），确定国内共同物候观测种类。

竺可桢是历史气候学的创建人、奠基人，其中历史气候变迁（历史物候学）是他用力最多、成就最大的一个领域，蜚声国际科学界。竺可桢曾经在国内建立了有40多个气象站和100多个雨量测量站的中国气象观测网。他一方面重视物候的观察记录，自1921年留学回国的第二天直到1974年逝世的前一天，他每天观察并记录物候和天气；另一方面广泛收集历史物候资料，在他与宛敏渭合撰的《物候学》一书中，收集有丰富的历史物候资料和研究成果，这在其他国家的物候著作中是少见的。

正在做研究的竺可桢

雄文一篇

竺可桢除了重视物候学以外，还十分重视领导中国古代科技的研究和发掘，其目的在于阐明中华民族在世界科技发展中的杰出贡献，以激发民族自尊心和自信心。而且他还研究历史上的中外科学文化的交流，促进中国与世界各国人民之间的友好关系。他本人也在天文学史、气象学史、地理学史、科学通史等方面进行过很有成效的研究，发表过许多论文。

作为"可持续发展"思想的先行者，竺可桢始终从科学视角，关注着中国的人口、资源和环境问题，他不仅在学理上大力关注可持续发展的相关理论问题，而且知行合一，在经济社会发展实践中倾力躬亲，从世界可持续发展思想形成的历史进程看,他的这些思想的提出,标志着中国科学家较早地、独立地关注并研究人口、资源和环境问题,是中国科学界对"可持续发展"理念具有前瞻性的早期探索。

正是由于竺可桢对中国的资源等各个方面有深入的调查和了解,加之对天文学史、气象学史、地理学史、科学通史等方面的深入了解,他在1963年发表了一篇震惊中南海的雄文《论我国气候的几个特点及其与粮食作物生产的关系》。这篇文章将大气环境问题引入到农业生产研究中,从而提出了:

> 气候既仍为目前粮食生产增减的一个重要因素,吾人应急分析气候如何影响粮食生产,并进一步探讨如何利用一个地方气候的有利因素而减少或免除一个地方气候的不利因素。

这篇文章引起了毛泽东的高度关注,他立即约见了竺可桢和李四光、钱学森。毛泽东一看见竺可桢就开门见山地说:"农业八字宪法,土、肥、水、种、密、保、管、工,管地不管天,你的文章倒是管天的。……你的文章我赞成,我看,农业八字宪法可以加上光和气两个字。"

正是由于受到竺可桢的影响,中央后来在制定农业政策时,将天气和环境的因素综合考虑进来,对解决我国农业生产和粮食问题,起了巨大的作用。

桥梁专家茅以升

茅以升(1896—1989),中国桥梁专家,中国科学院院士。1933年主持修建中国首座跨度较大的钱塘江公路铁路两用桥;1955年主持修建武汉长江大桥。

茅以升和桥终生不可分离

从小立志建桥

在茅玉麟和孙士庆合写的《茅以升》一书中,写到下面一个故事。

茅以升出生10个月以后,他的祖父就决定举家从镇江迁到南京居住。1905年茅以升九岁,那年端午节发生了一件事情,这件事影响了茅以升一辈子。

端午节的前一天他就和几个小朋友约好了,要去秦淮河畔看龙船比赛。可是事不凑巧,这天晚上茅以升偏偏肚子疼痛难忍,额头直冒虚汗,直到晚上才稍稍好转,勉强睡下。第二天早晨,他的妈妈无论如何不让他出门玩耍。

但他人待在家里,心却早飞到秦淮河上,往年赛龙船的景象一幕幕浮现在眼前。茅以升多么盼望小伙伴们快回来，把赛龙船的盛况讲给他听啊！谁知几个小伙伴没看完表演，就慌慌张张地跑来对他说：

"不好了，秦淮河上出事了！看赛龙船的人太多，把文德桥挤塌了。幸亏你没有去……"

茅以升听了大吃一惊，他赶忙问："桥怎么会塌了呢？"

小伙伴告诉他说："桥不结实呗！桥栏杆断了还不算。有好几块桥面横板也都坍下来了。"

茅以升又急切地问："那掉下去的人多吗？"

"掉下去的人可多了，我们学堂就有好几个同学掉进水里淹死了。"

这不幸的消息像一块巨石压进茅以升的心里，让他非常伤心，他的眼前似乎出现了人们哭喊呼救的惨景。父亲沉痛地说："相传明朝开国皇帝朱元璋定都南京后，大兴土木，在府学门前的秦淮河上，建造了这座文德桥。500年来由于战争动乱，这座石拱桥几次倒塌、几次修复。可惜，建桥的时候设计施工质量太差，酿成了今天赛龙船时桥毁人亡的巨大悲剧！"

茅以升听了激动地说："啊，原来桥造得不好，就会出大祸。那些掉进水里淹死的人，应当由造桥的人负责！桥能让千万人过河，当然是好事；但造得不好，引起灾难，那么有桥反而不如无桥了。将来我长大要造桥，一定造得比文德桥好！"

从此，茅以升对桥发生了强烈的兴趣。只要见到桥，他就总是久久不肯离去，从桥面到桥墩看个不停。特别是看到装满货物的车辆和一群群行人从桥上顺利地跨过江河时，他的脸上立刻呈现出无比喜悦的神情。茅以升平素有念古诗文的习惯，遇到有桥的句子和段落，都随手抄在本子上，看到有桥的画面就剪贴起来。

这以后，亲朋好友开始觉得这孩子的言谈行动有些异常，都说他想入非非。他的父亲却说：

"不，你们不理解他，文德桥倒塌的悲剧激发了他的立志造桥。"

他的祖父更说：

"从小受到的启发，会终生难忘。我少年时因目击水灾而萌发治水的理想；壮年时，远游河北、河南、湖北、安徽，考察过黄河、长江、淮河、洞庭湖；晚年时，虽然致力于兴办学堂、创建报社，可是仍然不忘寻觅机会在江苏、广东参加治水工作,并著述《水利刍议》。在治水中,我深感桥梁与江河息息相关。如今,以升在童年时代就树立了远大理想,我全家应该鼎力相助,对他的志愿要爱护、引导、扶植、培养。"

"茅氏定律"以及菲蒂士金质奖章

1916年,茅以升从唐山路矿学堂(后来改名唐山工程学院)毕业以后,考取清华留美公费研究生,到美国康奈尔大学土木工程系学习。茅以升刚刚迈入校门时,教授们都用怀疑和轻视的眼光,看着这位从中国唐山路矿学堂来求学的研究生"密斯特茅"。注册报到处主任对茅以升说:"我从来没有听说过唐山路矿学堂,学生来校报名前,须经考试合格方能注册,你考试合格吗?"

出乎教授们的意料之外,这位中国留学生的考试成绩,比美国最优秀的学生还好,这使他们大为惊讶和赞叹。而且他仅用一年时间就取得了硕士学位。学校举行毕业典礼那天,校长把亲笔签名的硕士文凭发给茅以升,并当场宣布:

"今后凡是唐山路矿学堂毕业生,来康奈尔作研究生的可以免试入学。"

系主任贾克贝教授向茅以升表示祝贺,并说:

"搞桥梁光靠理论还不行,一定要有实际经验。我领导桥梁系教学,规定桥梁系硕士拿到文凭后,要去桥梁公司学习绘图、设计、金工、木工、油工等全部造桥技术。"

茅以升听后点点头,内心十分敬佩贾克贝教授的教育思想。1917年7月,茅以升来到匹兹堡桥梁公司实习。在实习过程中,他感到还需要进一步学习理论知识——桥梁力学。正巧,匹兹堡卡内基理工学院(即现在的卡内基梅隆大学)桥梁系招收夜校学生,而且还招收攻读工科博士学位的学生,茅以升立即报名申请。后来茅以升知道,他是第一个申请这所大学工科博士学位的人。

从此以后,他开始了紧张的实习和繁重的学习。如果知道他是如何学习的,就会知道那简直是奇迹,是人的智慧、毅力和精力发挥到极致的奇迹。早晨4点,桌上的闹钟把这位年轻人从床上叫醒,他匆忙吃完早饭,跑步去车站乘火车赶往桥梁公司。车上成了学外语的课堂,他嘴念、耳听、眼看、手写、心记,五个器官同时并用,以至于嘈杂的喊叫声已经对他失去了干扰的效用。

工地休息的钟声刚响过,他放下锤子从口袋里掏出本子和钢笔,开始做夜校的功课。

吃饭时,他不得不改变右手拿勺的习惯,用左手拿勺,右手拿笔。随时记录想好的数学和物理习题。深夜,他躺在床上也不安宁,嘴里嘟嘟囔囔地说着什么。他经常坐起来拉开灯,拿起放在床头的纸片和铅笔,写下数字、公式和奇妙的符号。他把一张张纸片钉在墙上,需要解决哪个问题就摘下来瞧瞧。

转眼到了1918年12月,这位总是走在时间前面的人修完了各科学分,比学校规定的学习时间提前了一年。他下一步便是做博士论文,因为研究工作是要聚精会神的,兼顾学习和实习就办不到了。他考虑再三,决定辞去桥梁公司的实习工作,专攻博士论文。

有志者事竟成。1919年12月,茅以升的博士论文写完了,论文的题目是《框架结构的次应力》,全文30万字。卡内基理工学院审查之后同意茅以升参加答辩;最后,教授们一致通过了他的博士论文,并认为该文达到了当时的世界先进水平。后来经过贾克贝教授的推荐,茅以升获得该校"菲蒂士金质奖章";而博士论文里由茅以升发现的一个规律,后来被称为"茅氏定律"。

为圆周率写传和一篇游记

茅以升在美国学习时,他仰慕和钦佩美国先进的科学技术,但并不盲目崇拜洋人,更无丝毫媚骨。有两件事很值得一写。

1917年4月,当茅以升还在康奈尔大学读书时,他竟然在百忙之中为圆周率写传。

茅以升熟记圆周率在唐山路矿学院是人人皆知的。那是1940年一次晚会上,同学们都欢迎茅以升院长表演一个节目。茅以升不会唱歌跳舞,只好说:"我就背圆周率吧。"

他一口气把圆周率背到小数点后一百位。同学们听后,热烈鼓掌,惊诧万分!这个记录只怕到今天还是要算世界冠军吧?

为什么茅以升对圆周率那么有感情,甚至在美国读书时还为它写传呢?有一位为茅以升写传的作家说:"年轻的茅以升在美国留学时期总结圆周率,看来不仅仅是为它写发展史或写一部圆周率的'传记',而更主要的是出于强烈的爱国主义精神,用以表现中华民族的自豪感,说明我们祖先是世界科学文化的创造者和先驱,就是对圆周率的计算和发明创作上,也从来不落人后。"

还有一件事是他在游览美国著名的尼亚加拉大瀑布时,有感而发,写了一篇不仅很有文采,而且充满激情的游记:

我从美国布法罗城乘汽车西行30公里,远远听到那宛如巨雷般的流水声响。下车望去,但见银光四射,水花飞溅,股股庞大的白色浓雾向空中喷涌,这就是尼亚加拉大瀑布气势磅礴的外景。

我平素爱打听江河湖海名称的来历,这次又向陪伴同行的美国朋友询问尼亚加拉大瀑布名称的来历。他们告诉我,尼亚加拉这个名字的意思是"雷神之水"。大概古代印第安人以为这个瀑布是雷神在降水吧,所以给它起了一个富有神奇色彩的名字。

望着眼前被誉为天下奇观的大瀑布,我不禁想起唐朝诗人李白的诗句:"飞流直下三千尺,疑是银河落九天。"

用李白的诗句来描写尼亚加拉大瀑布我看毫不夸张。据同伴讲,瀑布总宽度达1200米以上,水帘平均高度超过50米。瀑布位于美国五大湖区的尼亚加拉河上,上接伊利湖,下注安大略湖。瀑布中央有座石岛将瀑布分为两部分,东边叫做"美利坚瀑布",西边叫"加拿大瀑布",即马蹄铁瀑布,总称尼亚加拉瀑布。美国和加拿大两国分界线就在瀑布中间。

……我是个搞科学研究的人,除了游览之外,职业的本能使我又关心水利资源的开发利用。据了解,早在1881年,当地人就开始利用瀑布河段的水力发电。1895年建立的亚当斯水电站,是当时北美最大的发电站。随后,美、加两国在尼亚加拉大瀑布上修建了一系列水电站。

我赞叹当地人民开发利用尼亚加拉大瀑布之余,禁不住想起了大自然赋予我们祖国丰富的水利资源:那奔腾的黄河,汹涌澎湃,势不可挡;那滚滚的长江,湍流不息,一泻千里。可是几十年来,不曾见长江黄河水利资源的开发利用,只见江河泛滥,水域成灾。多少人望洋兴叹,眼见江水浩浩荡荡,付之东流。

如今,我们文明古国已迈入20世纪,充分利用水利资源使之变害为利,迫切需要科学。岂止是开发水利,就是采矿、筑路、架桥……无一不需要科学。中国富强的希望就寄托在我们青年的身上,"天下兴亡,匹夫有责"。我们要有满腔热血、无穷力量,更需要掌握科学技术,用科学来救国吧!空发议论是解决不了中国的实际问题的。

由以上两件事,可以清楚看见茅以升爱国的拳拳之心。

钱塘江上建铁桥

1933年春天,正在天津北洋大学任职的茅以升,突然接到浙江省建设厅厅长曾养甫的信函,请他赴杭州在钱塘江上建一座现代化铁桥。茅以升感到自己梦寐以求的机会来了,他要为中国建造一座争气桥的愿望有可能实现了,于是他毅然辞去北洋大学优越的教授职务,到杭州担任了钱塘江大桥工程处处长,负责大桥的建造工作。

钱塘江是中国著名的险江,上游狭窄,到了杭州,江面越来越宽,成了大江,如果上游山洪暴发,则江流汹涌,风险浪恶;遇到洪水则海潮并发,整条江翻腾激荡,浊浪排空,势不可挡,所

1936年,时任钱塘江大桥工程处处长的茅以升

以自古以来就以"浙江潮"驰名全国。钱塘江自古还有"钱塘江无底"的说法,这除了形容钱塘江很深以外,还因为江底沉积的泥沙有41米深,而且不断流动,变幻莫测。在这样险恶的河流上建桥当然极其困难,所以杭州很久以来民间就有一句歇后语:钱塘江上造桥——办不到。

在茅以升设计钱塘江大桥方案的同时,浙江省还请美国桥梁专家华德尔另外设计了一个建桥方案。茅以升知道后,对浙江省这种不信任自己国家技术人员的行为颇为不满。曾养甫知道后,连忙解释:"因为华德尔是铁道部聘请的顾问,我们请他设计一套方案,铁道部和华德尔就不会反对我们浙江省建桥了。至于他的设计用不用,你们完全可以研究。我希望你们能做出比他更好的设计。"

最后，两个建桥方案在铁道部审批时，茅以升的方案得到了批准。曾养甫十分满意地对茅以升说："你们的规划方案，大大超过华德尔的！"

不愉快的事情还没有完，当建桥工程即将开始时，西方国家一些工程师冷笑说：

"茅一定要失败的！白费气力！"

"中国人没有建造这样大桥的经验和本领。"

国内也有一些人跟在外国专家后面瞎起哄。

但茅以升坚定地宣称："从科学上看，我们在钱塘江上造桥是一定会成功的。"

唐僧取经遇上"八十一难"，茅以升造桥，也有八十一难。可是，茅以升紧密依靠广大技术人员和工人，终于将困难一个一个地克服了。

1937年9月26日，钱塘江大桥终于建成了。火车伴着长鸣的汽笛声，风驰电掣地驶过了大桥。大桥工地一片沸腾，人山人海的群众顿时欢声雷动，欢呼声压倒了滔滔江涛和辚辚的车轮撞击声。茅以升更是兴奋得难以自已，两行热泪悄悄地流到嘴里。

30年的理想实现了，中国人终于用自己的智慧和双手，造出了现代化的钢铁大桥！茅以升为桥赋诗：

钱塘江上大桥横，众志成城万马奔。
突破难关八十一，惊涛投险学唐僧。

话说古桥数家珍

茅以升不仅是世界著名的建桥专家，而且还是优秀的科普作家，写了许多桥梁史话。例如《钱塘江桥》《武汉长江大桥》以及《中国的古桥与新桥》等著作。除此以外，他还写了许多科普文章，详细而又风趣地介绍了我国一些著名的古桥，如《介绍五座古桥——珠浦桥、广济桥、洛阳桥、宝带桥和灞桥》《桥话》《没有不能造的桥》等等。《中国的古桥与新桥》这本书，是应外文出版社的请求，专门向国外介绍我国古今桥梁的。这本书曾被译成多种外文，向国外发行。

茅以升通过这些史话,让中国年轻一代和世界各国人民知道,在桥梁建筑方面,中国曾占据领先地位。他通过所搜集的丰富资料,细心考证出我国各个重要的著名桥梁在不同历史年代中建成的情况。这种考证和介绍,深刻体现了茅以升的爱国之心。

他还用古代诗歌丰富人们对一些古桥的感受,谈到公元一世纪在陕西建造灞水桥,他举了李商隐的诗:

朝来灞水桥边问,未抵青袍送玉珂。

和陆游的诗:

灞桥风雪吟虽苦,杜曲桑麻兴味浓。

谈到公元605年河北建造的赵州桥,他引用宋朝杜德源的诗:

坦平简直千人过,驿使驰驱万国通。

谈到公元1050年在福建泉州建造的洛阳桥,他引用了明朝徐勃的颂诗:

路尽平畴水色空,飞梁遥跨海西东。
潮来直涌千寻雪,日落斜横百丈虹。

以及明朝凌登写下的赞歌:

洛阳之桥天下奇,飞虹千丈横江垂。……
约束涛浪鞭蛟螭,雄镇东南数千里。

在凌登镂月裁云的笔下,洛阳桥的景色是何等壮丽、何等可爱啊!

仗义执言吴有训

吴有训(1897—1977),物理学家,中国科学院院士。主要从事X射线散射光谱学方面的研究。1920年代,在芝加哥大学以精湛的技术和精辟的理论分析证实了康普顿效应。

留学美国

物理学家吴有训

吴有训于1897年出生于江西省高安县,1920年毕业于南京高等师范学校,1921年留学美国,在芝加哥大学赖尔逊(Ryerson)物理实验室当研究生,导师就是康普顿教授(1927年获得诺贝尔物理学奖)。1925年获得博士学位后于次年回国。

在美国著名物理学家康普顿研究X射线散射,并成功证明"康普顿效应"[①]的过程中,吴有训正好在康普顿那儿攻读博士学位,正所谓恰逢盛会。在整个过程中,吴有训在两方面作出了重要贡献。

(1)用大量实验事实证明了康普顿效应的普适性。

康普顿虽然用精确的实验证实了康普顿效应的存在,但他毕竟只用了一种散射材料(石墨晶体),这就不足以说明这个效应的普适性,有一些物理学家怀疑这是石墨所特有的效应,也不是没有道理。这时——1923年底到1924年初——吴有训用7种物质(包括石墨)作X射线散射材料,结果都与康普

[①] 康普顿效应(Compton Effect)是用X射线散射证实光也是由一种粒子(即光子)组成。这一实验是整个量子理论发展过程中的一个"转折点",具有特别重要的意义。——本书作者注

顿的实验效应一致,由此证实了康普顿效应的普适性。后来吴有训又加增了8种物质,共15种,无一不证明了康普顿效应的广泛适用性。

康普顿在1927年写的专著《X射线与电子》(X-Rays and Electrons)把吴有训的15个实验结果统统收进了著作中;再版时也没有变动一点点。这充分说明吴有训的实验对于康普顿理论的被承认,有多么重要。

(2)从实验上否定了W.杜安的所谓"箱子辐射"。

哈佛大学物理学教授W.杜安(W. Duane)认为康普顿效应是虚假的,他在否定康普顿的实验时说:"康普顿所说的效应在我的实验里从来没有出现过,其原因应归结于康普顿'使用了内部有木质或由碳和氧组成三介质的铅箱'。"他认为箱子里的木质(或其他碳氢介质)材料会产生出一些激发射线,从而出现康普顿所说的"康普顿效应"。因此杜安认为,所谓康普顿效应只不过是康普顿实验室里的"箱子效应"而已。他还用一些实验来证实他的这一结论。

在1924年末举行的一次会议上,"箱子效应"的说法甚至占了上风,让康普顿气得干瞪眼。但吴有训在康普顿的安排下,在实验时把X射线源放在用铅皮制成的铅皮箱里(为了防止X射线流散而必不可少的装置),不再在内部嵌入木质等材料。这就彻底避免了所谓的"箱子效应"。最终,吴有训的实验与使用木箱子时完全一样,并没有什么差别。于是,杜安在事实面前承认了康普顿效应的真实性。吴有训的功劳应该说是十分关键的。

康普顿效应里被假定存在的一个新的基本粒子——光子,也因为康普顿效应被确认,从此也再没人怀疑光子的存在了。

吴有训首次为中国科学家在物理学界争得了荣誉,康普顿曾对杨振宁教授说:"吴有训是我一生中最得意的学生。"

出任中央大学校长

抗日战争期间,吴有训一直在西南联大任教。

1945年10月,抗日战争刚胜利不久,一批批日本侵略军作为战俘被遣送回国,吴有训欣喜若狂,他庆幸国家从此可以太平,科研和教学事业的兴办有了个安定、平和的环境,他正琢磨着如何将清华大学搬回北京的事宜。然而,他突然接到了调任的命令,这是蒋介石亲自签署的委任状,要吴有训出任中央大学校长。

当时，中央大学本部在重庆沙坪坝。吴有训初到中央大学上任，政府安排给他的官邸是沙坪坝的一幢青砖瓦顶的西式平房。他本可以一人独居这幢房子，但他坚决拒绝了，只住了一间十余平方米的卧室，房里陈放了一张双人棕床，一张旧式写字台和两把椅子，其他就没有什么东西了。剩下的不少空房便让给了三位助手和学校物理系主任及其他教师居住。当时，不少教师纷纷议论说：好端端的楼房别墅，竟然变成了集体宿舍。

不久，吴有训发现中央大学掌握实权的实际上仍是教务长、训导长、总务长这三人，这三人是国民党指派来的。由于吴有训常常不买他们的账，这三人便处处暗中作梗。开始，吴有训耐着性子，对这三人劝说，一切都以中央大学的最高利益为出发点，要顾全大局。但是，这三人表面上唯唯诺诺，暗地里仍然做了许多不利于团结的动作，这使吴有训十分恼火：如果容忍这三人的胡作非为，将难以维持中大的正常秩序，也难以把中大办成一所理想的教书育人、科学民主的学府。

几经交涉无果之后，吴有训决定：如果不撤换这"三长"，他就辞职不干了，以此逼迫蒋介石改变主意。后来，蒋介石不愿得罪这位著名的科学家，只好答应让这"三长"写下辞职书，另谋生路去了。

接着，吴有训便任命高济宇教授为教务长，刘庆云教授为训导长，贺壮予教授为总务长。"三长"的撤换，在中央大学内产生了强烈的反响，师生们更加拥护吴有训校长。

当时，国民党政府为了拉拢吴有训，给了他很优厚的待遇。大学迁回南京后，专门在兰园三十号为他备有官邸，这是一套完善的花园洋房，配有汽车间、厨师、全套勤杂人员。但是，吴有训婉言谢绝了这一美意，他宁愿挤到中央研究院的宿舍里，与萨本栋教授同住一幢小楼。

《吴有训图传》书影

中央大学经过整顿，有力地扫除了官僚习气，提高了行政效率，增强了民主与学术空气。吴有训乘此机会,提出了一系列提高教学质量,培育优秀人才的措施。

1947年学生反内战运动如火如荼,中央大学的学生也积极参加了运动。有一天,几十名军警到中央大学逮捕学生。吴有训赶到学校门口,严厉地问其中一位警官:"你们的上司是谁?"

"南京警察局长。"

"你们知道不知道我的上司是谁?"

警官迟疑:"不知道。"

"我的上司是蒋总统。"吴有训板着脸,冷冷地说,"既然蒋总统命令我担任这所大学的校长,那么,学校里发生的一切由我负责处理,何需兵戎相见!"

警官们互相对视着,不知如何回答。吴有训见警官依然犹豫不决,沉着脸补了一句:"是不是非要我亲自给蒋总统挂个电话?"

"不,不,"警官忙说,"我们马上就走,马上走!"

吴有训顺水推舟,还严厉地对警官说:"以后,如果没有蒋总统的手谕,你们不要进中大校园。"

一场风波就这样暂时平息了。

傲骨铮铮,义薄云天

在"文化大革命"的大劫难中,吴有训的妻子常常委婉地劝导丈夫,千万要小心啊,别乱说乱讲,装装糊涂就是了,千万不要"书生气"太重!

吴有训一听,搔搔头上的白发,愤然地把桌子上的报纸、传单统统掀翻在地,气愤地说:

"要我不说话,除非是我死了,这算是什么革命,我看这样革命,真会把一个好端端的国家,一个社会主义中国的命都革掉了!"

虽说是深居简出,但经院革委会批示必须接待的各地政审外调人员,吴有训也不能不出面接待。最棘手的是调查叶企孙的案件,这些人是代表当时林彪统治下的中央军委办公厅专案组,完全是带着既定的材料来逼迫他签字画押的。而叶企孙,是吴有训再熟识不过的朋友和同事了。前些日子,叶企孙被北大造反派揪斗、关押并打入另册,他早有耳闻。面对威胁,吴有训义正词严地反驳道:"叶先生品德高尚,热情爱国,他在天津组织学生抗日的事,清华校务委员会很清楚,并大力支持了他。我认为叶先生没有任何问题!"

吴有训的证词(当然也会有别人的证词)终于使得叶企孙得以出狱。

类似的调查估计不少于200批。其中虽不乏温和礼貌者,但大多数是横眉怒目,呵斥逼迫,胡搅蛮缠。这种骚扰,对于一个70多岁的老人,不能不说是个沉重负担。吴有训开始时礼貌周全,后来有时也会将调查人员调侃一番。

吴有训(右1)和同事们合影

有一次,一批南京来的造反派上门了。一位红卫兵递过介绍信说:"你就是吴有训吧?"

吴有训显然带有不满的情绪,不咸不淡地问:"你们是谁?有什么事吗?"

"你认识高济宇吗?"一位红卫兵神气十足地问。

"认识啊!"

"现在告诉你,高济宇是一个黑线人物。你知道他当时在中央大学当教务长有黑后台吗?"

"有啊!"

造反派如获至宝,马上拿出笔记本追问:"后台是谁?"

吴有训挺身直言:"你们既然能找到我这里来,就应当知道后台是谁,"吴有训拍拍胸脯,说道,"后台当然是我,是我请他来做教务长的。你们打算怎么样?"

两位造反派你看看我,我看看你,无法作答,只得起身走出了会客室,不辞而别了。

吴有训的一份份实事求是的证词，表明了他在危难时刻的为人准则。因此，南京大学原副校长、化学家高济宇在回忆录中写道：

> 当时在险恶的政治环境中，多数人明哲保身，少说话或不说话，唯恐惹火烧身。而吴校长置个人荣辱安危于不顾，勇于坚持真理，挺身直言，傲骨铮铮，义薄云天，使我终生难忘。

桃李满园周培源

周培源(1902—1993),江苏宜兴人。著名流体力学家、理论物理学家、教育家和社会活动家。中国科学院院士,中国近代力学奠基人和理论物理奠基人之一。

教书育人

周培源出生于江苏宜兴的一个书香门第。中学时期在上海圣约翰大学附属中学学习。1919年考入清华学校(今清华大学前身)中等科,1924年清华学校高等科毕业。1924年赴美国,在芝加哥大学学习。1926年获学士、硕士学位。1927年到美国加利福尼亚理工学院攻读研究生,做相对论方面的研究。1928年获博士学位。1929年回国后,任清华大学物理系教授。

1955年当选为中国科学院学部委员(现称院士),是我国理论物理和近代力学奠基人之一,同时也是著名的社会活动家,曾任北大

年轻时候的周培源

校长、中科院副院长、中国科协主席等职,曾出访多个国家和地区,接待过许多重要外宾,被誉为"杰出的民间外交家"。他还是杰出的教育家,许多著名学者都曾受教于他,如彭桓武是他培养的研究生,王竹溪、林家翘都曾跟随他做研究,杨振宁、钱三强、何泽慧都曾听过他的课。季羡林先生曾这样形容周培源:"在晚辈眼中,望之如神仙中人。"

潜心教研

周培源一生的学术研究主要集中在爱因斯坦广义相对论和湍流理论两个领域。在"九一八事变"后,为利用科学服务于抗战,他从对广义相对论的纯理论研究转向了有很大应用价值的流体力学湍流理论、空气动力学等,以报效祖国。

1936年—1937年间,利用清华休假机会,周培源赴美国普林斯顿高等研究院,参加爱因斯坦主持的广义相对论讨论班,他是目前仅知的唯一一位在爱因斯坦身边长期从事相对论研究的中国人。

1937年之后,清华、北大、南开三校辗转迁至昆明,组成西南联合大学,周培源举家随校南迁。为躲避日机频繁轰炸,许多老师被迫安家于离校颇远的城外。周培源选择了离校约19公里之远的滇池边龙王庙村的一栋小楼,且只有小路相通。为解决交通问题,他买了匹马,取名"华龙",周培源骑马成了西南联大校园里一道风景线,他也因此被笑称为"周大将军"。后因物价上涨,他买不起马的草料,只好卖掉,买了辆自行车。

老年周培源

环境虽艰难,周培源却迎难而上。早在1935年12月,为教育学生学习物理学也能为国防服务,他开设了弹道学课程,在西南联大,他仍开设这门课,何泽慧便是在此时深受老师"科学救国"思想的感召,后赴德深造,专攻弹道学。

在对湍流理论进行多年研究后,周培源不仅吸引了林家翘、郭永怀等人到他身边学习,还激发了西南联大许多学生对流体力学的兴趣。事实上,早在1933年,他便指导过王竹溪研究湍流。

1943年,周培源再次赴美休假,回到加州理工学院任访问教授,在这里,他继续深入研究湍流理论,并进一步完善和发展了他的研究成果。十年后,他的研究在国际上发展为湍流的模式理论,周培源也被公推为湍流模式理论的奠基人之一。

后来，周培源还参加了美国国防委员会战时科学研究与发展局海军军工试验站从事鱼雷空投入水的战事科学研究。即便待遇优厚，周培源仍明确提出：不做美国公民，只担任临时性职务，可以随时离去。1947年，周培源举家告别美国优渥的环境，回到祖国，继续执教于清华大学。

直言进谏

除了是在学术上有卓越成就的杰出教育家，周培源还是著名的社会活动家，他曾任中国科协主席、政协副主席等职，在组织领导我国的学术界活动、推进国内外交流合作方面作出了重要贡献。

做人要有担当且能讲真话，是周培源奉行一生的原则。他敢直言进谏，早在1956年，在毛泽东召开的知识分子座谈会上，周培源对当时国内学习苏联，将大学的研究力量转至科学院明确表示反对，认为学校也应成为科研重地。这些话，是当时很多人想说却不敢说的。

"文革"动乱，周培源也难于幸免。尤其是当批判爱因斯坦的硝烟弥漫时，因为是国内研究相对论的权威，所以当陈伯达在部队的护送下来北大校园找周培源，要他带头批判爱因斯坦和相对论时，周培源毫不含糊地直言，狭义相对论搞不动，广义相对论虽然有争论，但那是学术上的问题。

1971年底，在国务院科教组召开的全国高教工作会议上，周培源又做了个语惊四座的发言，他强烈要求重视理科教育和基础理论研究，认为忽视它们是无知和短视的行为。1972年春，他写了《对综合大学理科教育革命的一些看法》一文，批判了"四人帮"鼓吹的"以工代理"或"理向工靠"的谬论，强调工和理、应用和理论都必须受到重视，不能偏废。这在国内科教界引起强烈反响。他还上书周恩来总理陈述基础理论的重要性，并得到总理支持。在政治高压面前，周培源没有屈服。

而1980年，周培源受命担任团长，带领中国教育代表团出访欧美多国，他借此机会带着对今后我国教育应如何办的思考，有计划地考察了欧美多所大学，不只是名校，连一些不太出名的学校也在他的考察范围内。回国后，周培源结合自己50多年的教育经验，写了题为《访美有感——关于高等教育改革的几个问题》的长文，从师资水平、人才培养、学术现代化、思想教育和高等学校的领导五个方面，就如何提高高等学校的教学水平提出了自己的见解。

这是继《看法》一文后,周培源对教育理论的又一重要贡献。他在文中强烈地批判了对知识分子采取的过"左"政策,认为不应以"红"代"专",不应随意给社会学、心理学扣上资产阶级的帽子……

周培源与邓小平亲切交谈

这是一篇实实在在的讨"左"檄文,是一个年近八旬的老教育家的肺腑之言。虽然当时已是新时期,但"左"倾顽症仍不时发生,反"左"代价仍巨大,因为这篇文章,周培源被教育部发红头文件批评,但时间检验了一切,他的一些观点,如今仍应践行。

而在1981年辞去北大校长职务后,周培源还担任了全国政协副主席、九三学社主席、中国科协主席等职,继续为推进我国科学技术的发展和民主化进程奋斗。比如为了三峡工程的民主决策,他曾多次实地调研,听取多方意见,屡次上书中央,强调要经过严谨的科学论证,不要匆匆上马,忧国忧民之心历历可见。

"你的事业在祖国"

周培源自1929年留学回国以后,60余年来一直从事高等教育工作。作为一位知名的老教育家,在传授知识、指导科学研究、组织教学、创建新专业,以及发现和扶植优秀人才方面都作出了重要贡献。

周培源为人谦和坦诚,他顾全大局,严于律己,宽以待人,自己生活上节约俭朴,而对支持科学和文化事业却慷慨奉献。1950年后,他们夫妇俩用自己的工资节余购买古代名人字画收藏起来,其中多是明清时代的珍品。1989年,他们将收藏的145幅名人字画全数捐赠给了无锡市博物馆。无锡市为奖励他们的爱国行为,特颁发给他们一笔可观的奖金。他们立即又将这笔奖金的大部分分别赠给了他们曾工作过的北京大学和清华大学的附属中学作为科学基金与奖学金;将一万元奖金赠给了中国科协振华基金会;还分别向他们童年时的母校各赠一万元作为奖学金。1987年,他将父亲在家乡遗留的600多平方米的住宅献给了家乡人民作为科普文化活动站。

每当他送自己的学生出国留学或访问时,临行时总是谆谆嘱咐:"你的事业在祖国。"这句话也概括了他一生所走过的路。

"科学之光"严济慈

严济慈(1901—1996),物理学家,中国科学院院士。1931年任国立北平研究院物理研究所主任,1932年又兼任北平研究院镭研究所主任;1961年出任中国科学技术大学副校长,1980年任校长;1988年5月获得"法兰西荣誉军团骑士勋章"。

"留级的"学生?

老年时的严济慈

1917年的年底,严济慈毕业于浙江东阳县立中学,成了他的家乡下湖严村最有学问的人。当时中学学制是冬季高中毕业,所以到1918年7月他才能参加高等学校入学考试。他报考了南京高等师范学校和南京河海工程学校。

结果,他以第一名的成绩考取南京高等师范学校;河海工程学校也榜上有名。虽然严济慈更加钟情于工程学校,但是由于家境贫寒,没有力量为他交学费和伙食费,而高等师范学校不仅不用缴纳学费,连伙食费都由国家负担,因此他决定选择南京高等师范学校。

当时,南京高等师范学校学术气氛极浓,思想活跃,教育水平很高,一时名声很大,时有"北有北大,南有南高"的美誉。但是,学习工程学的愿望仍然吸引着他。1919年,当他得知南高招收工业专修科学生的时候,他决定放弃学了一年的商业专修科的学习,申请转入工业专修科学习,心甘情愿地"留级"一年,又从一年级读起。

工程专修科学习一年之后，他的数学成绩特别突出，而且对物理学也有了极大的兴趣，这时他发现工程专修科还不是自己的真爱。到1920年9月，他再次转系，转到数理化学部学习，不过这一次没有留级，而是接着读二年级。

两次转系而且还留了一级，一般人很难下这个决心，尤其是他的家庭还等着他毕业后就业，解决家庭极度的困难。但是，严济慈为了实现自己的科学梦，从来没有后悔自己的"留级"决定。

转到数理化学部二年级以后，严济慈的学习仍然毫不费力，解起题来得心应手。这时，因为头两年在商业专修科和工业专修科学习时，他已经把普通公共课程学完了，这样就有许多课程可以免修，有充分的时间攻读他所钟爱的数学和物理学课程。当时学校里没有开设第二外国语的课程，严济慈受到学校许多留学法国老师的影响，买来一本美国人写的法文文法书开始自修法语。在后来他向他的学生介绍自己的学习体会时说：

> 读书主要是靠自己。有好的教师当然很好；没有好的教师，一个人也能摸索出适合自己的读书方法，把书读好。我这样说，并不是说教师可以不要了，教师的引导是十分重要的。但是，即便有了好的教师，如果不经过自己的努力，不靠自己下工夫，不靠自己摸索和创造，一个人也是不能成才的。

有抱负的年轻学子应该铭记严济慈的这段话。

代课、出书并收获爱情

严济慈在读大学的五年时间里，虽然他十分惦记自己的父母亲和弟妹，但是除了1919年暑假回过一次家以外，他一直没有回过家。假期对他来说实在太重要了，除了可以更深入地学习更多的科学知识以外，他还可以利用假期到暑期补课学校代课，为那些准备考大学的学生补习功课，解决自己和父母一些经济上的困难。还有，在假期严济慈还可以利用富余的时间写书。因为他的数学解题能力非常突出，连数学教授都知道，因此他在大学还没有毕业时，就写了两本书：一本是《初中算术》，另一本是《几何证题法》。《初中算术》一书是商务印书馆编译所所长王云五邀请他写的；《几何证题法》一书是他把在暑假补习学校讲课的讲稿整理编写出来的。

暑期补习学校补课学生很多，常常是几百个学生在阶梯式大教室里上大课。为了保证上课的效果，严济慈总是认真备课专门写好讲稿。这些讲稿在南京高等师范学校附中和东南大学暑期补习学校里分别使用过。后来他把讲稿整理编写，就有了《几何证题法》一书的出版。这本书后来曾多次再版，许多看过这本书的学生还以为严济慈是一位数学家，哪里知道作者竟然是一位大学还没有毕业的在读学生！

代课、出书，除了给严济慈带来经济上的好处，加深和锻炼自己的学习能力以外，还意外地为他带来了最珍贵的爱情，以及后来美满的婚姻。

严济慈与张宗英订婚照

1921年暑假，在暑期补习班代课的严济慈遇到一位要到这个补习班补课的女学生张宗英。张宗英1901年出生于江苏宿迁，她的父亲张绎墨是一位著名的教育家，在南京两江师范学校任教。她容貌秀美，才华出众，活动能力很强，在南京第一女子师范学校读书的时候，因为其美丽和才能，成为许多达官贵人和豪门富家子弟追逐的对象。为了躲避这些让她感到厌恶的骚扰，她在师范学校毕业后考入北京女子高等师范学校读书。但是那儿仍然避不开追求者的骚扰，还没有读完一年她又回到南京，打算报考刚刚成立的东南大学。由于以前在女子师范学校数学学得比较少，想考上东南大学，她必须利用暑假的时间补习数学。由以前一位同学的介绍，张宗英得知严济慈在东南大学暑期补习班讲数学讲得非常好，于是进了这个补习班，认识了严济慈。

靓丽清秀、举止文雅的张宗英立即给严济慈内心深处留下了深深的印记。

补习很有成效,张宗英顺利地考上了东南大学,成为当时东南大学第一位女生。当时东南大学刚刚创立,与南京高等师范学校同在一个校园,只是大门上挂着两块牌子。这样,她入学以后与严济慈就有机会常常见面,两人感情也由此逐渐加深。在1923年严济慈大学毕业后的8月,他们两人订婚。订婚后不久的10月,严济慈离开祖国到巴黎大学物理系留学,于是两个刚刚订婚的年轻恋人将远隔重洋,几年里不能见面,只能靠书信往来,互诉衷情。

在到达香港时,严济慈在信中写道"我时刻想到你",张宗英回信说"你不要整日想到我,亦不要整日不想到我"。

莎士比亚曾经说过:爱情使人成为诗人。一点不假!严济慈在船上时常思恋张宗英,这使他写出来的文字成了颇有魅力的诗句。当他看见海上明月,他在信里写道:

> 月儿!你若有意,为我传语:那鸡鸣山下,伊人怎样?把我看顾她,曾否酣卧入梦;告诉她,我心似水志如舟。
>
> 月儿,你明明看见我,看见她,为何瞒着我,哄了她?请你告诉她我的今夜,告诉我今夜的她。

在思恋的同时,严济慈也不断提醒自己,不要沉湎于儿女情长,忘记了自己出国学习的终极目标:你该当留意些,莫忘了你欲达到的目的。一个人,既然学术界许身,便没有权利同普通人一样的生活法。父母老,弟妹小,他们总当好!莫他管,只向前途跑。

在给张宗英的信中,除了表述思恋之情,还特意谈到他报效祖国的远大理想:"吾辈研究科学,科学在中国没有根,未能独立,更无先人为吾辈之准则。虽科学为国际的,但我总愿于国际外做中国的科学事业。"

引起法国科学界的轰动

严济慈在1924年10月28日正式注册成为巴黎大学的学生,不到一年,在1925年7月就获得了巴黎大学的理学教育硕士学位,并于10月15日进巴黎大学光学研究所，即法布里物理实验室，在法布里教授（Professor Fabry）的指导下攻读博士学位。他的研究课题是"石英在电场下的形变"。

我们很多人都读过《居里夫人自传》，知道居里夫人的丈夫皮埃尔·居里因为发现晶体（如石英片）在受到外部压力的时候，其两面会分别产生正电和负电，这被称为"晶体压电效应"（crystal piezo electric effect）。居里夫人正是利用这一效应把贝克勒尔发现的铀射线作了重要的推广，发现了普遍的放射性现象。皮埃尔还发现，如果在晶体片的两面通上电，晶体会被拉长或缩短而改变它的厚度。这是晶体压电效应的"反现效应"。

严济慈（右2）与导师夏尔·法布里（右3）在巴黎大学实验室

晶体压电效应已经被皮埃尔和其他物理学家作出精确的测量，也得出精确的实验数据；但是压电效应的反现象的数据则仅仅是理论上的预测，这是因为这种反现象的试验检测非常困难，还没有一位物理学家能够取得精确可靠的实验数据。严济慈的任务就是要做前人没有作出的实验，得出精确的检测数据，证实理论上的预测。

为了做好这个实验，严济慈多次到居里夫人实验室向居里夫人请教，希望得到她的指点和帮助。居里夫人非常重视严济慈的实验，因为这是居里兄弟两人没有攻克的难题。有居里夫人的关怀，严济慈更加有决心攻克这道难关。

这个实验之所以困难，是因为晶体片上通电以后引起的厚度变化，微乎其微,只有 $10^{-8} \sim 10^{-6}$ 厘米,用一般的机械方法根本测不出来。要想测量成功,必须改变测量方法。经过仔细思考,严济慈决定用"单色光衍射"的方法来测量晶体片厚度的变化。

经过一年半废寝忘食的努力,他终于获得成功,完成了他的博士论文《石英在电场下的形变和光学特性变化的实验研究》。论文交给了法布里教授以后,严济慈需要等待专家审查委员会的审查意见,而这意见将决定他能不能取得博士学位。

一个月的时间眼看就要过去了,还是没有一点儿消息,严济慈的心里不免有一些焦急。有一天,夏尔·法布里教授突然对严济慈说:

"你的论文是否急于发表?能不能再等一两个星期?"

严济慈一时弄不清楚导师的话是什么意思,于是随口答应说:"当然可以……"

法布里教授对这个回答似乎很满意,也没再说什么就转身离开了。严济慈一时丈二和尚摸不着头脑,就问同事们:"这是怎么回事,你们知道吗?"

后来事情的发展才使严济慈明白,论文发表的时间虽然被推迟,但却给严济慈带来了意想不到的声誉。原来,法布尔教授刚刚当选为法国科学院院士。法国科学院在每个星期一下午举行的例会上,照例要宣读论文。法布里教授决定第一次以院士身份宣读的论文,不是自己的研究成果,而是他的学生严济慈的博士论文。

在论文宣读的当天下午,就有一些新闻记者跑来采访严济慈。第二天,法国《巴黎时报》《巴黎晨报》等各大报纸,发表了法布里教授就职法国科学院院士的消息,刊登了他的照片;与此同时也刊登了严济慈的照片,并对他的论文做了简要介绍。

一个中国学生的研究论文,能在历史悠久的法国科学院院士会上被宣读,这还是第一次,因此在法国科学界引起了不小的轰动。

严济慈也由此成为第一个获得法国科学博士学位的中国人。

回国途中的巧遇

1927年7月29日,获得博士学位的严济慈在法国马赛乘船回国。在驶往中国的轮船上,严济慈可以说是归心似箭。因为就在他到法国以后不久,他的未婚妻张宗英就一病不起，卧床两年整。后来，由于两年的耽搁使得理科学习受到影响，就只好由数学系转到中国文学系学习，1927年3月从东南大学毕业，获得文学学士学位。这一切变化，真是让他希望尽快见到心中的未婚妻！

有一天，严济慈正在船尾凭栏远眺、思恋远方亲人的时候，突然有一位大概30来岁的中国人走到他的面前，还喊出他的名字。严济慈不免惊讶地问：

"您怎么会认识我？"

"您的照片在《巴黎晨报》上刊登过呀，所有的中国人见到这照片都兴奋极了！"

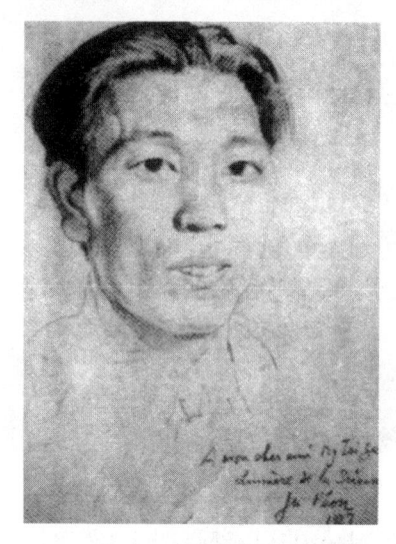

1927年8月，徐悲鸿在归国的轮船上为严济慈所画的素描肖像

这位主动与严济慈讲话的人，就是后来鼎鼎有名的画家徐悲鸿。他也是与严济慈一样，急于归国，因为他的妻子蒋碧薇将要分娩，没有想到在船上巧遇严济慈。

徐悲鸿非常钦佩严济慈所取得的科学成就，以及他的艺术家气质，立即表示想为严济慈画一张像。严济慈哪有不答应的道理，于是徐悲鸿立即拿来画笔，迅速为严济慈画了一张素描，并且在画的右下部用法文题写了以下的字："送给我亲爱的朋友——科学之光严济慈。"

从此之后，两人成为知心好友。这张素描也从此一生都伴随着严济慈，无论他走到哪儿，都将其挂在自己的书房里，以此提醒自己切勿忘记年轻时的梦想，牢记肩头上的责任。因为严济慈知道，"科学之光"不仅仅是徐悲鸿对他的赞誉，也表达了他们两人的共同愿望——努力使中国的科学走向光明发展的道路。

无法回答的问题

1955年夏天，有家报纸要对各位科学家进行介绍，即对科学院院士们分别进行采访。采访到严济慈的时候，那位记者问了一个很普通的问题：您做学生的时候，怎样看待比您成绩好的同学？

严济慈却瞠目结舌,半晌无法回答。

事后才知道,严济慈从上学开始,从来都是第一,他就没尝过当第二的滋味,这个问题他如何回答才好呢?

但就是这样厉害的严先生,在中国科技大学上课却有学生不满。有一位学生找另一位院士施汝为教授反映这一情况,并且要求换老师。施汝为先是装模作样地听意见,开始不置可否,其实心中早有计较。等到反映得多了,施汝为把有意见的学生们召集起来,说了自己的看法。他说,你们老老实实认真去听,一个月以后,如果还这样认为,我们就换掉严先生。学生们将信将疑。

结果一个月后再去问,大家都说严先生讲得好啊,课堂笔记简直不用修改就是论文!

施汝为听了大笑。

后来施汝为说,这些学生反映严先生讲得不好,无非是两条原因。第一,严先生的口音比较重,有些学生听不懂他的课,这只要慢慢适应一段时间就可以自动解决;第二,严先生讲课不按教材,常常是从中间开讲,或者从末尾开讲,总之是不按常理出牌。他的知识非常渊博,从哪里开始讲都能让听者渐入佳境,越听越有意思。这正是:"严先生家的甘蔗,从哪头吃都是越吃越甜。"所以施汝为认为,学生们只要安安心心听一段时间的课,对严先生的意见就会整个翻一个个。

那么,施汝为是怎么知道这一点的呢?

原来施汝为当年也是严济慈的学生,听过严济慈讲课,当时也有过同样从不满到钦佩的过程。他给学生们讲的,实际上就是自己的经验之谈。严济慈的课实际上讲得很好,而且他对于科学教育有自己的看法:他认为教多少不重要,重要的是学生装进自己口袋里有多少。如果学到的知识能够像口袋里的钱一样想花就花,这知识才算真的学到手了。

核物理先驱赵忠尧

赵忠尧(1902—1998),浙江诸暨人。中科院院士,核物理学家,我国核物理研究的开拓者,中国近代物理学的先驱者之一。

"这个人不知天高地厚"

1925年赵忠尧在东南大学物理系毕业以后,与叶企孙教授一起来到清华大学物理系任教。1927年夏天,他以自费生的资格来到加州理工学院,师从诺贝尔物理学奖获得者密立根教授,攻读博士学位。

密立根开始给赵忠尧布置的博士学位论文是一个有关光学干涉的实验。负责实验指导的鲍文教授告诉他,做这个题目的仪器都已经准备好了,两年内就可以获得实验结果和写出博士论文,这样就可以顺利得到博士学位。但是赵忠尧觉得这个题目虽然比较容易获得学位,但是学

赵忠尧在美国学习期间留影

不到多少技术,而他出国深造的本意就是要多学一些实验技术,回国后可以派上用场。

赵忠尧考虑再三后,鼓起勇气去找密立根教授,语气诚恳地说:"我想请您换一个可以学到更多东西的题目给我。"

按照惯例,教授给什么题目学生就应该做什么题目,自己要求换题目做,往往会引起导师的误会或者不高兴。密立根教授听了赵忠尧的要求后,的确感到意外,以前还很少有学生向导师提出这样的请求。密立根教授心里有些

不高兴，但是也没有表现出来，只说了一句：

"嗯，我考虑一下。"

过了一些日子，他对赵忠尧说：

"上次那个题目你觉得太简单，现在给你换一个'硬γ射线在物质中的吸收系数'，这个题目你考虑一下。"

说是让"你考虑一下"，实际上学生还能再考虑吗？会来事的学生一定知道如何回答才使老师不烦心，但是老实的赵忠尧偏偏老实得太过分，竟然回答说：

"好，我考虑一下。"

因为他当助教的时候做过一些简单的吸收实验，仅凭自己的经验，以为这个题目不难做，他还想看看有没有更难的题目。但密立根教授一听，当场就火冒三丈，说道：

"这个题目很有意思，相当重要。我看了你的成绩，觉得你做还比较合适。你要是不做，告诉我就是了，不必再考虑。"

赵忠尧没有想到导师会如此恼火，连忙说：就这个题目了。

当论文做完以后，赵忠尧才体会到导师的一番良苦用心。说实在的，在当时无论是密立根教授，还是赵忠尧自己，都没有意识到这个题目会把赵忠尧推到一个物理学伟大发现的门口，差一点就可以获得诺贝尔物理学奖。这个课题使他不仅学到了实验技术，而且在核物理方面获得了非常高水平的研究成果。

多年后赵忠尧谈起这件事时还说：

"回想起来，密立根教授为我选择的这个题目，不仅能学到实验技术，物理上也是极有意义的。这一点，我在以后才逐渐有深刻体会。"

后来，当赵忠尧的博士论文交给教授们讨论通过时，密立根教授还翻出这个旧账来当笑话讲：

"这个人不知天高地厚，我那时给他这个题目，他还说要考虑考虑。"

教授们听了哈哈大笑起来，这笑声是善意的。赵忠尧的论文评分时得了优等。

与诺贝尔奖失之交臂

密立根给赵忠尧做的研究题目是"硬γ射线在物质中的吸收系数",其中γ射线是从原子核里放射出来的光子,是波长极短的电磁波。能量越大的γ射线,波长越短,频率越高,这种γ射线统称为"硬γ射线"。当γ射线通过物体时,由于光子和物质中电子相碰撞,会将一部分能量传给电子,这时我们就说γ射线"被物质吸收了"。吸收多少可以由一个被称为"克莱因-仁科公式"的"吸收系数"来确定。密立根就是要让赵忠尧测量"硬γ射线"对各种物质的吸收系数,以此检验克莱因-仁科公式(Klein-Nishina formula)是否正确。

结果当赵忠尧用2.6兆电子伏的硬γ射线,来测量它们在不同物质中的吸收系数时,他意外地发现,只有当硬γ射线通过轻元素时,它的被吸收的情形才与克莱因-仁科公式相符,但通过重元素,例如铅时,出现了明显的"反常吸收"现象,实际测出被吸收的γ射线能量,大于由公式计算出来的量。例如,当硬γ射线通过铅元素时,测得的数值比公式算出的大了近40%。这是1929年底赵忠尧由试验得出的结果。但是,由于赵忠尧的实验结果与密立根预先设想的不符,因此密立根不怎么相信赵忠尧的测量值,结果赵忠尧的论文就被搁置了三个月。

赵忠尧心里自然十分着急:"难道真的出师不利、首战告败?"

幸亏他的辅导教师鲍文很相信他的实验结果,出面替赵忠尧说话。鲍文对密立根说:

"赵的实验结果肯定可靠,我建议尽快将论文送出去发表。"

鲍文是光谱专家,又是专门为密立根的研究生做具体辅导工作的,因此对赵忠尧的实验设计和实验结果有确切的了解,他相信赵忠尧的测量结果肯定可靠。密立根听了鲍文的意见后,就把论文寄出。据杨振宁先生说:

"(赵忠尧的)论文提交日期是1930年5月15日,在此之前两周,1930年4月29日,赵的实验结果已提交给国家科学学术协会。"

就在赵忠尧的论文发表后不久,英国卡文迪什实验室的塔兰特(G. Tarrant)和德国威廉皇帝化学研究所的著名物理学家迈特纳(Lise Meitner)也得出了同样的实验结果。这三个不同实验室根据实验结果都认为,这种"反常吸收"很可能是在原子核里发生的。例如,可能是核内电子散射造成的(那时物理学家还认为核内有电子存在)。这些解释并不正确,事实上在1930年还没有人能够正确解释由赵忠尧首先发现的反常吸收。但他的发现对后来的物理学发展有非常重要的影响。

在赵忠尧的第二个实验中有更加重要的发现:(1)伴随反常吸收,从重元素里散射出来的还有"额外散射";(2)这样一个"额外散射"是各向同性的;(3)"额外散射"对应的能量为 0.5 MeV 的光子。这些结果发表在美国 1930 年的《物理评论》上。杨振宁教授说:

> 令人印象深刻的是,赵的这些结论都是正确的,他发现了正负电子对湮灭现象!在这过程中
>
> $e^+e^- \to \gamma\gamma$
>
> 每一个光子的能量近似为 0.5 MeV(兆电子伏特)这确确实实是由赵忠尧发现的。然而,在当时没有人理解赵忠尧这个发现的理论意义,直到很晚的时候人们才懂得它的意义⋯⋯

现在我们知道,赵忠尧发现的反常吸收,正是由于γ射线在原子核周围产生了正、负电子对,γ射线的能量损失增加,形成"反常吸收";而"额外散射"是因为正电子和电子相遇发生湮灭,正电子和电子同时消失,化为近似为 0.5 MeV 的光子散射出去。

如果赵忠尧在 1931 年底不回国,仍然在国外研究,也许⋯⋯

不过,这些"也许"没多大意思,有意思的是赵忠尧的"反常吸收"的研究影响了他的一位同学,这位同学后来正是受赵忠尧的研究的影响,发现了正电子。

这位同学叫安德森,后来他因发现正电子而于 1936 年获诺贝尔物理学奖。1981 年安德森曾回忆说:

> 赵忠尧当时正在我邻近的房间里做实验,用静电计研究铊 208 产生的γ射线对于铅的吸收和散射。他发现这两个方面都大大超过了克莱因-仁科公式的预言。他的研究结果引起了我极大的兴趣,我曾打算建造一个能在磁场中工作的云雾室,以便研究赵忠尧的发

现……

安德森甚至想借用赵忠尧的铊208放射源。可惜这一计划没有实现,因为他和赵忠尧同时获得博士学位以后,密立根正在为宇宙射线本质的研究,与康普顿进行一场关于宇宙射线来源的大论战,因此他要求安德森放弃自己的计划,转入宇宙射线云室的研究,结果正电子的发现便因此推迟了。

安德森曾说:"我坚信,当初如果能够按原计划利用铊208做云雾室研究的话,正电子的发现一定会更早一些。"

赵忠尧利用从国外带回的部件,主持装配建成我国第一台静电加速器

后来在1932年,安德森在威尔逊云雾室里观察到了宇宙射线中的正电子,并于1936年获得诺贝尔物理学奖。但是由于种种遗憾的原因,这个应该同时给予赵忠尧的诺贝尔奖,却只给了安德森一人。

1979年,当时的联邦德国同步辐射中心佩特拉加速器落成正式运转,世界著名的物理学家纷纷被邀请到汉堡参加这一庆祝活动。在典礼上,诺贝尔奖获得者丁肇中向与会的十多个国家上百名科学家,介绍当时已77岁高龄的赵忠尧时说:

"这位就是正负电子产生和湮灭的最早发现者——没有他的发现,就没有现在的正负电子对撞机。"

1997年,前诺贝尔物理学家委员会主任埃克斯朋在一篇文章中写道:

> 有一个令人不安的遗漏,在谈到……硬γ射线的反常吸收和辐射这个研究成果时……没有提到中国的物理学家赵忠尧,尽管他是最早发现硬γ射线反常吸收者之一,赵忠尧在世界物理学家心中是实实在在的诺贝尔奖得主!

历尽波折,回到祖国

1946年,赵忠尧到美国参加在太平洋比基尼岛上的原子弹爆炸试验。参观完以后,他再次留在美国学习核物理学理论和实验技术。1946—1950年,赵忠尧在麻省理工学院静电加速器实验室、华盛顿卡内基地磁研究所和加州理工学院核反应实验室从事研究。

1949年底,赵忠尧开始作回国的准备工作。

在作回国准备时,第一件最重要的事情就是要把多年来加工好的静电加速器部件,以及费尽心思采购来的核物理实验器材运回国内。幸运的是在1949年底到1950年初的一个短暂的时间里,中美之间还是通航的。赵忠尧找到了一家由国民党官僚资本经营的运输公司,它负责科研器材的搬运,存放器材的仓库也由他们负责。

当时,美国联邦调查局已经注意到赵忠尧这批想运回中国的器材,他们怀疑其中夹带有秘密资料。于是,联邦调查局的特工们背着赵忠尧,擅自到运输公司的仓库开箱检查,甚至还暗中派人到加州理工学院,去调查这批器材的来历和用途。幸好当时被询问的一位科学家杜蒙德对赵忠尧很友善,他向调查者说明这些器材与原子武器毫无关系。后来这批部件终于历经波折运回中国,对中国核物理学的研究起到了重要作用。

没有想到的是在归国途中,赵忠尧真可谓历尽波折、险象环生,差一点有家不能归了。

1950年8月29日,赵忠尧、钱学森、邓稼先、涂光炽、罗时钧、沈善炯、鲍立奎等一百多位中国留美学者一起登上了美国"威尔逊总统号"轮船。但是刚刚上船,美国联邦调查局特工就上船搜查。钱学森的800多公斤书籍和笔记本被扣，他本人也被指控为共产党"毛的间谍"而被押送到特米那岛上关了起来。赵忠尧也被再三盘问，并对他的几十箱东西进行野蛮翻查。幸好一个月之前，赵忠尧已经将重要资料和器材托人带回中国，而把其余的零部件拆散了随意摆放，因此成功地迷惑了美国特工。但他的一些物理学书籍和科学杂志，还是被美国特工以违反出口法为由没收。

1992年赵忠尧90寿诞时，李政道为老师贺寿

然而，磨难还远没有结束。9月12日，轮船经过日本横滨时，原定在横滨港要停泊几个小时，旅客们都准备在船靠岸后上岸观光休息一下。没想到，正当海轮驶近港口时，船上却宣布：奉有关方面的紧急通知，这船不得在日本停靠。大家感到十分扫兴。就在这时，一条快艇从岸边飞速驶来。赵忠尧预感到会有什么意外的事发生，并且很有可能是冲着自己来的。他连忙暗自将带在身边的一包科研记录本交给了一位可靠的朋友藏好。资料刚脱手，从快艇上就跳下几个带有"MP"（Military Police）标志的美国宪兵，说奉美军总司令部命令，要赵忠尧和另外三个从加州理工学院归国的青年学者罗时钧、沈善炯、鲍立奎到船长室谈话。其中鲍立奎当时恰巧在洗脸间，听到麦克风里叫他的名字，就故意不出来，总算躲了过去。赵忠尧和另外两人到了船长室，美国情报部门人员硬说他们可能带有秘密资料，并立即把他们三人带到岸上，送到东京的中野美军监狱关押起来，罪名是有与核武器机密有关的"间谍嫌疑"。不久，他们三人又被转移到主要关押日本战犯的巢鸭监狱。

这件事很快被国内得知,9月24日,刚刚历尽波折从海外归国的中国科学院副院长李四光,致电美国总统杜鲁门,提出严正抗议。国际舆论对这件事也深表同情,世界科学组织对美国的行为"深表遗憾",纷纷提出抗议。迫于正义的力量,美国政府不得不于10月28日释放了三位科学家,并表示这件事情的发生完全出于"误会"。

但是从监狱出来以后,美国人把他们三人送到中华民国驻日代表处,台湾当局驻日代表又反复劝他们三人到台湾去。可是,赵忠尧他们三人回到大陆的决心不可动摇。11月15日,在那儿软禁了两周以后,他们三人才真正恢复了自由。

五天后,他们离开横滨取道香港回国。但是好事多磨,在途经香港时再次遇到了麻烦。港英当局说他们的过境证有问题,又把三人扣留了几天。由于赵忠尧等人已成了众所周知的新闻人物,他们后面更有着新中国政府和亿万人民这样的坚强后盾,港英当局已经无法再公开留难。这样,又经过多日的辗转,直到11月28日,赵忠尧三人才终于踏上了祖国大陆的土地,回到阔别多年的祖国。

数学与诗 苏步青

苏步青(1902—2003),浙江平阳人,中国著名数学家,中国科学院院士。1927年毕业于日本帝国大学数学系,1931年获理学博士学位。与陈建功一起创立了中国的"微分几何学派"。

从"立壁角"到第一名

在苏步青出生的年代,孩童如果到上学的年龄,一般都会被送到自家村里的私塾"发蒙"。苏步青也同样如此,从背诵《三字经》《百家姓》和一本私下看的残本《三国演义》开始了他的学习生涯。后来他被送到离家100里地的平阳县高小,这是当时平阳县最高学府。

不幸的是在这儿学习给苏步青带来的不是欢乐,而是屈辱和痛苦,他成了人人耻笑的"立壁角"——被老师处罚站在教室的一个角落里。为什么会这样呢?原来,苏步青由于家境贫困,穿的衣裳大不如同学,被同学们当众恶意嘲弄;还有,同学们觉得他的蚊帐上有十几个补丁实在不堪入目,因此不让他在宿舍与大家一起睡,把他逼到二楼楼梯口睡。有一次半夜里睡着了,一翻身滚到楼下。小小的苏步青第一次尝到屈辱和孤苦无助的滋味。为了躲避同学和老师的侮辱和责骂,他开始逃学,天天到街上瞎玩。结果他的作业不能按时完成,经常受到老师的训斥和"立壁角"。后来罚多了,他居然脸不红、心不慌,泰然自若。这样的学习当然好不了,每学期成绩下来,他总是"背榜",即班上最后一名。

有一次因为作文出了事,他对学习彻底绝望。他从小喜欢看闲书,因此写作文对他来说不算难事,他可以写得挥洒自如,生动活泼。有一次,语文老师把他叫到办公室指着他的作文本大声说,你这篇作文是抄袭别人的文章。苏步青不服,与老师争执起来。老师狠狠责骂苏步青:

"抄来的文章再好也是别人的,想骗我?你还能写出这样的文章?哼!"

苏步青觉得自己太委屈了,由此对于学习几乎完全绝望。但是,对陈玉峰老师教的地理课,苏步青从来不逃课。这是因为陈老师的课教得生动活泼,苏步青非常喜欢听,学得很好。陈老师喜欢这个学生,也很关心苏步青。有一次问他为什么逃语文课。苏步青说:"语文老师瞧不起我!"

陈老师严厉地说:"瞧不起?瞧不起你你就不读书?你这样下去到什么时候才会被人看得起呢?你的父亲从家里挑米来交学费,你年年背榜,怎么对得起省吃俭用的父母?"

话音刚落,苏步青鼻子一酸,眼泪就扑簌簌落下来了。

陈老师继续说:"别人看不起你,就因为你是背榜生。假如你不是背榜生呢?假如你考第一呢?谁会小看你?"

陈老师还耐心地给他讲了牛顿小时候的故事:牛顿也长在农村,到城里读书,成绩不好,同学们都喜欢欺侮他。牛顿没有后退,他想只要有骨气,学习优秀,自然就没有人敢欺侮他。不久成绩就跃居全班第一,不仅没人敢欺侮他,反而都钦佩他。

苏步青听完陈老师讲的故事,明白了一个道理:作文是我写的,老师怎么看是老师的事,和老师闹别扭反而影响自己的学习,实在不划算。现在他有了一个学习的榜样——牛顿。有了学习的榜样,他作业本上"优"越来越多,还连续几年都考了"头榜",从此再没人看不起他了。苏步青后来在《神秘的符号》一书里深情地写道:

> 陈老师的一席话是我人生的一个转折点。1931年,我在日本获得理学博士学位后回乡探亲。小山沟里出了大博士,来探望的人络绎不绝。我一眼看出站在远处头发花白的陈玉峰老师。我叫着恩师的名字,恭恭敬敬地把他请到上座。陈老师对周围的人说:"有这样的学生,也算不枉度此一生。"我连忙说:"没有恩师当年教诲,学生不敢奢望有今日。"临走时,我特地雇了一乘轿子,请陈老师上轿,自己跟在后面步行30里地,把老师送回家去。

种地和戒烟

抗战期间的 1941 年暑假，苏步青一家人随浙江大学内迁到了贵州湄潭，与著名生物学家罗宗洛一家合住在一所破庙里。

这时大后方经济崩溃，物价飞涨，大学教授靠工资实在难以糊口。许多人"弃学经商"去了。苏步青没有本领从商，就买了把锄头，把破庙前的半亩荒地开垦出来，种上了蔬菜。每天下班回来就忙于浇水、施肥、松土、除虫。小时候他在农村干过农活，所以干起来得心应手。有人说苏教授就像一个老农民。有一次，湄潭街上的菜馆蔬菜断了供应，他们知道苏步青这里有花菜，买去好几筐菜应急。

苏步青与妻子松本米子和两个孩子

有一天傍晚，苏步青正在家中翻晒将要霉烂的山芋，校长竺可桢到湄潭县分校视察，特地到他家看望。进门看见苏步青正在翻动什么，就问："这是什么呀？"

苏步青说："这是我近几个月来赖以生活的粮食。"

原来每月薪金 350 元，在钞票贬值、物价飞涨的时期，这点钱对于一个八口之家来说根本无法维持生活，因此苏步青将地瓜（山芋）蒸熟后蘸盐巴当饭吃。

"那怎么行？"竺可桢眉头紧锁，想了半天，说："你不是有两个儿子在附中念书吗？可以让学校给他们饭吃。"

于是苏步青的儿子拿了竺校长的手书去找附中校长。校长说："可以，就叫他们二人搬进附中来住吧！"

按规定公费生必须住进学校，然而穷得叮当响的苏步青家一时又抽不出两床被褥，所以仍然无法享受这一待遇。不久竺校长知道了，又"特批"两个儿子可以住在家里而同时享受公费待遇。第二年，苏步青又被竺校长作为"部聘教授"上报教育部，并被批准。这以后工资增加了一倍，生活困难就基本上全解决了。

那时,苏步青的烟瘾很大,一天总在50支上下,要不是妻子的限制,恐怕还不止这个数字。后来听说陈建功已戒烟,苏步青将信将疑,便向学生打听,证实果然有这回事。那时他的家境困难,孩子又多,只能靠吃山芋过日子,加上常抽的"老刀牌"香烟又不断涨价,哪儿还有钱抽烟?有一天他对妻子松本米子说:

"建功先生戒烟了,他比我大九岁都戒了,我也戒。"

"早该戒了,下点决心,我来监督你。"

开始戒烟的那几天,他感到特别难受,好似丢了魂儿似的坐立不安,根本看不进书,手还不时自动地摸摸口袋,整天感到少了什么一样。米子见他这般难熬,急中生智,炒了一些花生米,一发现他开始难受,就抓一把花生米塞到他手里。没想到这一招倒真的挺管用,一天、两天……十天,他居然顺利地戒掉了烟。

后来,一些青年人知道苏步青以前烟瘾大,竟然戒下来了,还向他请教戒烟的秘诀。

"东方第一几何学家"

在苏步青的努力下,浙江大学数学系居然在遵义、湄潭的四五年时间里,在微分几何研究方面取得了很大的进展。苏步青不仅在浙大成立了微分几何小组,而且他自己在微分几何学和射影曲线理论两个方面取得了引人注目的成果。德国著名数学家威廉·布拉施凯(Wilhelm Blaschke, 1885—1962)说,苏步青是"东方第一几何学家";欧美和日本数学家还把苏步青领导的浙江大学微分几何小组,称为"浙大学派"。

著名数学大师陈省身教授在为苏步青的《微分几何讲义》一书写的前言中指出:"(苏步青)创造了一个数学几何学派,培养出了许多优秀的学生。"

在抗战极其艰难的时期,苏步青时刻惦记着资料的建设,在缺吃少穿的年代,他仍然一砖一瓦地累积资料。有一年他当上了庚款考试官,居然设法弄到7500美元,他立即用这部分钱在国外购买了不少的数学杂志,其中新期刊100多种,有20套完整无缺。1942年,剑桥大学教授李约瑟到贵州浙大收集资料,想找一本数学史的书,没有想到在这穷山沟里居然找到他想找到的资料,让他惊讶和叹息不止!

1944年11月,时任英国驻华科学考察团团长的李约瑟再次来到遵义和湄潭,参观了浙大数学系和理学院。他惊奇地连声说:

"你们这里是东方的剑桥,值得看的东西太多了!"

后来,他又写专文介绍他在浙大的所见所闻:"在湄潭可以看到科学研究活动一派繁忙紧张的情景……它是中国最好的四所大学之一。"

我的水平当然比谷老师高!

1966年"文化大革命"爆发以后,苏步青像成千上万的大学教授一样被轰下了讲台,不能为学生讲课。直到1974年浙江大学开始招收"工农兵学生"以后,他才再次走上讲台。苏步青讲课生动,而且能够联系学生熟悉的实际生活,所以非常受学生的欢迎,与学生的关系也十分融洽。

苏步青给学生讲课

课间休息时,苏步青常坐到学生中间,与大家天南地北地闲聊。工农兵学员都是见过世面的,常常有调皮的学生跟他耍嘴皮、逗着玩。好在那时苏步青思维还很敏捷,常常能够幽默地应对学生提出的意外问题。有一次一个学生突然问道:

"听说您现在的水平还不如您的学生谷超豪老师,他的名气比您大多了。"

苏步青非常喜欢他的学生谷超豪,而谷超豪在某些方面也的确超过了他。但苏步青故意板起脸说：

"怎么能这样说呢，我的水平当然比谷老师高，我教出一个名气比我还响的学生，他有吗？"

学生们怎么也没料到，70多岁的苏步青老师还这么厉害，个个目瞪口呆，一时语塞，说不出话来。他们原想将苏步青一军，看看热闹，反而被他来了一个"闷宫将"。机灵的学生马上转换话题问道：

"听说您见过毛主席？"

苏步青一听觉得这是一个好机会，就慢慢地说：

"毛主席接见我四次。主席对数学十分关心，要我们超过世界先进水平。赶先进，首先要打好基础。你们的基础实在太差了！毛主席说要好好学习，天天向上，你们应该努力学习，国家需要大量有知识的青年。"

学生们事后议论说："在那'宁要社会主义的草，不要资本主义的苗'的年头，苏老这些随口漫谈看似用意不深，但每句话都力透纸背，可谓语重心长！"

苏步青后来回忆到这些事情的时候说："这只是一种责任感，那时哪能够想这么多呢！"

苏步青教授谈诗

苏步青不但书法精湛，而且喜欢写诗，这是很多人都知道的。

前面写过，在抗战时期由于生活艰难，他曾经在他住的破庙前开垦了半亩地种菜，1945年他写了一首诗：

> 半亩向阳地，全家仰菜根。
> 曲渠疏雨水，密栅远鸡豚。
> 丰歉谁能卜，辛勤共尔论。
> 隐居那可及，担月过黄昏。

1956年苏步青到东欧讲学和访问。11月18日上午到离莱比锡约有500公里的斯特拉尔逊城，下午到达小镇。这时天气转晴，东边斜日显出金黄色，西边圆月初升，日月同时照耀波罗的海，风景绝佳。忽然想到这天已经是阴历十月半了,一股思家之情油然而生。于是记起北宋词人晏几道写的"初将明月比佳期,长向月圆时候,望人归"的句子。于是在思情中填了《浣溪沙》一阕:

南北驰骋公路平,
暮林寒日照孤城,
霞光塔影一时生。

为作家书千百语,
不辞灯火两三更,
高楼夜舞管弦声。

1978年时苏步青与夫人松本米子50年金婚喜庆,回想起50年前在日本与妻子的认识,到共同生活难忘的日日夜夜,疾书一首献给夫人的诗:

樱花时节爱情深,万里迢迢共度临。
不管红颜添白发,金婚佳日贵于金。

1981年9月,苏步青在厦门瞭望金门岛的时候,在感慨万千之时,不由诗兴大发:

(一)
远祖逃荒后裔回,乡音不改鬓毛衰。
何当更泛鹭江艇,去探台湾旧迹来。

(二)
鹭岛南来秋正浓,危台东望思无穷。
为何衣带眼前水,如隔蓬山一万重。

苏步青喜欢写诗,也写了不少的诗。曾经有人问他:

数学与诗 苏步青

"您是研究数学的,偏重逻辑思维,而诗歌是属于形象思维,写诗和数学研究有何相通之处呢?"

苏步青的回答是:

"数学是数学,诗歌是诗歌,二者截然不同,但它们有共性,这就是数学和旧体诗都十分重视想象。有人说,数学是无声的音乐,无色的图画,对于诗岂不也可以这样说吗?

"我爱诗更直接的原因还在于自己搞数学,整天和数学公式打交道,大脑容易疲劳,生活也比较枯燥,因此,通过文史学习,包括对诗词的阅读来调节精神。这对于本行的钻研也不无好处。记得有这样一个故事:有个围棋名手下棋,酣战中对该走哪一子犹豫不决,此时,他往窗外看了一看,天边正好飞来了一行雁。他恍然大悟,下了极其精彩的一子。我整天同数学公式、定理打交道,为使头脑不僵化,读写旧体诗可以说是起到'窗外看雁阵'的作用。"

此外,苏步青还认为:"数学是讲究逻辑推理的,诗歌也不能没有逻辑性。别的不说,押韵和平仄,就很有规律。不讲究格律,诗的味道就大为逊色,就会失去诗的韵味。

坚持真理郑作新

郑作新(1906—1998),1906年生于福建福州。中国鸟类学家,中国科学院院士。他对中国鸟类进行系统的考察和研究,曾发现中国鸟类16个新亚种。

奶奶讲的故事

在郑作新几十年的研究中,不知道碰到过多少困难险阻,但是每一次在处于极度困难的时候,他都会想起儿时奶奶讲的"精卫填海"的故事。郑作新在他写的《与鸟儿一起飞翔》一书里写道:

> 多少年过去了,精卫鸟填海的故事一直深深地印在我的脑海中。……每当我想起这个故事,总好像看见精卫鸟在万里晴空展翅飞翔,它叼来石子、草根,日复一日地填海;我又仿佛看见在狂风暴雨的海面,精卫鸟搏击长空,把一块块石子抛向海里。精卫鸟那种不屈不挠、锲而不舍的精神在不知不觉中影响了我。它培育了我干什么事情都坚持不懈干到底的坚韧毅力,也激发了我探索大自然奥秘的兴趣,更滋养了我的一个与飞翔的鸟儿有关的朦胧梦想。

郑作新五岁时,母亲陈水莲就因病去世。从那以后,他一直由慈祥的奶奶抚养长大成人。奶奶把一片爱心全部倾注在孙子郑作新的身上,也是他最早的启蒙老师。

郑作新的父亲郑森藩(守仁)当时在福州盐务局任职,经常要到各地联系业务,因此长年在外,家中就剩下奶奶、妹妹和郑作新三人。奶奶郭仁慈当时已年过半百,但身体健壮,除操持家务外还要做些手工活以补贴家用。她虽然没有进过学校,但是因为聪明好学,也学会认字和阅读书刊;她记忆力好,给郑作新讲过许多故事,其中给他印象最深的要算"精卫鸟填海"的故事了。奶奶是这样讲"精卫鸟填海"的:

很古的时候,有个炎帝。他有个女儿,名字叫女娃。女娃长得浓眉毛,大眼睛,好看极了。她不光长得非常漂亮,而且聪明、勇敢。这么好的孩子,炎帝当然喜欢她,总希望她待在自己身边。可是,女娃却想到处走走、看看,想到更远的地方去。……

有一天,女娃又划着船出海。划着划着,突然天气变了,大风呼呼地刮了起来,大海也变了脸,黑色的大浪蹿着跳着向小船打来。女娃的小船像一片落叶,颠来簸去。猛然,一个大浪劈头盖脑地砸下来,小船翻进海里,啊哟,女娃被大海吞没淹死了。

女娃死后,变成了一只鸟,这只鸟就是精卫。精卫长得很美丽,白色的羽衣,深红色的嘴,橙黄色的脚,善于飞翔。精卫飞到大海边一座多岩石的山上安了家。它发誓要向大海报仇雪恨,要把大海填平。大海知道了"嘿嘿"冷笑起来,它冲着山上的精卫喊道:"你填吧,你填不了,我不怕你!"

精卫鸟不声不响,一会儿衔来一个石子,一会儿又叼来几根树枝,从早到晚,不停地衔啊,叼啊,不停地填哟填哟。今天填一点,明天又填一点,一天两天,一年两年,日积月累,越填越多,大海的冷笑声也随之越来越少,越来越小,快听不到了。

后来,精卫还同海燕结了婚,生了两个孩子,男的像海燕,女的像精卫,它们也加入了填海的行列,每日衔啊,飞啊,填啊……精卫鸟填海不止。

奶奶讲到这里,总要停下来问孙子:"你说精卫鸟的决心大不大? 毅力大不大?"

三项运动都得第一名

中学毕业前夕,学校举行运动会。那时郑作新才15岁,按年龄被编到少年组参加比赛。学校规定每人只许参加三项比赛,他就报了100米跑、跳远和三级跳远三个项目。

运动会当天,周围挤满观众,不但有全校师生,还有老师的眷属以及学校附近来看热闹的居民。比赛一项接一项地进行着,成绩也随着比赛的结果一项一项地被登榜公布:

"少年组100米第一名,郑作新。"

"少年组跳远第一名,郑作新。"

"少年组三级跳远第一名,郑作新。"

郑作新得了三项第一,而且还是全校个人总分第一,老师同学都来向他祝贺,学校还奖给他一个奖杯。郑作新把奖杯拿回家给奶奶看,奶奶非常高兴,还带郑作新去照相馆拍了张照片,寄给父亲。

郑作新能够取得这样好的体育成绩,得益于他的父亲,而这还要从郑作新一次生病说起。郑作新升入中学后,除了完成作业以外还喜欢读书。家里那时没有电灯,晚上是一支蜡烛或一盏油灯陪着他读书到深夜。有时奶奶一觉醒来见他还在看书,总是催促他早点休息。有一天,正当他深夜看书的时候,突然觉得眼前金星闪烁,接着一片漆黑就晕倒在地上。这可把奶奶吓坏了,她赶忙请人发电报把郑作新的父亲叫回家。

郑森藩慌慌张张地从外地赶回,帮助奶奶照顾郑作新,等稍好一些时,郑森藩与儿子作了一次严肃的谈话。

郑作新:《与鸟儿一起飞翔》

父亲问儿子:"你已经几天没去上学了?"

郑作新回答:"已经有一个星期了。"

父亲语重心长地说:"你才这么一点年纪就病倒一个星期。以后上中学,念大学,学习更繁重,如果没有一个健康的身体,怎么能适应今后的学习任务?再说远一点,毕业以后你还要为国效力,要工作上四五十年,没有一个健康的身体能行吗?"

郑作新点头称是。父亲还给他讲了一些古今中外知名人物坚持锻炼身体的故事。父亲告诉郑作新:要学习好,必须加强身体锻炼,只有这样才能保证今天的学习,而且还能在今后的工作上挑重担。他要求郑作新"从今日做起"。

从此,郑作新开始注意身体锻炼。他当时就读的中学离家较远,原本他总是乘车往返,但从那次生病和父亲谈话以后,他立即改为徒步来回。虽然这要花一点时间,每天还要早起,但步行却活动了全身,走到学校身上已汗津津的了。除此之外,他还在学校参加一些体育活动,打乒乓球、打篮球、打排球。

上大学时,他还喜欢上了网球,每天下午课后玩个把小时,觉得全身舒畅无比。这种爱好一直坚持到当教授以后,他的家里长期保存着一对1930年代使用过的网球拍。除打球外,他还坚持参加爬山、远足等户外活动。这些体育活动不仅使郑作新完成了艰巨的野外作业,为中国鸟类编目作出巨大贡献,而且也使得郑作新健康长寿。

老师的问题

郑作新15岁的时候,被福州市协和大学破格录取,成为协和大学有史以来年纪最小的大学生。协和大学是由美国教会出资创办的,大学里的课程大多使用美国原版的教材,教师也多用英语讲课。

记得在大学一年级时在一节生物课上,外籍教师讲解关于营养方面的问题。第二天在课堂上他提问:

"什么果实含维生素最丰富?"

前面几个同学都回答不出来,轮到郑作新时,他回答道:"是tomato(西红柿)。"

虽说郑作新在课堂上答出了教师的问题,然而"tomato"这个名称是前一天他看原版教科书时才知道的。但是究竟tomato是一种什么样的果实,他也没见过,更不知道是什么味道和好吃与否。而且当时郑作新怎么也没想到，由于碰巧答对了有关西红柿这个简单的问题，还影响了他的一生，使他决定攻读生物专业。

事情的原委是这样的：老师十分满意郑作新的回答，给他一个满分，还问他叫什么名字。课后这位外籍老师还亲切地拍拍他的肩膀，鼓励他好好学习，以后还经常指导郑作新看些课外读物。就这样，郑作新对生物课的兴趣越来越浓了。当时大学一年级都是基础课，二年级才分系和专业。他原来对生物、化学都有兴趣，一时不知道选哪一个系才好；但是生物老师的鼓励，无形中促使郑作新选择了生物系作为他终生为之奋斗的专业。

但"tomato"作为一个问题，却一直在郑作新脑子里潜伏着，他期望有一天把它弄清楚。

1926年春，郑作新大学毕业后决定到美国留学。当从上海乘船路经日本时，船在东京港靠岸等待，因当时正值东京大地震，全市被摧毁，郑作新和几位同时留学的同学都想上岸看看实际情况。在岸边的一个水果摊上郑作新看到不少红色的水果，很像中国的柿子，而且价格合适，他就买了一些带回船上，与大家共尝。

没有想到吃了这种"柿子"以后，个个龇牙咧嘴，都说这"柿子"又酸又涩，不好吃。一个见多识广的广东籍水手告诉他们这不是中国的柿子，而是美国的水果，还说这种水果营养丰富。但他不懂英语，因此也不知道它的名称。

到了美国的旧金山以后，郑作新看到商店里摆着他们在日本吃过的那种"柿子"，标签上写着"tomato"，直到这时郑作新才如梦初醒，原来这就是三年多以前从书本上知道的西红柿"tomato"。"tomato"传到中国时，南方称之为"番茄"，北方叫它"西红柿"。其实它原产于南美洲秘鲁的密林里，当地的印第安人认为它有毒，称之为"狼桃"。随着科学技术的进步，西红柿的品种得到不断的改良，涩酸味逐渐减少。由于它含有大量维生素C，其价值大大增加，因而被传播到世界各地。

麻雀应该消灭吗？

1955年冬，《农业发展纲要》（草案初稿）中将麻雀和老鼠、苍蝇、蚊子一同列为"四害"，应该彻底消灭之。接着，全国各地男女老少齐上阵，学生停课，机关停止办公，集体围剿、捕打麻雀。一时全国各个大城市锣鼓喧天，让惊逃乱窜的麻雀无处喘息，直至精疲力竭，坠地而亡，大有将麻雀赶尽杀绝之势。

关于麻雀到底应不应该被"赶尽杀绝"，当时在科学家中也有激烈的争论。有人说，麻雀历来就是"家贼"，糟蹋粮食，在广大农村素有"麻雀上万，一起一落上担"之说，理应扑打围剿。可是也有人提出，麻雀也吃害虫，不该乱打。有人还引证了19世纪发生在法国的一件事：当时的法国政府曾下令悬赏灭除麻雀，凡捕杀麻雀一只可得奖金若干。结果麻雀被大量捕杀，破坏了自然界生态平衡，导致果树虫害严重，水果产量锐减，法国政府不得不收回成命。

郑作新当时是动物学会的秘书长，与许多会员一样，他认为麻雀和人类经济生活关系最为密切，是人们最常见、在我国分布最广泛的鸟。但生物学家们对它的研究还很少，因此很难给它"定性"。郑作新认为提出的口号应该是"防除雀害"，而不能一下子就提出"消灭麻雀"这样绝对和不留后路的口号。后来他还写了一本科普著作《防除雀害》，详细说明自己的看法。与此同时，他又与同事们在河北昌黎果产区和北京郊区农业区，进行长达一年的调查，共采集848只麻雀标本，对麻雀全年的食性特性作了认真、详尽的研究。同时，他们又

郑作新的科普读物《防除雀害》

进行笼养试验，用以研究和推算麻雀对某种食物的食量。虽然笼养与野外环境不同，但由此所得的结果还是可以作为推算的一个根据。

实验和观察的结果表明，在冬季麻雀以草籽为食；春季是麻雀下蛋、孵卵和喂雏的时期，这时它们大量捕食昆虫和虫卵，在幼鸟的食物中，虫子占95％。到了七八月间正好粮食成熟，这时成鸟带着幼雀一起离巢，飞往农田，糟蹋粮食；秋收以后，麻雀主要啄食农田剩谷和草籽。可见，春夏之交是麻雀繁殖的季节，它们大量捕食昆虫，因而对农业大有益处；秋收季节它对农作物构成危害。在林区、城市和其他季节，麻雀并不造成危害，尽可让它自由活动。总之，对麻雀的益或害的问题，应该作具体分析，不可一概而论。要根据不同地

区、不同季节和环境区别对待。这是在对麻雀一片喊打声的狂热情况下作出的科学结论。

郑作新等科学家的意见受到政府的重视，不久就对《农业发展纲要》进行了修正。修正草案指出：

"在城市和林区的麻雀，可以不消灭。"

到1960年3月毛主席又指出：

"再有一事，麻雀不要打了，代之以臭虫。口号是：'除掉老鼠、臭虫、苍蝇、蚊虫'。"

于是"消灭麻雀"这个错误很快得到纠正。但是让郑作新没有想到的是在"文化大革命"中，麻雀一事却构成了郑作新的"罪行"。有人想利用麻雀的问题大做文章，责问郑作新：

"你知道犯了什么罪吗？"

郑作新说："不知道。"

揭发批判者气急败坏地说："你这个反动学术权威，居然胆敢为麻雀评功摆好，反对最高指示。"

1982年，郑作新在动物研究所办公室里

后来郑作新说："这一经历告诉我，作为科学工作者，探索真理靠的是辛勤劳动，而坚持真理还需要勇气，需要有为科学无私献身的精神。"

1988年，由国家教委中小学教材审定委员会审定的小学《思想品德》课本中，有一篇《为麻雀平反》的阅读材料，有一段文字赞扬郑作新：

"他认为探索真理、坚持真理和宣传真理是一个科学家的神圣责任。他不顾个人得失，大胆地把自己的研究结果和看法公开发表……"

下面的故事，也表现出郑作新坚持真理和宣传真理的伟大精神。

达尔文说错了

鸡是我们熟知的家禽,这是每一个中国人都知道的,和鸡有关的成语至少有 20 多个,例如,鸡不及凤、鸡虫得失、鸡飞蛋打、鸡飞狗跳、鸡零狗碎、鸡毛蒜皮、鸡鸣而起、鸡鸣狗盗、鸡鸣犬吠、鸡栖凤巢、鸡犬不宁、鸡犬升天等等,这说明中国人自古以来对于鸡是何等的熟悉。之所以如此地熟知,那当然是因为鸡是人们最常见的家禽之一,而且具有很高的营养价值,自古以来就被中国人广泛饲养。

郑作新在野外考察

但是让郑作新惊讶的是,英国著名科学家达尔文认为,中国家鸡的祖先在印度,然后由中国再传往欧亚各国。达尔文在《动物和植物在家养下的变异》一书中是这样写的:

> 在印度,鸡的被家养是在《摩奴法典》完成的时候,大概在公元前 1200 年……鸡是西方的动物,是在公元前 1400 年的一个王朝时代引到东方(指中国)的。

这里的"西方"指的是印度。在我国、日本以及欧洲各国出版的《家禽学》

中,也都遵从达尔文的观点,肯定我国的家鸡是从印度引进的。

可是郑作新就是想不通:我国地大物博,历史悠久,当时生产力也不低,为什么中国人不会把自己的"原鸡"驯化为家鸡,却要从印度驯化后才引进来呢? 这完全不合逻辑!

郑作新反复阅读达尔文的书后,发现达尔文的论断是根据所谓"中国百科全书"的记载。但是"中国百科全书"到底是一本什么书? 出版的时间和作者是谁? 这些重要的问题达尔文在他的书中都没有进一步说明,他只说该书是1596年出版的,在另一处又说该书印出的时间是1609年。

郑作新查找我国1596年出版的古书,并没有"中国百科全书"这一类型的书。医药学家李时珍的《本草纲目》虽是在1596年出版的,但其中并没有关于家鸡起源的记载。在1609年我国印刷的古书中,比较著名的是《三才图会》,书中有一段话引起了郑作新的注意,它是这样说的:

"鸡有蜀、鲁、荆、越诸种。越鸡小,蜀鸡大,鲁鸡尤其大者,旧说日中有鸡。鸡西方之物,大明生于东,故鸡入之。"

这里所说的西方,指的是中国西部"蜀""荆"等地,而绝不是指中国以西的印度。郑作新认为达尔文把"西方"误认为是印度,这显然是一个重大的疏忽。

然而究竟是不是达尔文疏忽了,不能只在书上做文章,还要拿出实际的证据来,也就是说要找到中国的原鸡,才能作出最后的论断。

1956到1957年,郑作新与助手在云南南部进行鸟类资源调查时,解决了这个问题。他们通过广泛、深入和艰难的调查,终于确定这儿的"山茶鸡"就是中国的"原鸡"。这种观点后来又被生化分析和出土文物证明是正确的。

因此郑作新肯定:中国家鸡的祖先是中国的原鸡,而不是从印度引进的;达尔文把"西方"说成是印度,显然是一个错误。

铮铮铁骨王淦昌

王淦昌(1907—1998),中国物理学家,中国科学院院士。从事核物理学、粒子物理学和受控核聚变方面的研究。由于发现反西格马负超子等成就,1982年获得中国国家自然科学一等奖。

如果当时我坚持做这个实验……

在英国物理学家查德威克还在"黑暗之中"寻找中子的时候,一位中国大学生来到了当时世界三大物理研究"圣地"之一的柏林,继续他的学业,攻读硕士学位。这位年轻人就是本节主人公王淦昌。

1929年6月,王淦昌毕业于中国清华大学物理系。当时在清华大学任教的吴有训教授十分看重王淦昌,建议他毕业后留在清华大学任教,同时给他布置一个研究北平市大气放射性的课题。1930年,王淦昌考取了江苏省官费留学生,到柏林大学攻读硕士学位。到了柏林大学后,王淦昌成了杰出女物理学家莉泽·迈特纳的研究生。

王淦昌(左)与同学摄于清华大学

王淦昌到柏林大学后不久,就知道了德国物理学家博特与贝克有关"铍射线"的异常发现。1930年,博特和他的学生贝克在做α粒子轰击铍(Beryllium,符号Be)时,发现了一个意料不到的结果。我们知道,铍是原子序数为4、质量为9的轻元素。当博特用α粒子轰击铍时,按以往的实验结果,铍里应该被轰击出质子来。但在这一次的实验中轰出来的不是质子,而是一种强度不大而穿透力很强的射线。这种射线可以穿透几厘米厚的铜板,而且穿过去后速度并不明显减小。当时博特不知道这是一种什么射线,就取了个临时的名称:铍辐射。铍辐射穿透力很强,在电磁场中不偏转,酷似当时人们熟知的硬γ射线,即一种频率较大的、由光子组成的射线。在1931年苏黎世物理学家聚会时,博特报告了这一实验结果,并且猜测说:"铍辐射很可能是γ射线之类的东西。"

王淦昌得知博特认为"铍射线"是γ射线的结论后,立即表示深深的怀疑。他认为,γ射线不可能穿透几厘米厚的铜板。更重要的是王淦昌认为,博特在实验时使用盖革的计数器作为探测器是不合适的。他认为,应该用云雾室代替盖革计数器,这样也许会有新的发现,从而弄清楚"铍辐射"到底是什么东西。

为此,王淦昌曾两次向迈特纳教授建议,希望能在她的实验室里用云雾室重新检验博特关于"铍辐射"的猜测。可惜的是,迈特纳两次都没有同意王淦昌的建议。

哪里知道,1932年2月,英国物理学家查德威克在用云雾室重新检验博特和约里奥-居里夫妇的"铍辐射"实验时,正如王淦昌预计的一样,行为异常的"铍射线"果然不是什么γ射线,而是一种不带电的中性粒子。由此,查德威克发现了中子,并获得了1935年的诺贝尔物理学奖。

事后迈特纳非常后悔地对王淦昌说:"唉,我们的运气不好呀!"

王淦昌后来也开玩笑地对人说:"如果当时我坚持做这个实验,那我王淦昌就不是今日的王淦昌了!"

"燕子王三"

王淦昌在德国度过了黄金的四年以后,于1934年4月回到了灾难深重的祖国。开始,他到山东大学物理系任教授;1936年,浙江大学校长、著名科学家竺可桢将王淦昌聘到浙江大学当物理学教授。

王淦昌那时也只有37岁,年轻活泼,再加上他学识渊博,待人诚恳,浙大物理系师生都亲切地称他为 baby professor,意思是"小教授"。

1936年12月西安事变发生了。由于国民党政府封锁消息,弄得人们惶惶不安。王淦昌一贯忧国忧民,所以对时局的变化非常焦虑。那时有收音机的人很少,但实验室倒是有一台,王淦昌几乎天天去收听西安事变的报道。有一天他听说蒋介石被张学良、杨虎城两位将军放了,就连忙往实验室跑,但钥匙一下子找不到了,他迫不及待地从气窗翻进实验室。后来,同事们为此送他一个绰号"燕子王三",这是因为当时北平有一个会飞檐走壁的奇侠,人称"燕子李三"。

1936年的王淦昌

正当王淦昌年轻奋发有为之时,1937年"七七事变"和"八一三淞沪会战"爆发了,全国人民群情激愤,同仇敌忾。王淦昌虽然是教授,他也与同事们一起,上街宣传抗日,募集废铜烂铁。有一天,王淦昌同一位仪器保管员到各家各户宣传、动员,到了傍晚,竟募集到大量废铜铁。他自己更是以身作则,倾其所有,把家里的金银首饰和银元,全都捐献出去。

"没有饭吃更应该做实验"

1937年杭州沦陷前夕,浙江大学决定向内地迁移。后辗转跋涉,经江西、广西等省,最后于1940年到达贵州省的遵义。1941年,浙大理学院又迁到遵义东北200多里地的湄潭县。

在辗转迁徙的艰苦历程中,王淦昌以坚韧不拔的意志,克服恶劣环境带来的种种困难,坚持为学生开物理实验课。哪怕有时只能在一个地方停留一个月的时间,他也坚持把仪器从装好的箱子里取出来,让学生们做实验。

有人觉得王淦昌真有点不识时务,说:"饭都吃不上,还去做什么实验啊?"

王淦昌总是回答说:"没有饭吃更应该做实验,不做实验光惦记着饿,做起实验来还可以忘记饿嘛。"

有几位当时是王淦昌学生的物理学家,后来回忆时都激动地说:"就是这种严格的精神,使王淦昌老师成为一位杰出的科学家。"

还有一位当时的学生回忆说：

"湄潭是一个风景秀丽的小县城，发达程度与农村集镇差不多，生活条件和物资供应十分困难。我们没有自来水提供高真空系统用的循环水流，王老师就设法将水桶放在一只高高的木凳上，产生落差，提供水流。他就这样领着我们战胜一个又一个的困难，取得教学与科研的满意成果。"

"苏联人的发现靠不住"

1950年代初期，苏联科学家为了更快寻找到新的基本粒子，在帕米尔高原上建立了一个宇宙线实验站，里面安装着一套苏联科学院两位院士设计的电子学系统。这种系统主要由三种计数管和磁铁组成，其工作原理是每当有粒子进入时，就会产生相应的电子信号。

不久，这两位苏联科学院院士向国际物理学界宣布，他们发现了十多个新粒子，并命名为"变子"。这一新发现顿时轰动了世界，这两位院士在苏联成了著名人物，获得了斯大林奖金，还被授予"社会主义劳动英雄"的光荣称号。

1989年8月，莫斯科大学授予王淦昌（前排右4）名誉博士学位

消息传来，王淦昌开始认为"老大哥"的仪器设备先进，发现新粒子是可信的，也曾为之鼓舞。但当他在物理学的期刊上看到苏联两位院士的实验经过及其分析时，他产生了怀疑：新粒子的证据在哪里？径迹照片怎么没有？

难道只凭几个用言语描绘的电子信号就能作出"发现新粒子"的结论吗？如果这不是无知,起码也是太轻率了!

王淦昌对科学研究的态度一直非常严谨。他认为,做宇宙线实验一定要用"径迹探测"作为研究的手段,这样才能拿出径迹照片作根据,证实自己的结论,这样还可以在多年后复核。

王淦昌又对苏联两位院士的实验进行了反复研究和实验,没有发现什么"变子"。他很有把握地说:"苏联人的发现靠不住!"

这在当时可是"大逆不道"啊!因为在新中国成立初期,全国"一边倒",从上到下到处是一股学习苏联的热潮。"老大哥"的机构、体制、思想,他们的"集体农庄"等等,都是我们绝对要效法的楷模。甚至"列宁服"也成为当时妇女们时髦的服装。当然,他们科学上的成就更是我国学习和追赶的目标。在这种大气候下,谁还敢对苏联说个"不"字呢!曾记否,1957年多少因为种种原因批评过苏联的知识分子被打成了右派!？

果然,王淦昌的言行引来了一些人的议论:

"王淦昌对苏联科学家的发现一再讲'靠不住',是对'老大哥'的轻蔑。"

"王淦昌在欧美留过学,他骨子里就崇拜资本主义国家。"

听到这些议论,王淦昌泰然处之。他说:

"科学是实实在在的东西,不能有半点虚假。不能用政治观点去随意评价科学发现。"

后来,许多外国科学家用更精密、更先进的仪器对宇宙线进行观测实验,谁也没有找到一个苏联两位院士发现的所谓"变子"。此后"变子"在国际上销声匿迹。苏联那两位科学院院士虽在国内红极一时,但后来却声名扫地。这件事也在国际上成了虚假科学的重大丑闻之一。

事后许多人都佩服地说:"一个人有一双'火眼金睛'是不容易的,但更可贵的是王淦昌还有一副'铮铮铁骨'!"

刚直不阿束星北

束星北（1907—1983），江苏邗（Hán）江人，我国著名的理论物理学家和教育家，我国早期从事量子力学和相对论研究的先行者。

性格决定命运

青年束星北

人们常说"性格决定命运"，这句话对于束星北来说非常准确。刘海军在他写的传记《束星北档案：一个天才物理学家的命运》里，曾经这样描述束星北的个性：

> 束星北与人们早已习惯的传统知识分子形象不同。他是个棱型复合体，身上的每一个棱角都异常地锋利鲜明。与那些外圆内方、以柔克刚、"从善如水"的知识分子比较起来，束星北更多的品质是黑白分明、刚直不阿、心口一致，最见不得不公与黑暗。在学术上，他实事求是、锱铢必较，毫无客气可言。在生活中，他也是如此（有人因此说他脑子不会打弯……）。为了真理或正义，他甚至不惜牺牲自己。在熟悉他的人眼里，他的秉性品质，很容易让人联想起历史上那些率真、豪爽的英雄人物。

这种性格鲜明如刃，在知识分子里很是少见。早年在浙江大学任教期间，同事们给他取了一个外号"束大炮"，就是意指他个性太强、太冲。这样的性格使他遇到什么事情，都不会回避或沉默。因此无论是解放以前还是解放以后，校内和国内发生的一些大事，总能与他挂上钩。这些事件为他一生带来美名，也为他带来了几乎是灭顶之灾的悲剧。

有人说束星北的性格有他妈妈的性格的基因，确实不假。他的妈妈郭氏，人称"江都夫人"，因嘴脚长得奇大，佃户们背地里也称她"束大嘴"或"束大脚"。束星北的父亲因为性格和生意上的原因极少回家，因而子女和祖上留下来的上百亩水田，都由郭氏一人料理。

郭氏高大肥硕，性情刚烈。佃户们对这位声若洪钟、人高马大的女人既敬又畏。束大嘴如果发现佃户作假糊弄她，那他可就倒大霉了。她会当着所有人的面把他祖宗十八代的往事拿出来理论一番。要是还有哪个不识趣的再纠缠，束大嘴就会扬起手劈头盖脸地扇下去。可是束大嘴又心慈如佛，每逢灾年不但主动减租，还会捐资募化、赈济衣食。每到枯冬春荒，束家都要发寒衣、施粮食。乡间人背地里常说："束大嘴心直口快，有慈悲心，肯做好事。"

郭氏有一种义无反顾的性格，这最明显地表现在当她得知丈夫有了姨太太之后，还没有等到丈夫回家与她商议，她立即一手拎着两个包袱，一手拎着束星北离开了束家，住到束星北姨妈的家。她的这一举动，使得束星北衣食无忧的生活从此结束，开始了自己努力奋斗的一生。后来，束星北的父亲多次请她回家，保证她在家中的地位不变等等。但是义无反顾的郭氏，再也没有回到丈夫的家。

从下面的几个故事里，读者可以看出束星北的性格确实像他的母亲。也正是这种义无反顾和近乎"豪侠"般的个性，使他日后在长达22年中戴着反革命分子、管制分子和极右分子三顶大帽子，被人视为狗屎不如的败类，被一些恶人整得死去活来。

束星北没有被整死，可以说是一大奇迹！

掀翻郭校长的酒桌

在二十世纪三四十年代浙江大学发生过一些大事，例如"驱郭事件"和"于子三事件"，束星北不但参与其中，还都是主角。"驱郭运动"和"于子三事件"，与浙江大学的民主与科学的传统有关系，也可以说，是科学与民主同专制与集权的政治斗争。

"驱郭运动"发生在1936年。当时浙江大学的校长是郭任远。郭任远曾经担任浙江大学心理学教授，于1933年就任浙江大学第四任校长。郭任远一上台就在浙江大学设立军事管理处，对大学进行军事化管理，这件事引起了学生的极端反感。

1935年北平爆发"一二·九"运动，浙江大学的学生为呼应北平大学生的壮举，立即上街举行抗日救亡游行。郭任远应对学生运动的办法，是找来警察、宪兵对浙大学生运动进行阻挠，阻挠不住就开始镇压，逮捕了学生自治会的12名学生代表。愤怒的学生立即声势浩大地展开了"驱郭运动"。束星北和浙江大学的一大批教授，本来就对郭任远的"统治"心存不满，特别是因为郭任远将中华基金会拨给学校物理系的实验设备的专款挪作他用，所以教授们也加入到学生的运动中。据浙江大学原物理系教授朱福炘称，束星北曾作为理工学院教授的代表到校方责问交涉，当他找到郭任远时，发现他正在酒店里设宴招待客人。

束星北说："都什么时候了，你们还在这里交杯把盏！"

他愤怒地冲上去就掀翻了桌子。

后来，浙江大学第一个带头辞职的就是束星北，在他的带动和影响下，陈建功、苏步青等一大批著名教授愤而辞职。国民党行政院迫于压力，终于免去了郭任远浙江大学校长职务。

"于子三事件"发生在1947年。这一年，国民党在战场上已由全面进攻转入全面防御，战争的主动权不断地丧失；经济和政治上的危机更是日甚一日，通货膨胀使得中国的经济到了崩溃的边缘。因而，这一年也是学生运动最为频繁与高涨的一年。但是国民党军、警、特的镇压控制也越来越狠毒，如：严禁十人以上的请愿和一切罢工、罢课、游行示威，还授权各地方政府，对"违法"行为可断然采取紧急措施。

于子三是浙江大学学生自治会主席，他在一次外出时被国民党当作共产党员逮捕。校方得到消息后，校长竺可桢立即组织力量全力营救。可是于子三在仅被审讯三天以后，就在狱里被杀害了。

于子三被害的消息传到学校以后，束星北为了抗议国民党当局杀害学生而提出了罢教。这在当时风险是很大的，但是束星北义无反顾。

从束星北一生的经历来看，他这种义无反顾的性格，异常地坚定而持久，没有因环境和时代变化而有任何变化，无论是解放前还是解放以后。

当面责难蒋介石

1936年"驱郭运动"胜利结束后，竺可桢接任校长之职。新校长上任之后，第一要务是把辞职的教授重新召回。但是束星北被重新召回浙江大学却并非一帆风顺。不少浙大的元老认为束星北个性太强，太冲，难以驾驭，因此对竺可桢首批就召回束星北表示反对。他们的理由之一就是束星北曾经当面责难过"委座"蒋介石。

这件事的原委是1931年束星北遵母命回国完婚后，经人介绍到南京中央陆军军官学校任物理教官。他的教学水平和才气，很快就引起了学校的重视。有一天蒋介石来学校视察，按惯例要召见几个军官，束星北是被召见的军官之一。能够被委员长召见这对很多人来说是极大的幸运，可是束星北并没有买这个账，反而把这次召见变成了"面责"。

当时，"一·二八"事变发生不久，国人对国民政府对日政策很不满意。在束星北看来，驻扎上海的十九路军违抗政府不允许抵抗日本人的命令，绝对是民族英雄的壮举；而国民政府却在十九路军和八十七师与日军血战上海之后，签订了"淞沪停战协定"，国人皆认为这是屈辱的卖国行为。束星北对此事更是一直耿耿于怀，因此乘这次接见的机会，当着众人的面斥责蒋介石的卖国行为，弄得蒋介石非常难看下不了台。蒋介石只能回应说，你太年轻，不懂政治，然后拂袖而去。

蒋介石显然是动怒了。束星北的弟媳是宋美龄的秘书，据她透露出消息说，蒋介石回到总统官邸还一直为这事怒气难消。束星北知道蒋介石真的动怒了，立即辞去了物理教官一职。

这就是浙大一些元老反对召回束星北的理由，但是竺可桢并没有因此放弃自己召回束星北的决定。他不但被第一批聘回浙江大学，还在召回后不久便晋为正教授。

与玻尔争论不休

1937年5月20日，世界著名物理学家尼尔斯·玻尔来到中国。他访问了上海后，受竺可桢之邀，专程到浙江大学作了关于原子核的学术报告。束星北就是这时有缘与这位量子力学大师相识。玻尔在杭州游览讲学的几天里，束星北和王淦昌几乎与玻尔寸步不离。束星北同玻尔探讨的是原子核的复合核与液滴模型，以及玻尔本人与爱因斯坦的争论；王淦昌同玻尔探讨的是宇宙线中"级联簇射"（cascade shower）的原因等问题。两个人（特别是束星北）与玻尔之间，不仅是请教、探讨，更多的是争论。

玻尔的儿子汉斯·玻尔与父亲一起来到中国，他在日记中写道：

丹麦物理学家尼尔斯·玻尔，1922年获得诺贝尔物理学奖

5月23日，12时30分，我们到达杭州，受到从大学来的三位青年科学家束星北、王淦昌、何增禄以及张绍忠教授的迎接。5月24日，演讲之后，我们应邀到市政府赴宴，由于年轻的物理学家们，特别是束（星北）博士和我父亲争论得特别起劲，我们迟到了一会儿。5月25日，束博士、王博士和何博士陪着我们走了一程又一程，并不停地与我父亲讲话。当我们分手时，天正下着雨，但我仍然看到强壮而坚定的束博士面带微笑站立在倾盆大雨中，只为尽可能地与我父亲多争论上几句。

浙江大学原物理系教授朱福炘曾称，束星北给玻尔留下了深刻的印象。玻尔回去后，不断收到上海几所大学和浙江大学师生的信笺，多为探讨物理学上的有关问题。也有些师生向他请教、询问到国外深造学习的途径，有的则直接让他帮忙介绍。对于这些要求，玻尔的回答千篇一律：

中国有束星北、王淦昌这么好的物理学家，你们为什么还要跑到外边去学习物理呢？

据说1950年初，有中国科学家到丹麦哥本哈根拜访玻尔的时候，他还多次向中国科学家打听束星北。但是没有人能告诉他束星北的去向。

"苏步青事件"

在1952年"三反"(反贪污、反浪费、反对官僚主义)运动中,浙江大学发生了所谓的"苏步青事件"。那时苏步青和束星北都在浙江大学任教。

开始教授们还没有把这次运动当成一回事,因为教授们似乎与"三反"的目的没有什么关系。但是后来一些人的历史问题被陆续揭发出来,教授们这才感到了压力。苏步青也是这时被人暗地"参"了一本,于是成为运动中的"重点"。

苏步青是世界著名的数学家,德国数学家威廉·布拉施凯曾经称他是"东方第一几何学家"。苏步青的人品也深为人们称道,他待人诚恳,为人和善,遇事能让则让,在生活和工作上,从不与人争长论短。他又是放牛娃出身,历史上没有任何问题,是浙江大学公认的大好人。谁也没想到这样的大好人会在"三反"运动中遇到难以迈过的坎子。

事情的原委是这样的:1937年在抗日战争期间浙大西迁大搬家时,当时学校当局决定大的设备仪器由学校委派专人负责,部分小的仪器和设施便分散到各系。数学系的东西由苏步青保管的最多,后来在归还仪器时,有几把长条凳子在与学校打了招呼以后留下来系里自己用。就这样的一件事情,居然有一位宵小之辈为了表现自己积极打了"小报告",栽赃他贪污。上面正愁没有典型,于是苏步青"贪污"一事便被牢牢抓住。

抗战时期浙江大学搬迁是一件了不起的大事,仪器、图书、设备多得不可胜数,可是在近万里战火行程中,这批仪器图书几乎没有任何损失,这是个不争的事实,那时学校当局还专门对此事做过表彰。按说这事无人不知,可是运动一来就是没有人敢站出来为苏步青说一句公道话。

这个时候束星北站出来了。束星北一开始就对"运动"很有抵触,他认为让一些清廉的教授去扒翻一些"鸡毛蒜皮"的小事,实在是有辱人格。他曾串联了一些人去学校提意见,为苏步青讲话。可是一到动真格的了,那些一度信誓旦旦、义愤填膺的教授便开始支支吾吾,王顾左右而言他。

苏步青一向把名誉看得比生命还重要,他思来想去怎么也想不出如何澄清自己"贪污"问题的办法,最后他想到以死来证明自己的清白。束星北当时与苏步青是邻居,苏步青想自杀的事是苏步青的日本妻子松本米子告诉他的。束星北得知这事以后，立即先去稳定苏步青的情绪，而后就闯进了"运动核心小组办公室"。当他怒气冲冲地闯进办公室的时候，办公室主任正在和人谈话。束星北一进屋就冲着那位主任说：

"你知道苏步青是什么人吗？你们算个什么东西！"

还没等那主任醒过神来，束星北上去像揪小鸡似地把他从椅子上揪起来，接着一拳打过去，那主任就被打得鼻口蹿血，摔出好几米开外。

这样，苏步青解脱了，束星北殴打"革命干部"和"抗拒运动"，成为浙江大学斗争批判的重点对象。这以后他在各种不断的运动中，总逃不脱挨整的命运，还先后被划为右派分子和反革命分子。

重新工作后

上世纪 70 年代后期，束星北在摘掉右派、反革命等"帽子"，并重新获得工作机会以后，他最自信的是他的精力与记忆力都不亚于当年。有一件事可以证明他的感觉是有道理的。

重新获得工作机会的束星北有一种和时间赛跑的紧迫感

1979 年，航天部试验发射一枚洲际导弹，这次试验需要计算弹头"数据舱"的接收和打捞"最佳时限"。为了慎重起见，有关部门在学术界广泛征求有关科学家的意见。这时有人推荐由束星北来解决这个计算。洲际导弹是原子弹的运载工具，有了原子弹而没有洲际导弹，则如同"有弹无枪"；因此，中国第一颗原子弹在罗布泊爆炸成功后，在1960年代后期就立即开始了洲际导弹的研制。

中近程导弹试验，一直都可以在我国幅员辽阔的国土上进行，与别的国家没有任何关系。但是洲际导弹的射程是中远程导弹的两三倍，"地大"的中国陆地已经不够用了，只能向世界公海延伸。这样，中国在避开国际航道的"公海"上需要开辟一个试验区。为此，还专门建造了机动性强、测量跟踪和控制功能齐全、设备精良的远洋测量船，以弥补陆地测控站作用距离不够的缺陷。但是因是在"公海"上试验，中国的洲际导弹试验颇为世界各国所关注，数据舱的接收与打捞时限便变得非常重要。对这样重大的任务由复出后不久的束星北来承担，有人提出了异议，认为万万不可。最后还是钱学森拍板才最终决定下来。

束星北果真不负众望，他仅以实验室的一台计算机、一支笔、一摞纸，准确无误地完成了任务。据国家海洋局第一海洋研究所负责人称：上面为这项研究拨款100万元，束星北却一分钱都没有要。

这一年，束星北73岁，73岁高龄的科学家独自一人出色完成了如此重大而复杂的计算任务，在航天学界真是轰动一时。

与王淦昌的生死之交

束星北的小女儿束美新讲过他父亲的一些往事，从这些往事中可以看出，束星北和原来在浙江大学同过事的王淦昌教授，有多么非同一般和令人唏嘘的友谊。束美新的原话是：

> 大约是1980年，王淦昌来青岛参加核物理、高能物理和天体物理会议。来前他跟父亲打了招呼，说是来看父亲。听到这个消息，全家都非常激动。王淦昌不但是我父亲的挚友，也是我们全家的恩人。历史上多少次关键时刻，都是他帮助了我父亲和我们家渡过了难关。大哥越新曾告诉我一件事：1937年秋天，日本军队在上海乍浦登陆，浙江大学还在沿浙赣铁路内地西迁的途中，王淦昌只身到上海去接他（当时他住在上海奶奶家里）。那时候，他只有8岁。王淦昌带着他经温州、丽水到金华，再由长沙抵湘潭。途经丽水时，遇

大难不死的束星北(左)与老友王淦昌,1980年在青岛重逢

到日寇飞机轰炸,王淦昌竟扑在他的身上。这个故事,以后我在王淦昌回忆我父亲的回忆录里也读到过。还有一件事,外人恐怕都不知道,是伯母吴月琴亲口给我讲的。时间大约在40年代初,浙江大学有传言说王淦昌同化学系的一个女助教要好(这之前,王淦昌的妻子儿女已被送回老家)。我父亲得知后,也不找王淦昌询问证实,甚至连招呼也没有打,带上两个学生直奔王淦昌的老家江苏常熟县支塘镇枫塘湾。当时,正在打仗,交通吃紧,我父亲不知从哪里弄了辆黄鱼车,冒着敌机轰炸,辗转多日,将王淦昌妻子吴月琴和儿女接到遵义湄潭。吴伯母说,那时候,大学里这样的事情,也只有我父亲做得出。从这两件事中,就完全可以看出,两人的关系是多么的好。

从1954年父亲应邀去京算起,两人已26年没有见面了。这26年,发生了多少事情哪。对于两人的"历史性"的会面,我有过无数的想象。可是令人难以理解的是,两人会面的那个时刻竟是平平常常、波澜不惊。他们甚至连手也没碰一下。在我的印象里,王淦昌推门进来的时候,两人的眼光倏地碰了一下然后就坐了下来,没有寒暄,甚至也没笑一下。

感觉着两个人根本就没有隔开过,好像是住在隔壁的邻居,只是随便来串串门。

我想,看了这段回忆的读者,不会感觉不到他们两个人之间这种诚挚的友谊是多么感人!

克隆先驱童第周

童第周(1902—1979),浙江鄞县人,生物学家、教育家,中国实验胚胎学的主要奠基人,20世纪生物科学研究的杰出领导者,因在克隆技术上的贡献而闻名。曾任中国科学院副院长、动物研究所所长,山东大学副校长,对细胞核和细胞质的关系进行了开创性的研究,开创了中国克隆技术的先河,是中国当之无愧的克隆先驱。

滴水穿石的故事

童第周出生在浙江省鄞县的一个小村子里,家庭生活十分贫困,没有钱进学校读书,只能在家里边做农活,边跟父亲学点文化。

童第周小时候的好奇心十分强,看到不懂的问题往往要向父亲问个为什么。父亲每次都不厌其烦地耐心给他讲解。

一天,童第周看到屋檐下的石阶上整整齐齐地排列着一行小坑坑,他觉得十分奇怪,琢磨半天也没弄明白是怎么一回事,便去问父亲:

"父亲,那屋檐下石板上的小坑是谁敲出来的?是做什么用的呀?"

父亲看到儿子这么好奇,高兴地说:

"这不是人凿的,这是檐头水滴下来敲的。"

小童第周更奇怪了:"水还能把坚硬的石头敲出坑?"

父亲耐心地解释说:"一滴水当然敲不出坑,但是天长日久,点点滴滴不断地敲,不但能敲出坑,还能敲出一个洞呢!古人不是常说'滴水穿石'嘛,说的就是这个道理。"

父亲的一席话,在小童第周的心里激起了一阵阵涟漪,他坐在屋檐下的石阶上,望着父亲,似懂非懂地点了点头。

由于家里的农活比较多,童第周对学习逐渐失去兴趣,开始不想读书了。

父亲耐心地开导童第周说："你还记得'滴水穿石'的故事吗？小小的檐水只要长年坚持不懈，能把坚硬的石头敲穿。难道一个人的恒心不如檐水吗？学知识也要靠一点一滴积累，坚持不懈才能获得成功。"

为了更好地鼓励童第周，父亲写了"滴水穿石"四个大字送给儿子，并殷切地嘱咐说：

"你要把它作为座右铭，永志不忘。"

效实中学的两个"第一"

童第周慢慢长大了，小学是在家里读，家里面有供他上学的钱，但是小学毕业以后家里实在没有钱供给他继续读书。好在他的几个哥哥深知弟弟是一个不可多得的人才，因此将小童第周送入浙江省立第四师范学校，因为在这儿读书学校可以免费供给食宿。

童第周大哥的希望是弟弟努力学习，回家乡后帮助他在农村办学。但是到师范学习以后，童第周的眼界已经有了大大的变化，已有另一番远大的志向：他要考进当时省内名望极高的宁波效实中学读书。大哥对小弟的志向感到高兴，但是又担心他考不取反而误事。但是童第周很有信心地告诉哥哥："我一定能考上效实中学！"

哥哥们也都支持童第周的想法，一家人都支持他。善良的老母亲经常在半夜时分悄悄起床，隔着窗户静静地望着小儿子房间的灯光。

最后童第周真的考取了效实中学，成为三年级的插班生，效实中学在当地很有名气，我们熟悉的蒋介石的"文胆"陈布雷就曾在这所中学任教。

但是在刚到这所中学读书的一段时间里，童第周的学习成绩曾让他自己流下了伤心的泪水——他的成绩曾经是全班倒数第一。幸好童第周没有被这个成绩吓到，他确有一股不服输的劲头，他相信自己一定能够尽快赶上去。

一天深夜，教数学的级任陈老师办完事情回到学校，发现在昏黄的路灯下有个瘦小的身影在晃动，陈老师想："深更半夜的，谁还不回寝室就寝呢？"陈老师带着疑问走过去一看，原来是童第周正在借着路灯光演算数学习题。

"这么晚了你怎么还不回寝室休息呢？"

"陈老师，我要抓紧时间把功课赶上去，我不喜欢倒数第一名。"

陈老师望着童第周瘦小的身躯，关心地劝童第周回去休息，可是走出不远，童第周又站在路灯下捧着书本读了起来。陈老师被深深地感动了，也为有这样的学生感到高兴。

第二天，陈老师当着全班同学说："我要告诉大家，童第周同学是一个勤奋好学的同学！有一些同学不但不向这样好的同学学习，反而用流言去中伤这样努力学习的好同学，说他不好好读书，沉浸在恋爱中。"

说到这儿，陈老师严肃地说："我亲眼目睹了童第周熄灯后还在昏暗的路灯下，专心致志地演算习题。他这样勤奋努力，值得全体同学学习！不错，童第周曾经是全班成绩最差的，但一个人的成绩不能仅仅用一次考试分数来判定。他的努力使我相信：他一定会成为一位好学生的！"

期末考试到了，童第周成了全班同学关注的对象。这一次，他终于靠自己刻苦的努力，使各科平均成绩都达到了 70 分，尤其是几何还得了满分，全校第一，引起了全校的轰动。

在自己的努力和老师的关心下，到高三期末考试，他的总成绩名列全班第一。

校长陈夏常在全校大会上表扬了童第周，并无限感慨地说："我当了多年校长，从来没有看到过进步这么快的学生！"

后来童第周回忆自己童年的时候感慨地说：

在效实的两个"第一"，对我一生有很大影响。这件事使我知道自己并不比别人笨，别人能做到的，经过努力我也一定能做到。世上没有天才，天才是用劳动换来的。

1924 年 7 月，童第周在哥哥的支持下，考入复旦大学生物系。在进入上海复旦大学以后，他更加勤奋学习，临近大学毕业时，他已经成为生物系的高材生了。这时他决心献身于科学事业。

漫漫的求索之路也由此开始。

赌气留学比利时

留学比利时的童第周

但是人生的路总不是平坦的。大学毕业后他进入国立第四中山大学（即后来的中央大学），成为蔡堡教授的助教。但是不久就发生一件让他愤愤不平的事情，促使他决心留学国外。事情是这样的，他被分到一间宿舍，当他想搬进去的时候，却被一位留学日本归来的老师占去了，还说童第周没有资格与他抢宿舍。

一气之下，童第周终于克服了一切困难，在1930年8月踏上了留学比利时的道路。因为比利时是继英国以后，最早进入工业化的国家之一，他要去那里学习先进的科学文化知识，报效祖国。

"童鱼"诞生

童第周在探索真理道路上的一个里程碑就是"童鱼"的诞生，这是一种单尾的金鱼。

"童鱼"是如何诞生的呢？那还要回到那一场伟大的实验。1973年的一天，实验室里，年过古稀的童第周坐在实验台前，助手们在实验室里紧张地忙碌着，做着实验前的准备，一切都在有条不紊地进行着。童第周要通过实验验证生物的遗传性状是细胞质和细胞核相互作用的结果。金鱼排卵了，排出的受精卵比芝麻还小！

助手们把他们已经提纯过的鲫鱼卵的核酸，迅速送到童第周的手边，童第周用他那灵巧的双手将这些核酸注入了金鱼受精卵的细胞质内。他想看看鲫鱼卵的核酸对金鱼的受精卵是否有影响，看看由这种金鱼受精卵长大而成的金鱼的性状是否会发生变化。8个小时过去了，实验仍然进行着。

"童老，您休息一会儿吧！"一位助手忍不住说道。童第周摇摇头说："应该记住，我们的事业需要的是手，而不是嘴！而且，你们不是和我一样忙吗？"

童第周就是这样,以身作则,严格要求自己。助手们每个实验记录,他都要亲自过目。他常以"认真是成功的秘诀,粗心是失败的伴侣"来勉励他的助手。

不久,这些由动过手术的受精卵产生的金鱼慢慢长大了,奇迹也出现了。童第周和他的助手们惊喜地发现,一些金鱼出现了奇妙的变化:在发育成长的320条幼鱼中,有106条由双尾变成了单尾,金鱼表现出鲫鱼的尾鳍性状!这些鱼既有金鱼的性状,又有鲫鱼的性状。这说明,从鲫鱼卵中提取的核酸对改变金鱼的遗传性状起着显著的作用。这也说明并不只是细胞核控制生物的遗传性状,细胞质也起着非常重要的作用。

实验的成功,证实了童第周的设想。童第周的脸上露出了成功后的喜悦。这种单尾的金鱼就是诗人赵朴初所称誉的"童鱼"。"童鱼",它是童第周汗水、意志和心血的结晶,它的身上凝聚着童第周的智慧和求实精神。

大器晚成张香桐

张香桐(1907—2007)，河北正定人。中国神经生理学家，中国科学院院士，曾任国际脑研究组织中央理事会理事。

背着家人考取中学

张香桐出生于河北正定县一个穷苦的农村家庭，长辈靠着租人家的几亩田过着艰难困苦的日子。这样的家庭在20世纪初的中国，一般是不可能让自己的后代上学读书的，更别说离开家庭到县城去读中学了！但是张香桐的长辈比较开通，觉得祖祖辈辈没有读书人，到张香桐一代总应该让一个后代念念书吧。于是，将张香桐送到本村一个私塾。后来又发现他非常聪明而且喜欢读书，就在老师和乡人的劝说下，让张香桐进了村子附近的一所小学。进小学时张香桐已经15岁了，比起7岁的同学们，他简直是一个大人；连张香桐自己都觉得混在一帮小孩子中间很尴尬。幸亏他聪明过人，接连跳级，只用两年小学就毕业了。

喜欢读书的张香桐想继续学习，于是央求父亲让他去考县城里的中学。父亲伤心而无奈地摇摇头说：

"穷人家的孩子能识几个字就可以了，用不着读那么多书。再说你也17岁了，该当当我的帮手。"

这时私塾老师和村里的乡亲们都来劝说他的父亲，让这个聪明的孩子继续读书。但是他的父亲就是不同意张香桐去上中学。张

张香桐院士的传记

香桐心里也十分明白,这事不能怪父亲,供他读两年小学,已经是很不容易,父亲费了好大的劲;而且,为了筹学费父亲和叔叔们冬天都只能穿着破棉袄。现在要去县城上中学,费用比小学要多得多,到哪儿去筹集这一笔钱呀?父亲真是心有余而力不足。

但是张香桐实在是太想上中学了,看见不少小学同学去县城中学报名,他心里十分羡慕,心里想报名还是应该报的,报了名不去考不要紧;而且,而且……要是没有报名,过几天父亲说不定又想出办法了呢?到那时报名就来不及了!

于是,有一天大清早他带上小学毕业证书,背着父亲独自悄悄地赶到正定县城的正定中学,要了一张报名单,端端正正写上自己的名字。名报上了以后就天天盼着父亲能答应。

一直等到考试的前一天,父亲还是没有答应。张香桐心想名也报了,不去考未免太可惜,还是去试试吧!于是,第二天他带上干粮和一元钱,偷偷去了正定县城。

正定县当时是河北省的一个大县,正定中学当时名叫直隶省立第七中学,教师的教学水平比较高,是一所很有名气的中学,对招收的学生要求很高,考试要进行两天。所以,考试前几天,整个县城的客栈都住满了考生,还有陪同的家人。张香桐没有钱住客栈,找了街上摆摊的棚子过一夜。好在是夏天,不怕受冻。

两天的考试很快结束了,他自己觉得考得很好,回家的脚步特别轻松。一回到家,他就立即帮父亲干活,而且干活也特别卖力。发榜那天他想来想去,要不要去看榜?最后还是忍不住跑到县城去了。

结果张香桐被录取了!正在这时,小学的班主任老师看见他,高兴地说:"张香桐,祝贺你被录取了!"

张香桐叫了声老师,心里一酸眼泪就掉下来了。老师听他诉说了偷考中学的经过,同情地说:

"我去劝劝你父亲,你不上中学太可惜了!"

由于老师和众乡亲的劝说和帮助,张香桐总算进了中学。可是在读到三年级的时候,他家里又不幸遭了火灾,原来的几间房屋几乎全被烧毁了。家里遭了灾,家人吃的住的都没有着落,张香桐哪还能继续读书呢?这时他只有退学一条路了。

当他回到学校准备收拾行李的时候，同学们都围在宿舍里劝说："香桐，你别忙着退学，我们大家想想办法。"

过了两天，同班一位姓梁的同学，他的舅舅是保定府的城防司令，兴冲冲地跑来找张香桐说：

"有办法了！我舅舅有几个孩子，都想在家里读书，正打算请家庭教师。你学识好，当家庭教师吧！"

张香桐想了想说："当家庭教师好倒是好，不过我要等中学毕业后，才能去当家庭教师。最好现在能先借200块大洋给我。"

小梁去和他舅舅商量后，答应了这个条件，真的送来了200大洋。于是张香桐自己留下100大洋作为读书的费用，另外100大洋给父亲度过灾难。

高中毕业后，张香桐考取了北京大学预科班，预科班读两年才能进入本科读大学课程。张香桐为了履行当家庭教师的承诺，采取了一个大胆的办法：他没有到北京去，而是在正定县一边当家庭教师，一边自习预科班的课程，考试的时候同学们把卷子寄给他，他做完了寄回学校。就这样，他当了一年半没有上课的预科班大学生。剩下最后的半年，张香桐不能再不到学校去了。怎么办呢？他请了一位好友帮他代课，这才到北京完成最后半年的课程。

战乱中不忘科学研究

《灵性的王国》书影

张香桐写过一本自传《灵性的王国》，他在这本书《写在前面》里写下一段很有启发意义的话：

我记得在中央研究院心理学研究所当助理员的时候，老所长唐钺（yuè）老先生曾这样告诫我们："你们坚持去做自己选择的研究工作，干它个三五十年，即使你是一个庸才，也会变成专家。因为到那时候，你在某一学术领域内所积累起来的知识，将会比别人更多，你自然就会成为一个专家了。"

我后来仔细想想，认为他的话很有道理，也符合事实。社会上有很多专家，并不是什么天才，有时甚至是一个比较笨拙的人。只不过由于他们勤学苦练，自强不息，在某一方面积累了大量专业知识，他所知道的自然会比别人多，因而他就成为一个出类拔萃的专家了。

在这本书里，张香桐还写下一段同样很有价值的话：

记得北大老同学生物学家王风振先生曾说过："科学研究是一条漫长的通向真理的道路，只有决心走到底的人，才能得到真理。大路两旁可能有不少野草闲花在引诱你。这不要紧，只要你不忘记自己的正路，迷途知返，暂时去欣赏一下自然风光，可能是无害的，有时还可能从中得到些有益的启发。"

在张香桐长达60多年的科学研究中，我们可以看到他就是像上面所说的那样，无论在什么艰难困苦的环境里，他都能够勤耕不止、从不间断。有条件要干，没有条件想尽一切办法也要创造条件干！在抗战期间，张香桐所在的心理研究所一直处于迁徙和动乱之中，开始从南京出发，迁到广西阳朔，后来又迁到广西的丹洲，最后来到桂林和阳朔之间的良丰。

丹洲是柳江上游的一个江心小岛，岛上住了几十户人家，人情敦厚，景色秀丽，简直是一个世外桃源。张香桐一个人住在一座破庙里，看守图书和仪器。这里非常寂静，没有人来打扰，只有一位看门的老人替他打水做饭。在南京准备搬迁的时候，他就曾想到战争可能要延续几年，应该做好各种准备，所以他特意把一架显微镜和一些常用的实验动物的脑组织切片标本带在身边，以便在逃难中如果有条件，就可以抽空做点观察研究，不能够把已经学到的神经解剖学知识荒废掉。

现在有了这个机会，他就在破庙大殿的角落里摆了一张方桌，把带来的脑切片和显微镜摆在桌上，开始了观察研究。在这里，张香桐完成了刺猬脑干内细胞核团的观察，绘制了40余幅有关的写真图，还写了一篇关于刺猬脑干细胞核团的文章。

后来又迁到良丰。这儿山清水秀、交通方便，是一个难得的好地方。张香桐在这里对比较神经学进行了研究。有一天，他与同伴去逛集市，看到集市上有穿山甲卖，他特别兴奋，因为穿山甲的神经系统有许多不同寻常的特点，是难得的科学研究材料。

他马上抓住这个机会买来了穿山甲，对穿山甲的脑结构进行研究。从穿山甲的脑外部形态和组织切片上，他发现很多特别的结构，这是任何其他动物都没有的，也是过去从来没有人记述过的。这使得张香桐惊喜不已。通过他的观察和研究，可以看出动物演化的历史，预测它们在变化的宇宙中的命运。

根据这一研究的结果，张香桐写了一篇有关穿山甲脑结构的论文，后来发表在美国《比较神经学杂志》上。这篇文章立即引起了神经学界高度的重视，张香桐本人也因此逐渐为西方神经学家们所熟悉。

这篇论文中所用的几幅插图，都是他自己亲手绘制的。这些插图结合了西洋写生画的技巧和中国工笔画、水墨画的艺术手法，像照相机一样显示出脑结构的真实形象。这种绘图手艺是他在逃难过程中由于生活单调，利用空闲的时间学习绘画学到手的。这不仅仅使他从中得到乐趣，而且对他写出好论文有重要的帮助。

不仅仅是奇遇……

有一天，张香桐在图书馆看到一本约翰·福尔顿的《神经系统生理学》，这是当时全世界出版的唯一一本神经生理学方面的书，他对这本书印象十分深刻。回到学校以后，就以极大的热情向同事们推荐这本书，言谈中表示出对这位作者的尊敬和钦佩。

后来在一次会议上，张香桐情不自禁地说："如果能在福尔顿这位神经生理学大师的实验室里进行研究，那将会是多么幸福。"

谁知这句无心说出来的话引来了同事们的无情嘲笑，不少人说张香桐是"痴人说梦话"；有位同事甚至说，像你这样一个穷光蛋，要是能够到美国去留学，那太阳就会从西边升起了。

这些嘲讽大大伤害了张香桐的自尊心。但是他一直相信"天下无难事，只怕有心人"这句格言。他憋着一肚子气，就在当天晚上，认认真真地写了一封给福尔顿教授的信,想探问一下他是否有可能到福尔顿教授的实验室学习。当时他写这封信只不过是为了消消心头一时的闷气,至于对方会不会回信,他其实并没有寄予什么希望。信寄出去之后他也就很快就把这件事忘掉了。

三个月以后的一天,一位邮递员突然送给他一封国外发来的电报。他拆开一看大吃一惊:电报上只有三个英文字:"YES, LETTER FOLLOWS"(意思是:可以,余函详)。这使他简直无法相信:做梦都不曾想到的事情,今天却突然成了现实。

电报和信都是美国耶鲁大学医学院院长弗朗西斯·布雷克寄来的。他批准了张香桐的申请,准许他作为一个访问研究人员在他们学校生理系工作,并且答应帮助他申请一个奖学金,以维持他在美国工作期间的生活费用。剩下的问题就是要他自己筹措到去美国的路费。看来张香桐的愿望真的有可能实现了!

经过一番努力,在1943年初张香桐终于在重庆乘一架军用飞机飞到加尔各答,然后从孟买乘"玛丽波莎号"客轮到达美国南海岸加州。3月24日,张香桐从纽约乘火车到达目的地——纽海文。第二天上午,耶鲁大学医学院生理系主任福尔顿教授在他的办公室里接见了张香桐。

一个艰难的旅程胜利结束了,张香桐后来在回忆中说:"现在回过头来想,人生的历程往往是由机遇所决定的,不能按照个人的意志自由安排。我出生在华北农村,直到14岁还不能进正规小学读书。只是由于命运的安排,才能在后来读完中学,并受到大学教育。做梦也没有想到自己会出国留学,而这个机会的到来,却是在逃难中,为谋求生存而挣扎的时候。"

张香桐能够留学美国不仅仅是奇迹,如果没有坚持不懈的努力和远大的理想,奇迹就不会幸运地落在他的身上。

尊重科学的盖尔凡主任

1947年,张香桐来到美国已经四年。这年他应聘回到耶鲁大学,原定计划是与福尔顿教授一起研究大脑皮层与丘脑的关系,这是他的专业,所以张香桐非常满意。可是不久,来了一位新主任盖尔凡教授。新主人对这个年轻的中国人完全不了解,一下子把他分配到航空医学研究室,进行爆炸性加压和减压对于内耳伤害的研究,同时,给他一大堆文献资料,还说:

"你带回去看看,看了以后你再作决定。"

这个突如其来的变化弄得张香桐目瞪口呆,不知如何是好。他默默地捧着资料回到办公室,心里未免有些忐忑,可是仔细一想:科学研究的道路从来就是曲折的;历史上很少有那么幸运的科学家,能够自始至终、毫无阻碍地专攻自己的科研事业。客观环境有时迫使他不得不暂时离开自己所选择的道路,去干别的事情。现在这样的事也让他遇上了,他要仔细思考思考,千万不能感情用事;当然,也不能轻易放弃自己的专业。

他开始仔细阅读新主任给他的资料,哪里知道他越看就越放不下。

在这些资料中,最主要的一份是盖尔凡教授和他的合作者的一篇实验报告,还附了大量的实验记录和病理组织照片。这篇报告说:大白鼠在压力舱内逐渐模拟升空,达到10000米高度后,突然以自由降落速度返回地面,这时大白鼠内耳有大量出血。

张香桐与外国专家在实验室

读了这篇报告之后张香桐意识到,盖尔凡教授是想让他用猴子做实验,来证明实验结果的正确性。看完这篇报告后,他对报告中提到的由于减压动物内耳会引起大量出血的问题有怀疑。于是他仔细研究了这篇报告,觉得报告上的这一结论可能是错误的。减压只能引起中耳出血,怎么能引起内耳出血呢?他经过反复推敲以后,终于发现盖尔凡教授在研究这个问题的时候,极有可能把器官弄错了,因此作出了错误的结论。

但是要不要把这个问题提出来呢？他和盖尔凡教授还不熟悉，而且盖尔凡教授是一位有影响的学者，又是他的顶头上司；而人一般都愿意听赞扬的话，不大愿意听不同意见，特别是由下级指出错误。如果直率地指出他在学术问题上的错误，有可能会伤害他的自尊心，那以后在一起工作会不会关系紧张？想来想去，最后，张香桐想科学是追求真理的，正确就是正确，错误就是错误，不能有半点儿含糊。

第二天，张香桐找到盖尔凡教授，以十分谦逊的态度婉转地说明自己的看法。他一边说还一边担心盖尔凡教授会听不进去，发起火来。谁知出乎意料的是，盖尔凡教授一言不发，耐心地听完他的意见，不但没有发火，反而站起来，紧紧地握住张香桐的手说：

"你讲得很有道理，你的内耳解剖学方面的知识水平很了不起，希望我们能一起合作，用实验证明你的看法是正确的。"

盖尔凡教授这一举动，使张香桐心中的一块石头放下了；盖尔凡教授尊重科学，不固执已见，赢得了他的尊敬。他突然觉得他们彼此之间亲近了许多。以后他们成了很要好的朋友。

病中翻译《朱子家训》

张香桐曾经说过一段值得回味的话：

"作为一个科学工作者，有的时候会转换到另一个地方工作，或者是遇到一些特殊情况，不能在实验室里继续进行既定的工作，怎么办呢？我常常这样想，只要有纸笔和时间，任何地方都可以施展你的能力。可以利用这个机会，去回顾、总结过去的工作，展望未来；也可以在条件允许的情况下，发挥你其他方面的才能。"

这句话张香桐可不是随便说说的，他一生真就是这样走过来的，从来不肯把时间白白浪费。这儿讲一个小小的故事就可以证明此话不虚。

1987年5月，80岁的张香桐到美国讲学。有一天他顺便访问老朋友，谁知在半路上出了车祸。他受了重伤被送进医院抢救，后来总算转危为安，脱离了危险。但因为伤势比较重，医生关照出院后还要养一段时间的伤，才能恢复。

幸好他的孙女在美国，孙女把爷爷接到家中养伤。他平时忙这忙那，是个闲不住的人,现在要整天躺在床上休息什么也不能做,他觉得非常无聊。

当时,他住的房间墙上挂着一个镜框,里面是《朱子家训》。这是他的孙女出国时,他亲手用楷书抄下送给孙女作纪念的。孙女十分珍惜,把它放在镜框里挂在房间里的墙上。张香桐天天对着它,真是思绪万千。一些美国朋友听说他受了伤,都来探望。他们看到镜框里密密麻麻的中国字,就好奇地问:"香桐张,镜框里的这些字是什么意思?"

这时他总是感到很为难,因为这不是一句话两句话能够解释得清楚的。不过这一问,倒使张香桐萌生了一个想法:把《朱子家训》翻译成英文,让外国朋友也能看懂。这样自己就有了事做,不会再感到寂寞无聊。

《朱子家训》虽然是格言,不是诗,但对仗工整,具有诗的节律和韵味;而翻译诗是一件难度很大的工作。于是他给自己定了两条要求:一是要体现原文的内涵,有格言的意味;二是要译成押韵的英文短诗,读起来朗朗上口。比如《朱子家训》中有一条,"宜未雨而绸缪,勿临渴而掘井",他把它翻译成一首八行的英文小诗:

> In periods of drought
> Wise birds mend their nest
> So when the clouds burst
> The snugly may rest
>
> Never be the fool
> Who starts to dig a well in the ground
> When he wants a drink of water
> And water cann't be found

"黎明即起,洒扫庭除,要内外整洁。即昏便息,关锁门户,必亲自检点",这段话他译为:

> Rise up by dawn's early light
> Clean up put everything right

Keep the home tidy and clean
Go to bed early at night
Check that the doors are locked tight
Sleep now secure and serene

这样的翻译句式整齐,用词押韵,也很形象生动。翻译稿完成了,张香桐请犹他大学的沃尔特·伍德伯利教授审阅。这位教授也是神经生理学家,而且文学修养很好,请他修改后张香桐才会放心。

伤好以后张香桐回到上海,朋友们看到他翻译的《朱子家训》,都建议他找一家出版社出版,以后可以将其当作一种文化礼品,赠送给外国友人。

1993年,《英译朱子家训》由上海人民出版社出版,它立即受到海内外读者的欢迎,甫一出版,很快就卖完了。

正道直行谈家桢

谈家桢(1909—2008),浙江宁波人,著名遗传学家,中国现代遗传学奠基人,中国科学院院士;他建立了中国第一个遗传学专业,创建了第一个遗传学研究所,组建了第一个生命科学院。

"人是谁创造的?"

1921年谈家桢12岁时,与哥哥一起进入宁波的斐迪中学。这所中学是一所由英国教会办的中学,在当地很有名气。学校实行的是八年制,最后两年是大学预科。预科毕业以后如果进入一些教会大学(如上海圣约翰大学,苏州东吴大学等),可以免修大学预科班课程。

像许多教会学校一样,英语和《圣经》是斐迪中学的重点课程,《圣经》要求学生熟背,而一些课程则直接用英语讲授。

正是在这种环境下,谈家桢在中学毕业时已经打下了很好的英语基础。但是,对于《圣经》他却颇有一些不以为然。当他读到第一章《创世纪》的时候,总感到有点纳闷。《创世纪》中第一章写道:"起初神创造天地。地是空虚混沌,渊面黑暗;神的灵运行在水面上。神说,要有光,就有了光。神看光是好的,就把光暗分开了。神称光为昼,称暗为夜。有晚上,有早晨,这是头一日。"

神还说:"我们要照着我们的形象,按着我们的样式造人,使他们管理海里的鱼、空中的鸟、地上的牲畜和全地,并地上所爬的一切昆虫。"

就这样,仁慈的上帝用六天的时间创造了天地万物;到第七天,上帝用泥土造出了一个男人,给他取名叫亚当,让他生活在伊甸园里,而后,上帝考虑到亚当过于寂寞,又造了一个女人,就是夏娃。我们今天的人类就是亚当和夏娃的子孙……

已经有了一定独立思考能力的谈家桢,并不相信这些说法,因此常常问自己："上帝真有那么万能吗？究竟是上帝创造了人，还是人创造了上帝？"

这种想法在教会中学可是大逆不道的，如果让老师知道，绝对会引起严厉的批评。事情终于发生了。有一天，外籍教师向学生们提问："人是谁创造的？"

在教会学校，这是一个常识性的问题，谁都会照本宣科地回答。但是老师却恰恰点了不愿意这样回答的谈家桢的名。谈家桢站起来，他当然知道教师需要的"正确的"答案，但是，他不想按照《圣经》上写的那样去回答，可一时又不知道如何回答才好。于是，他抿紧了嘴半天没有做声。

《生命的密码》书影

教师十分不高兴，严厉地呵斥了谈家桢。下课后不少同学数落他："这样简单的问题，照《圣经》上说的依样画葫芦不就得了。何必自找麻烦？"

但是年少的谈家桢却认为："这个问题虽然我现在不能回答，但我相信将来一定能正确地回答。"

后来谈家桢在他写的回忆录《生命的密码》一书里这样写道：

"那时我没有想到，这样一句看似不经意的话，后来竟对我的大半生，产生了巨大的影响。"

与费孝通的一件往事

费孝通是我国著名的社会学家，他与谈家桢是东吴大学同学。有意思的是他们两人在大学期间还发生过一次冲突。

1926年，谈家桢被中学免试保送进入美国教会办的东吴大学。当时东吴大学是一所国内很有名气的大学。在大学时代，谈家桢十分热心公益活动。1928年秋至1929年夏，他义务担任由东吴大学学生创办的惠寒小学的校长。这所学校本着造福社会的宗旨，实行义务教育，不收学生费用，还免费为贫寒子弟提供学习用品。谈家桢在任校长期间，常常把自己的零花钱都捐出来。大学四年级时，谈家桢不但担任"比较解剖学"实验课的助教，还兼任桃坞中学的生物学教师。每天在完成学业以外,还要为实验课备课,做实验室准备工作;遇到中学有课,还要分身赶到桃坞中学。

东吴大学旧址

后来谈家桢说:"一身数任,反令我感到十分充实。我觉得,一个青年人在学生时代多挑一点担子,对他日后的发展有百利而无一弊。"

正是在兼任一些社会事务中,他与比自己只小一岁的同学费孝通之间,在1930年发生了一次小小的冲突。

事情是这样的,在大学毕业前夕,谈家桢由同学们的推选接受了编辑《1930届东吴大学年刊》的任务。编辑年刊不但工作量大,而且事务极其繁琐。谈家桢觉得虽然自己要付出很多的时间和精力,但是这件工作很有价值,留下来的是有价值的历史记录。不到一年时间,通过商务印书馆的印刷出版,年刊问世了。遗憾的是在这份年刊上,独独缺少预科二年级费孝通所在的一班同学的照片和材料。如今看来不免让人觉得十分遗憾。

这事起因于费孝通带头抵制。费孝通为什么要抵制年刊的编辑呢?当时在医预科二年级学生的费孝通是一位热血青年,也是学生运动的骨干,在同学中很有威信。那时他认为搞《年刊》既浪费时间又转移了学生运动的视线,因此带头抵制合作;他所在的那个年级的学生,决定不与《年刊》有任何合作。

1991年东吴大学90周年校庆的时候,谈家桢和费孝通都作为老校友参加了这一盛典。他们在交谈中,费孝通谈起这件往事,风趣地说:

"虽然当时与老师唱反调,但是谈老师没有为此而计较。如果谈老师要报复我,给我生物学课打个不及格,我就没法毕业了。"

谈家桢听了哈哈大笑。费孝通客气地称谈家桢为"老师",是因为谈家桢兼任过费孝通那个班的生物学课程老师。

与苏联专家针锋相对

1948年,谈家桢作为中国唯一的代表,出席了在斯德哥尔摩举行的第八届国际遗传学会议。在这次会议中他惊讶地得知,苏联已经正式宣布摩尔根的遗传学说是"繁琐哲学""反动的唯心主义""伪科学"和"不可知论",并蛮横无理地声称,信奉"米丘林主义"还是"孟德尔-摩尔根主义",是社会主义和资本主义两种世界观在生物学里的

1935年在美国加州理工学院与摩尔根合影

反映,是两种意识形态的斗争。其实两年前,谈家桢在美国讲学期间就"拜读"过苏联李森科写的小册子《遗传与变异》,谈家桢后来在回忆中里对这次"拜读"写道:

> 我透过字面,看出李森科把风马牛不相及的"米丘林生物学"和"辩证唯物主义"硬凑在一起,其实无非是在标榜自己,把自己打扮成一副"列宁主义、辩证唯物主义"的"祖师爷"的模样。我很自然地联想到了那些旧中国"舞台"上的江湖术士。当然,令我更为迷惘不解的是,政治何以能代替科学、干预科学?我不敢想象下去,这实在是一件可怕的事情。

开完会以后,谈家桢又到美国讲学。这时,国内中国人民解放军已经势

如破竹,蒋介石政权即将崩溃。因此美国的一些朋友提醒谈家桢说:你是摩尔根的入门弟子,而且对摩尔根的理论贡献很大,你回到中国,即将执政的中国共产党会有什么好果子给你吃?既然你人已经在美国,干脆就留在美国继续研究你的摩尔根遗传学吧!几经思考,谈家桢虽然觉得朋友们说的不无道理,但是他还是决定回国,他对朋友们说:"不管如何,中国是我的祖国,我还是要回到我自己的祖国去。"

1948年的年底,谈家桢回到上海。不幸的是,朋友们的预言在一定程度上真的应验了:苏联李森科的那一套反科学的理论,差一点让中国的遗传学全军覆没。谈家桢敢于坚持原则的大无畏精神,对挽救中国生物学起了关键的作用。

1950年初,前苏联科学院遗传学研究所副所长努日金来到中国。对这个人谈家桢知根知底,他原来在遗传研究所原所长瓦维洛夫教授指导下,进行果蝇遗传研究,是一个非常典型的摩尔根学派成员。1941年瓦维洛夫因坚持摩尔根理论被迫害致死后,努日金卖身投靠李森科,而且摇身一变居然成为"李森科理论"的积极宣传者。有这样的人投靠,李森科自然不会怠慢,于是努日金成了遗传研究所副所长。

努日金来到中国以后不负李森科的重托,极力鼓吹所谓"米丘林-李森科"学说,前后共作了76次演讲,开了28次座谈会,参加者达数万人之多。

努日金当然知道谈家桢的根底,所以到达上海后就指名要与谈家桢讨论"新旧遗传学理论"。谈家桢奉命与这位李森科的得力干将作了"友好"的谈话。

谈话一开始,努日金避开遗传学的具体问题,就肆无忌惮地嘲弄和声讨摩尔根学说。

起初,谈家桢还礼貌地静静听着。可是,当他望着这个叛离师门、卖身求荣的家伙,唾沫四溅地越说越离谱时,他心中忍不住涌起一种厌恶感,于是揶揄地讽刺说:

"您是穆勒的学生,长期以来,又在瓦维洛夫手下从事果蝇遗传研究,现在怎么一下子倒过来把自己信任的遗传学说都称为反动的遗传学?我要请教一下,从学术上看究竟哪些观点能够称得上是反动的呢?"

他这一问,不偏不歪正好击中了努日金这位背叛真理者的要害,好一会儿他才回过神来,但还是强词夺理地说:

"现在不谈什么科学本身的问题,而是首先要解决一个至关重要的阶级立场问题。……新旧遗传学理论的一个根本不同点,是站在什么立场上看问题。"

谈家桢不禁哑然失笑。既然是点名要讨论"新旧遗传学理论",却不愿意涉及遗传学的具体问题,蛮不讲理地不谈科学本身的问题,这是什么讨论!?明明是欲盖弥彰嘛!

努日金还不知羞耻地教训谈家桢,要"从反动的遗传学圈子里跳出来","要背叛资产阶级立场,学习新的遗传学理论"。

后来谈家桢在回忆中说:"望着眼前这张奇特的脸,只见他的大嘴巴不断地张开、合起,表情极度地不自然,语调极不自信。"

此后,谈家桢的日子一度很不好过。在政治高压下,摩尔根学说被宣布为"反动的资产阶级唯心主义学说",谈家桢也因为是摩尔根的入门弟子,一次又一次地接受批判,一次又一次地被责令写检查;而且怎么检查都过不了关。但是敢于坚持真理的谈家桢并没有屈服,更没有像努日金那样丧失科学家的良知和勇气。在那意识形态统治一切的时代,他要付出什么样的代价啊!

幸亏到1956年形势有了变化,这年八月在青岛召开了历时15天的遗传学座谈会,当时中宣部科学处副处长于光远为贯彻"百花齐放,百家争鸣"的中央方针,在会上明确地说:

"不赞成把摩尔根学派的观点说成是唯心论,(承认)遗传物质不是唯心论,不是形而上学。"

虽然学术问题应该由科学家来争论,而不应该由政府部门指手画脚,但是在当时,这只能说是最好的结果。

会议结束前的一次聚会上,谈家桢开怀痛饮,居然喝了一个酩酊大醉!这恐怕是谈家桢唯一的一次失态吧?

1956年,青岛《遗传学座谈会发言记录》(内部资料)

张泗洲的蓖麻棉

此后,谈家桢的命运仍然坎坷不平。尤其是"文化大革命"期间,他更是经历了许多无法想象的离奇经历。他的第一个妻子傅曼云在1966年"文化大革命"爆发后不久,就因为无法忍受身心的侮辱而含恨自尽,这给谈家桢带来无法弥补的巨大痛苦。

1972年全国第二届遗传学讨论会在海南岛举行。这次会上,有一种主流的说法是,中国遗传学应该既不相信摩尔根,也不相信米丘林,而应该相信中国的农民科学家,创立中国的遗传学派。这显然没有一点科学意义。但是,当时胡说八道的东西太多。例如,有一个年轻的电工宣布,用微量电刺激棉花,可以让棉花纤维的长度增加。于是,身居高位的姚文元居然堂而皇之地在文件上批示,要通过电刺激棉花走向中国遗传学发展的道路。由此可以想到,在那时什么荒唐的事情不会发生!?

更让谈家桢觉得荒唐透顶的是,堂堂的全国遗传学会议上居然竖起了一个典型——四川的"农民科学家"张泗洲,大肆宣传他发现的"蓖麻棉"。据说这位张泗洲用蓖麻和棉花杂交,培育出了什么"蓖麻棉"。还有人更加耸人听闻地说,棉花种子经过活性染料染色,染上什么颜色就可以产出什么颜色的有色棉花。这又是大跃进那种"人有多大胆,地有多大产"的翻版。

谈家桢觉得自己简直是在看滑稽的活报剧。中国总有一批人什么都敢想,就是不敢严格遵守科学规律!什么时候这批人才会真正学会理性的思考呢?堂堂的复旦大学会议代表,居然在回到学校时正儿八经地介绍会议的精神!明明两种植物亲缘关系如此之远,怎么可能用一般的杂交试验就能成功地进行远缘杂交,得到杂交种,甚至还能遗传下去。谈家桢只能摇头:连最基本的常识都敢抛弃,简直比当年苏联的李森科还要李森科!悲夫哉!!

后来,谈家桢被安排到张泗洲那个公社,让他向农民科学家"老老实实地学习学习"。这样的学习对谈家桢来说,只能敬而远之,绝对不会出卖良心地瞎掺和,更不会真的"老老实实地学习"。

更荒谬的是1975年《植物学报》编辑部给他写了一封信,说张泗洲写了一篇论文《以阶级斗争为纲,坚持远缘杂交》,张泗洲希望与谈家桢共同署名。谈家桢当然不会答应这件事,他在给编辑的回信中严肃而又"谦逊"地写道:

我跟张泗洲学习了一个多月，可能时间短，没有得出如张泗洲同志那样的结果。回来后反复试验，仍无结果，很可能是我没有学习好技术。至于署名问题，我无功不受禄，不能把我的名字放上去。

14年后，谈家桢应邀为台湾牛顿杂志社题词，想起往事，深有感触地写下了八个大字：

"真理使人获得自由。"

台湾重晤蒋纬国

在《生命的密码》一书里，谈家桢热情地回忆了1992年他在台湾与蒋纬国的见面。

1992年访问台湾时，谈家桢夫妇与蒋纬国（右）相谈甚欢

1992年6月11日，台湾东吴大学校友聚会，欢迎他访问台湾并参加聚会。在1949年中国发生巨变时，东吴大学一部分师生迁到台湾，成为台湾台北市的东吴大学，而原来苏州的东吴大学在1952年改组为江苏师范学院，1982年又改名为苏州大学。

在这次校友聚会上，谈家桢见到了昔日的学生蒋纬国，在阔别60多年后重逢实在是一件非常令人高兴的事情。蒋纬国在1928年秋进入苏州东吴大学附属中学就读，当时他的学名是"蒋建镐"。两年后，谈家桢在初三年级代课时,教过蒋纬国生物课。

60多年后的这次聚会上,蒋纬国一眼见到谈家桢,就激动地迎上前来亲热地叫道:

"谈老师!"又对谈家桢的妻子邱蕴芳恭敬地叫了一声:"师母。"①

谈家桢和蒋纬国是浙江宁波同乡,久别重逢,他们立即用宁波家乡话兴奋地攀谈起来。蒋纬国深情地说:"我印象中的谈老师是个亲切的人,老是笑嘻嘻的。"

邱蕴芳说:"蒋先生离开大陆那么多年,但家乡话比老师讲得好。不像谈先生,已经有点南腔北调了。"

"我还能讲苏州话,说弹词开篇呢。"蒋纬国的话中充满了对家乡的眷恋之情。

在校友会上,蒋纬国还郑重地向谈家桢夫妇赠送了事先准备好的礼物。礼物中,有他自己设计的印有蒋纬国英文名字的丝巾和领带,还有一只桌面型电子台钟,钟面上刻着一段文字:

"我们的基本立场——出发点:一、海峡两岸都自认为是中国人;二、所以我们只需要一个中国。我们的愿望——国家战略目标:一、每一个中国人都有过好日子的机会;二、我国要受到全世界的尊敬。"

这次会见轰动了台湾,成为台湾各大新闻传媒竞相报道的消息。新闻摄影记者们纷纷摄下了这次会见动人的情景。一位记者还向谈家桢提问说:"谈先生,请您谈谈对蒋先生的印象。好吗?"

"他吗?历来是班上拔尖的学生。性格开朗,并不'特殊'。"

蒋纬国在一边插话:"就是有点顽皮。"旁边的人哄的一声笑开了。

6月16日中午,大陆科学家举行的答谢宴会上,谈家桢与蒋纬国再度晤面,蒋纬国首先上台致辞,他表示,在与老师夫妇道别前感慨系之,索性以歌声代心声,高歌一曲。他声情并茂地唱道:

"……掌声响起来,我心更明白,歌声交汇你我的爱……"

蒋纬国显然十分激动,连唱两遍。全场来宾都无不为之动容,全场所有的人都热泪盈眶地击拍相和,真是蔚为壮观,荡气回肠,撼动人心!

---

① 谈家桢的第一个妻子1966年不堪凌辱而含恨自尽后,1972年经人介绍与妇产科医生邱蕴芳结婚,两人相濡以沫地度过"文化大革命"时期。

谈家桢在回忆中还特别提到这次答谢宴会中发生的一件"小事"：

"当邱蕴芳离座准备站在我和蒋纬国师生中间合影留念时，蒋纬国马上站起来，示意邱蕴芳坐下，连声说：

'谈师母，您是长辈，哪有小辈坐、长辈站的事情？'

又说：'没有老师，哪有我的今天？'

眉宇之间，洋溢着浓浓的师生之情。"

Next Stop——Where?

1993年8月，第十七届国际遗传学大会在英国伯明翰举行。这次大会除了学术上的交流以外。人们关注的一个焦点是下一届大会在哪儿召开？是澳大利亚的悉尼？南美的智利？还是上一届便有人提名的北京？智利看来没有戏，恐怕是在悉尼和北京之间做选择了。

1988年，谈家桢（前排左2）出席在加拿大多伦多举行的第十六届国际遗传学大会

当上一届有人提出北京为第十七届大会的举办地时，大会会长弗兰克尔爵士（英裔澳大利亚人）在发言中居然很不负责任地提出一大堆莫名其妙的问题："中国能够举办这样的会议吗？""英语行吗？""是否所有的国家都参加由中国举办的会议？"结果，中国以一票之差落选。

这一次谈家桢改变策略，他首先约见《遗传信使报》主编，先谈了上一次落选的原因，然后话锋一转地谈到下一次大会的举办地。谈家桢非常有策略地说：

"我们在此也不妨作一个回顾，自 1983 年以来，第十五届在新德里，第十六届在多伦多，第十七届在伯明翰。如果第十八届大会再放到悉尼去开的话，我很担心，会使人们造成一种错觉，以为我们所举行的不是国际遗传学大会，而是英联邦的会议了。"

这番话正好击中很多与会者的内心，赢得了公众和舆论的普遍支持。一位英国学者指出，弗兰克尔先生在上一届会议上对中国的说法很不公道，几乎是蛮不讲理。

《遗传信使报》很快就发表了题为《下一站在哪里？》(Next Stop——Where？)的署名文章，表示了对谈家桢的支持，也就是对在北京举办第十八届国际遗传学大会的支持。

最后，投票通过第十八届国际遗传学大会在北京举行。得知这一消息以后，谈家桢感慨地说：

"世界之大，正道直行，强权难久，人心所向。"

自学成才华罗庚

华罗庚(1910—1985),江苏金坛人,中国数学家,中国科学院院士。华罗庚在数学的许多领域,如数论、复变函数论、分析、偏微分方程等领域都作出了重要的贡献,被誉为"中国数学之神""人民数学家"。

我要用健全的头脑,代替不健全的双腿!

1929年,由于一场疾病,年轻的华罗庚左腿残疾了。在刚残疾的那些日子里,他想起了被汉武帝处宫刑后发愤著《史记》的司马迁,想到了遭受膑刑后仍然孜孜不倦地著述兵法的孙膑……

"我要用健全的头脑,代替不健全的双腿!"这是他当时的决心。

白天,他拖着病腿到金坛中学做会计工作,辛苦工作了一天,晚上,回到他家破旧的小店里,坐下来的时候伤残的左腿疼得钻心,他忍着疼痛,在昏暗的、如豆粒般大小的油灯下,全身心地遨游在数学王国,暂时忘却了苦

著名数学家华罗庚

难和坎坷的人生,忘却了世道的不公和生活的艰难,仿佛飘然脱离了尘世。

有一次当他正入神地思考一个数学问题的时候,妻子在他身后猛一击掌:"你呀你,真是个呆子,孩子从床上摔下来跌成了这个样子,你都不管!"

他回头一看,才如梦初醒地发现了摔在地上正在哭叫的女儿华顺。

一天,邮差送来一封信,他撕开一看,原来是从上海寄来的刚刚出版的

《科学》杂志。他的心立即怦怦跳起来了,急忙用剧烈颤抖着的手翻开一看,《苏家驹之代数的五次方程式解法不能成立之理由》的大标题,赫然映入了他的眼帘;又看了一眼,铅印的"华罗庚"三个字使他全身一颤,眼睛里滚滚的热泪顺着瘦削的面颊流下来。

疾病的折磨,生活的重担快要把他这个残疾青年摧垮的时候,这家杂志素昧平生的编辑竟这样尊重真理,不迷信权威,冒着使有名的大学教授难堪的风险,把他这个偏僻地方小职员的论文全文刊登出来。这怎能不使他激动,使他兴奋呢!

恩师熊庆来

1931年的一天,著名数学家熊庆来在清华大学数学系办公室,看上海出版的《科学》杂志时,忽然被其中的一篇文章吸引住了。这篇文章的标题是《苏家驹之代数的五次方程式解法不能成立之理由》,作者署名"华罗庚"。文章所谈的问题正是熊庆来曾经思考过的。

熊庆来很认真地从头到尾将这篇文章仔细看完,停下来思忖了一阵子,又翻开文章再反复看起来。文章并不长,全文只不过三页纸,可是熊庆来看看想想,想想看看,竟然用了好长时间。他越看越兴奋,深知这位作者的数学功底非同一般。

华罗庚(中间)与学生合影

这篇文章所谈的问题,是在数学界一百多年来"未被攻克的堡垒"之一。

这个"堡垒"说的是"用四则及根号运算方法解代数的五次方程式"。早在1816年就有国际著名的挪威数学大师阿贝尔(N. H. Abel, 1802—1829)证明其不可解性,并列入了正式的教科书,成为一经典的论题。

可是,苏家驹教授在钻研这个问题时似乎有新的收获,并把他的研究成果发表于1930年上半年上海出版的《学艺》杂志(七卷十号)上,题目为《代数的五次方程式之解法》,认为五次方程式并非不可解。

苏家驹先生这篇文章发表之后,引起了一些数学界人士和数学爱好者的惊喜,以为五次方程式确如此文所述,已可解之。欣喜之余,庆幸又一个"堡垒"被攻克了,但是苏家驹对这个问题并没有深究。而且还有几位数学家发现:苏先生解法中有破绽,熊庆来就是其中的一个。他虽一直无意直接写文章反驳,但心里还是如有一种"骨鲠在喉,不吐不快"之感。

现在华罗庚这篇文章篇幅不长,却言简意赅,一语中的,说出了熊庆来自己想说的一些话。熊庆来从这篇论文中发现作者很有数学天才和探索精神,也很有智慧和勇气。一向渴望发现人才的熊庆来立即兴奋地向周围的同事打听,这位作者"华罗庚"是什么人?在哪所大学执教?系里的杨武之教授(物理学家杨振宁的父亲)也注意到这篇论文,曾经赞赏地向熊庆来谈起此文,也想打听清楚这位作者究竟是谁。

华罗庚和他的学生陈德泉(左)、计雷(右)

正巧,系里的教员唐培经知道华罗庚,而且与华罗庚还是同乡,都是江苏金坛县人氏。唐培经还知道华罗庚当时还在金坛中学当一个小办事员,而不是什么大学教授或研究人员。

　　熊庆来知道华罗庚的经历以后,更是珍惜这位难得的人才。在他多方努力之后,终于在1931年8月把华罗庚调进清华大学,任数学系图书室特设的"助理员"。这个位置是熊庆来动了好多脑筋才想出来的一个职位,这样华罗庚既可以有40元大洋的薪水,又可以有时间补习没有学过的数学基本课程。一年以后,在熊庆来和杨武之的再次努力争取下,华罗庚这位没有大学学历的职员被任命为助教。这在当时的体制下,简直是天方夜谭般的奇事!

　　1936年,华罗庚在来到清华大学5年之后,已经成为国际上知名的数学家;这年清华大学派他到剑桥大学做访问学者,边进修边从事数学研究。

"我来剑桥大学是为了求学问,不是为了学位。"

　　1936年,华罗庚以一个访问学者的身份到英国进修。华罗庚到达剑桥大学时,著名数学大师哈代(Godfrey Harold,1877—1947)正在美国旅行。当他见到友人温纳给他的推荐华罗庚的信及华罗庚的论文后,据说曾留了一张纸条给助手海尔布伦:"华来时,请转告他,他可以在两年之内获得博士学位。"

　　通常若要在剑桥大学获得博士学位,至少要三四年,甚至更长的时间。据说海尔布伦问华罗庚:"你打算攻读那一门课程? 我们将给你帮助。"

　　不料华罗庚竟回答说:"谢谢您的好意,我只有两年的研究时间,自然要多学点东西,多写些有意思的文章,念博士不免有些繁文缛节,太浪费时间了。我不想念博士学位,我只要求做一个访问学者(Visitor)。我来剑桥大学是为了求学问,不是为了学位。"

　　海尔布伦很感意外,说:"东方来的人而不稀罕剑桥大学的博士学位者,你还是第一个。我们欢迎你这样的访问学者。"

　　其实,华罗庚当时若能顺手牵羊拿个博士亦未尝不可,他也不会拒绝这个头衔。他的贫困确实是他不拿博士的主要原因之一。有一次,一位朋友问华罗庚:"您一年之中完成了11篇论文,每一篇可得一个博士,为什么不拿一个博士学位呢? "

　　他笑笑说:"钱不够呀,学费贵极,也就算了。"

　　其实他完全可以向管理清华基金的中华教育文化基金会要求补助,但却没有这么做。其为人之耿介可想而知。

华罗庚去剑桥大学,始终没有办理正式入学手续。他那时已把虚荣的名誉地位放到一边,极力地追求真才实学,作出好成果,为国争光。他的这段往事自然在中国科学界传为佳话。

华罗庚尽量地利用剑桥大学良好的学术环境,在数论与分析方面都狠下功夫学习。他在回忆这段生活时很风趣地说:

> 有人去英国,先补习英文,再听一门课,写一篇文章,然后得一个学位。我听七八门课,记了一厚叠笔记,回国后又重新整理了一遍,仔细地加以消化。在剑桥时,我写了十多篇文章。

1937年,抗日的烽火烧遍了祖国的大地,大片国土沦陷了。华罗庚心急如焚,归心似箭。1938年,华罗庚放弃了可能留在英国继续做研究工作与教书的机会,迎着战火硝烟,回到了抗日战争的大后方云南昆明,即西南联合大学的所在地。

华罗庚离开剑桥大学前夕,他向自己的老师哈代告别。哈代问他:"这两年,你都做了些什么呀?"

华罗庚把他所研究的问题的结果一一告诉了哈代。哈代听后十分高兴地说:

"好极了!我与赖特正在写一本书,你的一些结果应该写进书里去。"

哈代所说的书就是他与赖特合写的名著《数论入门》(1938)。他们在这本书里提到了华罗庚的几个研究结果。这也许是近代中国数学家最早被外国名家引用的研究结果。

"等抗日战争胜利了,再抽烟吧!"

抗战时,昆明的西南联大由于师资力量强大,再加上联大为学生的全面发展提供了良好的条件,营造了人才培养的良好环境,这就使得联大的3000多名毕业生,除800多名投笔从戎以外,许多人都成为世界一流的学者,如杨振宁、邓稼先、黄昆、林家翘、朱光亚、王宪钟等人。

师资力量的强大,还表现在一些著名教授甘心与全国劳苦大众同甘共

1945年华罗庚全家人在昆明茅屋家门口合影

苦,其强烈的爱国心和责任感,对学生无疑是最生动的教育和鞭策。以华罗庚教授为例,1938年从英国回国后,西南联大立即聘请他当数学系教授。以后在联大的生活,其艰辛苦难真一言难尽。华罗庚曾经在回忆中提到他和他的一家人在昆明时期的生活:

想到了四十年代的前半叶,在昆明城外二十里的一个小村庄里,全家人住在两间小厢楼里,食于斯,寝于斯,读书于斯,做研究于斯。晚上,一灯如豆;所谓灯,乃是一个破香烟罐子,放上一个油盏,摘些破棉花做灯芯;为了节省点油,芯子捻得小小的。晚上牛擦痒痒,擦得地动山摇,危楼欲倒,猪马同圈,马误踩猪身,发出尖叫,而我则与之同作息。那时,我的身份是清高教授,呜呼!清则有之,清者清汤之清,而高则未也,高者,高而不危之高也。在这样的环境中,埋头读书,苦心钻研……

困苦的生活使他不得不常常用吸烟来排忧解愁。但是,有时连抽烟的钱也没有,于是他将烟戒了,还说:"等抗日战争胜利了,再抽烟吧!"

就是在这样不可思议的困苦条件下,华罗庚在1938年回国后的4年中,先后写出了20多篇论文,并在1941年完成了他第一部著名的数学著作《堆垒素数论》(Additive Theory of Prime Numbers)。

1938年春,日本飞机常轰炸昆明,为了躲避飞机的轰炸,闻一多全家搬到昆明北部陈家营。华罗庚一家走投无路,也来到陈家营。闻一多热情地让出一间房子给华罗庚一家住,两间套房分住两家,当中用一块布帘子隔开,开始了两家都毕生难忘的隔帘而居的生活。

他们的住房下面是牛圈、马厩。房间再小一张桌子还是少不了的,它要作为工作地方啊!吃饭时,孩子们只能站着吃;到了晚上,房里的床上、地板上都睡满了大人和孩子。就这样，华罗庚在一间房子里埋头研究数学，闻一多在另一间投入地搞"槃瓠"①。两位知名教授清贫自甘的作风和一丝不苟的学术风格，给同事和学生们留下了深刻的印象。后来，华罗庚曾写过一首小诗记述这段难忘的生涯：

  挂布分屋共容膝，
  岂止两家共坎坷，
  布东考古布西算，
  专业不同心同仇。

自由争论的良好学风

  我国著名翻译家、南京大学教授赵瑞蕻（1915—1999）在西南联大读书时是外文系学生。他后来在一篇题为《离乱弦歌忆旧游》的长文中，对当时西南联大由华罗庚主持的"讨论班"有一段生动的回忆：

  我清楚记得，一九三九年秋，有一天上午，我在联大租借的农校二楼一间教室里静静地看书，忽然有七八个人推门进来，我一看就是算学系教授华罗庚先生和几位年轻助教和学生（我认得是徐贤修和钟开莱，这两位学长后来都在美国大学当教授，成了著名的学者专家）。他们在黑板前几把椅子上坐下来，一个人拿起粉笔就在黑板上演算起来，写了许多我根本看不懂的方程式，他边写边喊，说："你们看，是不是这样？……"我看见徐贤修（清华大学算学系毕业留校任助教的温州老乡，当时教微分方程等课）站起来大叫："你错了！听我的！……" 他就上去边讲边在黑板上飞快地写算式。跟着，华先生拄着拐杖一瘸一瘸地走过去说："诸位，这不行，不是这样的！……"后来他们越吵越有劲，我看着挺有趣，当然我不懂他们吵什么。最后，大约又吵了半个多钟头，我听见华先生说："快十二点

---

① 槃（pán）瓠（hù）——图腾神话与民族英雄始祖槃瓠，又称盘瓠或盘护。

了，走，饿了，先去吃点东西吧，一块儿，我请客！……"这事足可以说明当年西南联大的校风学风。这是一个典型的例子，因为它给我的印象太深了，所以直到如今我仍然牢记在心。

就是在那样艰难的情形下，1940年华罗庚、陈省身、王竹溪主持了李群[①]讨论班；1941—1942年华罗庚另外主持了解析数论讨论班。

生命的最后一刻

应日本亚洲学会的邀请，华罗庚与他的助手定于1985年6月3日至16日访问日本。因为曾患过两次心肌梗死，腿的手术也已经过了保险期，参观过程中只好坐轮椅。访问中只安排了华罗庚做一次报告，介绍自己五十年代以来的工作。他写字已经很困难，由他的长媳整理了一张表作为报告的提纲。为了准备报告他接连两天谢绝了各种活动。11日晚上他实在无法入眠，吃了安眠药勉强睡了一会儿。

演讲安排在12日下午东京大学的一间报告厅。4时，他在日本数学会会长小松彦三郎的陪同下，手持拐杖走入报告厅，会场响起热烈的掌声。4时12分演讲开始，他离开了轮椅坚持站着讲。一开始他用中文，由翻译翻成日语。后来在征求了大家的意见后换成英语。他讲得满头大汗，先脱掉了西装又解掉了领带。规定的45分钟时间到了，他征求大家意见，问能不能延长几分钟。这次演讲一共讲了65分钟。最后，华罗庚说"谢谢大家"，在暴风雨般的掌声中坐了下来。日本数学家白鸟富美子女士捧着一束鲜花向讲台走去。这时华罗庚突然从椅子上滑了下来。在场的中国教授和日本医生惊叫着去扶他。他的眼睛紧闭着，面色由于缺氧而呈现紫色，完全失去了知觉。晚上10点零9分，东京大学医院宣布华罗庚的心脏停止了跳动。

他曾说自己"最大的希望就是工作到生命的最后一刻"，再没有比这更壮丽的谢幕方式了。

---

① 李群（Lie group），数学术语，在数学分析、物理和几何中都有非常重要的作用。

安贫乐道王竹溪

王竹溪(1911—1983),物理学家、教育家,中科院院士。撰写《热力学》《统计物理学导论》等理论物理教材。曾长期主编《物理学报》。

"你怎么不去看龙灯?"

王竹溪从小就喜欢学习,不大喜欢与其他小孩一起玩耍。有一次过年,王家宾朋满座。街上舞龙灯、耍狮子、骑竹马,吸引了大人、孩子们夹道围观。年幼的王竹溪竟然不为所动,专心致志地在墙上描摹大门的对联。客人惊奇地问:"你怎么不去看龙灯?"没有想到小小的他,居然一本正经地回答:

> 白日莫闲过,青春不再来。
> 窗前勤苦学,马上锦衣回。

就读清华大学时的王竹溪

民间的俗话说,三岁看大,七岁看老。从一个人的蒙童时代,就可以看出他将来的性情与作风。小小年纪的王竹溪就有如此远大的志向,对自己认定的事笃定投入,不为环境所左右。这种特立独行的作风,是一个学者最重要的品格之一;也只有这种独立思考与判断的人,才有可能在未来的事业中成为璀璨耀眼之星。

这种品格在王竹溪后来的物理学研究中,表现得非常明显和突出,故而他能够取得很大的成就。

下棋高手

1934年夏天,王竹溪考取了第二届中美庚款后,决定到英国剑桥大学学习物理。

1935年8月底,王竹溪从北京出发,踏上了出国留学的旅途。一路同行的有同时考取中美庚款的同学乔冠华、季羡林、谢家泽、梁祖荫等共六人。他们都是清华的同学,乔冠华到德国学哲学,后来出任过中国的外交部部长;季羡林到德国学梵文,属于清华与德国交换的研究生,后来与王竹溪一起做过北大副校长。

他们一行六人乘坐苏联人经营的西伯利亚火车。9月4日,他们从哈尔滨出发,第二天到满洲里;进入苏联后一路奔驰,9月14日晚抵达莫斯科。车上的卧铺四人一间,六个中国学生分住两间,其中一间有两个铺位经常换客。在漫长的近十天旅途中,下棋成了消磨时间的主要方式,王竹溪是这六个人当中的棋坛擂主,无论是"一对一"还是"一对多",他都所向披靡、战无不胜。后来季羡林回忆说:

"哲学家乔冠华的哲学也帮不了他。在车上的八九天中,我们就没有胜过(王竹溪)一局。"

按说他们都是清华园里出类拔萃的高材生,论下棋的思路未必就不敌王竹溪。王竹溪之所以能够战无不胜,恐怕是因为他有数学家的逻辑严谨和细致缜密以及超人的记忆力。

不害怕学术权威

物理学的研究是一个求真的探索过程,检验和判断我们的认识是否真实的唯一标准就是实验。这是物理学的价值观。崇尚权势、威望的思想与物理学的这种价值理念是背道而驰的。这正是:在大自然的面前,人人平等。这种建立在近现代物理学基础之上的价值观念,已经成为当代文化观念的主要组成部分。爱因斯坦曾经说过:

科学作为一种现存的和完成的东西,是人们所知道的最客观的、同人无关的东西。

王竹溪在剑桥大学开始做研究时，曾经遇到一件可能让某些人感到棘手的事情。事情起因于一个气体通过金属的扩散公式，这个公式是英国物理学家欧文·理查森（Owen Richardson, 1879—1959）提出来的，而理查森正是因为发现这一公式于1928年获得诺贝尔物理学奖。但是在1935年王竹溪来到剑桥大学以后，有两位年轻的物理学家斯密瑟斯和楠斯莱，他们在完成一系列试验后却发现：在气体压强高的时候，理查森的公式与实验符合得很好，但是在压强低的时候理查森公式与实验不符。斯密瑟斯和楠斯莱两人由此提出一种新的解释，但是又被人否定。一时物理学家不知道问题出在哪儿。

1928年诺贝尔物理学奖获奖者欧文·理查森

王竹溪对斯密瑟斯和楠斯莱的发现很有兴趣。虽然理查森是地位与名望都很高的大物理学家，是权威，但王竹溪并没有考虑这些，他认为地位与名望不是自然规律正确与否的判断依据，实验才是唯一的裁判官。他在仔细检查理查森公式的分析程序时，发现每一步的分析都没有问题，这说明逻辑推理是正确的，没有问题。因此，王竹溪认为问题一定是出在作为推理出发点的物理模型上。于是王竹溪对理查森的模型作了一些修改，修改之后他发现可以得到七个公式，而不是理查森的五个公式。

结果，王竹溪成功地解决了理查森公式的不足。这一发现，使王竹溪获得了剑桥大学同事们的高度评价。

陈省身和杨振宁的回忆

1938年7月，王竹溪获得剑桥大学哲学博士学位。8月，他接受国立西南联大寄给他的聘书，并立即取道新加坡回国，到位于昆明的西南联大任物理系教授。那时王竹溪才29岁，是西南联大最年轻的教授之一。

在大学，课堂教学只是教师和学生的互动形式之一，这种互动还有多种形式,例如,还有讨论会、学术演讲、指导论文等等。讨论会在国外叫做"seminar",是一种定期或不定期的聚会,由一些人发起和主持,围绕某一主题,每次请专人(教师或者学生都可以)做演讲,参与者自由提问与讨论。

王竹溪在西南联大时,与数学家陈省身和华罗庚共同主持过一个"李群讨论"。2000年12月18日,在纪念华罗庚九十诞辰的国际数学会议开幕式上,陈省身做了题为《我与华罗庚》的演讲,其中有如下一段话:

"在昆明西南联合大学,大家的情绪很好,精神很好,有很多很好的朋友。例如说,我们跟物理系的王竹溪先生有一个seminar(讨论班),我想那是1940年的样子。那时候西南联合大学的数学系出了几个很好的学生,如王宪钟、钟开莱、严志达、王浩、吴光磊。所以,假使有人,有这个精神,即使环境差一点,也还是可以做很多工作。"

参加这个讨论班的人都是数学家,王竹溪因此在数学家中也出了名。这说明王竹溪继承了剑桥大学物理学家重视数学的优良传统。

王竹溪从剑桥来到中国西南比较封闭的昆明,自然成为物理研究前沿有关知识和信息最好的转播人。因此他对当时物理学界十分重视的有关相变的统计力学研究,做了一系列演讲。他的演讲当时影响很大,其中受益最大的恐怕是杨振宁。杨振宁正是在王竹溪的启发下迈出了做物理研究的第一步。下面是杨振宁的一段回忆:

我在统计力学和多体问题方面的兴趣起源于我在西南联大读书时跟王竹溪先生学习的时候。大概讲起来是这样的,1942年我进入昆明西南联大研究院,那时在研究院念两年,就可以得到硕士学位。为获得硕士学位,需要写一篇论文,我为此去找王竹溪先生。那时王先生从英国念完博士学位回国,他曾是福勒的学生。他所研究的课题是相变问题,所以很自然地,他把我引到相变问题这个研究方向上来。

但我对相变问题产生兴趣并不是仅仅因为我跟他做论文。在我没进研究院以前,王先生曾作过一系列演讲,在当时是很轰动的。为什么呢?在30年代中,大家对相变发生了很大的兴趣,所以福勒让王先生作相变问题。在座的也许知道张宗燧教授(已故去很久)。

他和王先生年纪差不多,也是福勒的学生,并且也做相变问题。

杨振宁后来在统计力学方面作出过世界闻名的发现——杨-巴克斯特方程,在回忆往事的时候,杨振宁从没有忘记王竹溪对他的启蒙。

"又跟你学了不少东西"

王竹溪与研究生之间的讨论,是完全平等的,有时甚至争论得很激烈。安志刚是王竹溪的研究生,他曾经讲述过他与王竹溪讨论的情形。记得他做的问题要求解超导体的一个著名的方程。在准备的阶段,安志刚先后设想了好多个求解的方案。但是每当他想出一个方案,与王竹溪一讨论时就被否定了;再想出一个,一讨论又被推翻。在讨论中他们师生往往争得面红耳赤,但在讨论结束时王竹溪总是说:

"今天的讨论,又跟你学了不少东西。"

剑桥时期的吴征铠、华罗庚、张文裕和王竹溪(左起)

由于"文革",安志刚的论文没有做完。在上世纪70年代末开始的出国留学潮中,他由杨振宁介绍到美国马里兰大学,只用了两年多的时间就在美国拿到博士学位。当时《光明日报》有整版的报道,《美国之音》也有长篇的专访。

此外,王竹溪很少与别人联合署名发表论文,这一点与狄拉克相同。他

的研究生的论文,他都让他们独立署名发表。其中一个研究生应崇福对此感触良多,他说:

"多年来我常想找个机会说明一下,(我的)硕士学位论文(1945年)是在王竹溪先生指导下完成的,而且不是一般指导,是耗费了王先生相当多的精力。王先生有好几件事给我留下深刻印象。精心指导论文,却只让在文章发表时写上 gratitude for very kind help,这是其中之一。另一件事是他的大褂。当时王先生常穿一件竹布大褂,时间一长,大褂早已在原浅蓝色上泛出红色。西南联大许多名教授,生活十分艰苦,却安贫乐道。正是王先生这样的旧大褂,延续、滋润着中国民族的精华。"

恪守传统美德

王竹溪知识渊博、治学严谨,这是人尽皆知的事;但是王竹溪对后辈同事和学生的爱护,也许不一定被人们知晓。下面是王竹溪的几位同事和学生的回忆。这些回忆非常感人。

武汉大学物理系何建鄂教授在一篇题为《我的恩师》一文中写道:

(1952年)院系调整时王先生和我都来到了北大,不幸的是在我最年轻有为的时候被打成了右派,从此步入了漫长的坎坷人生。1961年回到武汉,找不到工作,一度在街头卖茶度日。我走投无路时怀着试一试的心情写了封信给王先生,不料王先生立即回信,并介绍我给高等教育出版社修订福里斯的《普通物理学》(此书修订版在"文革"后才出版),当时我还是戴帽右派呢!以后我每次去信他都及时回信,并为我向上面反映情况解决工作问题,但未成功。1979年初风向一转,北大开始给错划右派改正。我不敢去信申诉,怕说我"翻案"。正在这时,王先生主动来信谈北大改正右派情况并鼓励我去信申诉。他怕我不敢写,又主动向北大物理系总支反映我的情况和地址。很快,北大物理系党总支来信告诉我北大党委已决定给我彻底改正。我知道这是王先生的帮助,因为只有他知道我的住址。当时就是否向北大提出申诉的事我曾征求过武大某同学的意见,这位同学不知是思想有些"左"还是怕受牵连,他厉声地说:"你要提出翻案,我就对你印象不好。"相形之下,王先生伟大多了,他当时还是北大副校长呢!

1992年何建鄂在吉隆坡参加第五届亚太物理会议,并作特邀报告"高温超导新模型"。会上他见到了杨振宁,他对杨振宁谈到王先生时激动地说:"自从我被划成右派后,所有的教师和同学都不与我来往,去信也不回,只有王先生是例外,他经常给我回信,他真是我的恩师!我非常非常感谢他。"

王竹溪的学生黄祖洽在他写的《三杂集》里写到这样一件事:

"王先生不但治学严谨,教学认真,而且热心帮助学生。……我在这里还要讲一讲他对我生活上关心的事。有一次上过热力学课后,他跟我一起走出教室,问我为什么最近面黄肌瘦?我告诉他是因为近来吃食堂的硬饭,消化不良,导致腹泻的关系。他就让我上他家去吃几天软食调理调理。平常我也常上他家请教问题,知道王师母贤惠、慈祥,所以接受了他的好意邀请,在他家调理了一段时间,直到腹泻痊愈。"

王竹溪还有一个学生叫王正行,他的遭遇也很不好,但是有老师王竹溪的帮助才使他有可能走上坦途。王正行后来为老师写了一本很好的传记:《严谨与简洁:王竹溪一生的物理追求》。在传记的"后记"中他写道:

> 我在"文革"初期只身一人到了陕南汉中,离乡背井,工作又不称心。那时安志刚、夏建白两位同学到了西南物理研究院,努力帮我调去,最后被军代表否决。杨国桢帮我调去合肥等离子体物理研究所,也没有成功。因为我内人的哥哥与姑姑在美国,舅舅在台湾,我四叔在煤矿劳改,在那个年代都怕(与我)沾边,没人敢要。王竹溪先生那时自身难保。还冒着风险为我讲话,找了周培源先生和当时北大汉中分校的胡济民先生和虞福春先生。胡先生很开明,说:"没有关系,可以让他教书,不做保密的事。"那是1974年,新招的学生需要教员。我这才到了当时在汉中分校的北大技术物理系。

王正行还在一篇《先生之风,山高水长——王竹溪先生逝世五周年纪念》

文章中写到一大一小的两件事情，很能表现王竹溪为人之道：

"先生一生以治学严谨著称，一般人却未必知道，先生的治学精神不过是先生为人在学术上的反映。可以说，先生为人也和做理论物理学问一样，时时处处都是遵循选定的原则模式，严格不违的。一次在先生家中闲谈，有一张内部电影的赠票，先生不想去看。我问：'让我去看吧？'先生回答：'这样不好。这个位子是留给副校长的，我不去人家不会说什么，若让别人去就不妥当了。'先生主持迎接新生的工作，不顾七十岁高龄，还亲自在大讲堂前的广场上安排和接待。如果说这都是细微处见精神的话，那么在大是大非问题上，先生的原则精神就凝成凛然正气。'文革'中批林批孔，有人不顾史实，编出'柳下跖痛斥孔老二'的谎话，先生在小组会上就严正地指出：'柳下跖比孔子晚生一百多年，根本说不上什么'痛斥'的事。"

翻译 Charm quark 的故事

1970年代初期，在王竹溪的主持下编成《英汉物理学词汇》。我们千万不要以为审定物理学名词的工作只是做文字翻译，以为只要懂英文就行。实际上，这是在做中西方文化的交融，既要有深厚的传统文化和中文功底，又要熟悉西方文化和多种外文，而且要精通物理学和熟悉相关学科。王竹溪兼有这三方面的长处，是主持这一工作难得一遇的最佳人选。我们这儿只举一个物理学名词的翻译，就可以看出其中有多大的学问。

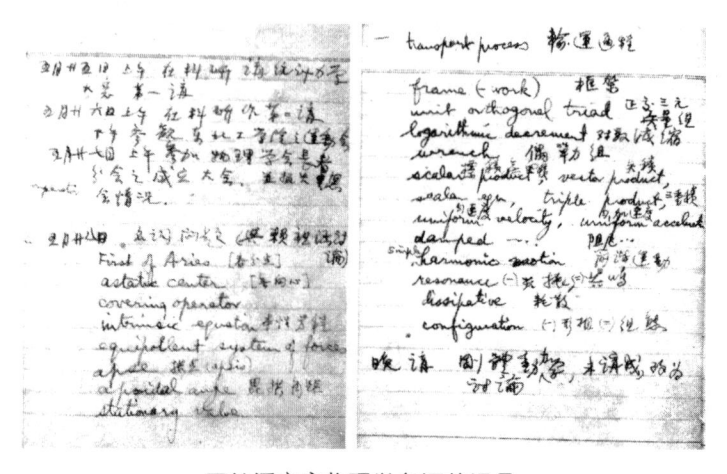

王竹溪审定物理学名词的记录

安贫乐道王竹溪

1974年底，丁肇中和里克特（B. Richter）几乎同时意外地发现 J／ψ 粒子，证实了粲夸克的存在。理论物理学家们 1970 年就设想存在这个夸克，并用来解释粒子物理学里的一个重要现象。这一发现打破了粒子物理学十年来的沉寂，大家欣喜若狂。这个夸克英文名为 charm quark，简称 c 夸克。根据 charm 的字义，中文最初有几个译名。有人建议叫"美夸克"，而在 1975 年出版的《英汉物理学词汇》中定为"魅夸克"。但大家并不满意，嫌"魅"字俗了一点，又略带主观性，不太像一个学术名词。后来王竹溪根据《诗经·唐风·绸缪》中的"今夕何夕，见此粲者"句，认为"粲"字既有美好之意，又与 charm 音近，典雅古朴，带学术气，建议译为"粲夸克"，立即被大家接受。《诗经》上这首诗的全文是：

绸缪束薪，三星在天。
今夕何夕，见此良人。
子兮子兮，如此良人何？
绸缪束刍，三星在隅。
今夕何夕，见此邂逅。
子兮子兮，如此邂逅何？
绸缪束楚，三星在户。
今夕何夕，见此粲者。
子兮子兮，如此粲者何？

长河孤旅黄万里

黄万里(1911—2001),中国著名水利学家,清华大学教授。黄万里教授务实求真、敢于直言,1957年三门峡水库上马时,全国几乎只有他一人置自身安危于不顾,冒着巨大风险,舌战群儒,坚决反对上马,力陈建三门峡水库的巨大危害;水库大坝建成后不久,他所预言的危害就呈现出来,至今仍未解除。因此,他被誉为20世纪中国有良知的知识分子典范。

求婚受阻

1937年春天,黄万里在美国学成水利专业后回国。他乘的船从美国起锚,途经日本,在横滨停留两天。在横滨停留期间,一位文静漂亮的女学生上了船,黄万里一见这位女学生就十分倾心,主动上去与她攀谈。在交谈中黄万里得知这位女学生叫丁玉隽,系辛亥革命著名元老丁惟汾先生的掌上明珠,当时在日本东京女子医学专科学校学医,念二年级,正与同学结伴回国度假。黄万里问丁玉隽家在哪里,她告诉他在南京。黄万里说他回国后要找工作,一定会去南京的,因此希望能在南京再见到她。丁玉隽对黄万里也有好感,就把南京的住址写给了他。

黄万里去丁府拜访时,丁惟汾把女儿叫到一边问这个人是谁,女儿告诉父亲是归途中结识的朋友。父亲问是哪里的人,女儿说是上海人。丁惟汾是山东人,具有山东人那种刚直豪爽的性格,后来在上海搞革命工作时,发觉上海人歧视外地人,因此对上海人印象很不好。听女儿这么一说,他马上说:

"哎呀,上海人是靠不住的,你怎么随随便便让他到家里来?"

说完亲自到客厅对黄万里说:"以后请你不要再来了。"

黄万里的父亲黄炎培是一位资深的政治人物,别看他平日不关心儿女的事情，但是到关键时刻就会显出特有的精明。他得知儿子黄万里的大事受阻，就悄悄找到丁惟汾的秘书陈希豪先生，请他在丁惟汾面前疏通。陈希豪是丁惟汾最信任的人，与黄炎培先生也有深交，当然就满口应承下来。有一天，陈希豪领着黄万里去见了丁惟汾。丁惟汾与黄万里交谈之后，觉得这个人"挺老实"，才释然于心。

新婚的黄万里夫妇

于是黄万里和丁玉隽六十多年风雨同舟患难与共的美满婚姻就此开始。

《新津落水记》

黄万里回国后，一个月内有浙江大学、北洋大学、东北大学三所高校请他去教书。浙江大学校长竺可桢还亲自登门拜访和设宴款待，请他出任浙江大学水利系主任。但一生忧国忧民的黄万里的志向却在治河，到学校教书和到政府谋官，都不是他的志趣所在。他认为自己虽然学到一些理论，但是实践经验非常不足，因此想先当一个水利工程师，多做一些实际工作。于是他以自己还年轻为由，婉拒了竺校长和其他两所大学的热情邀请。那时国内共有四个留学归国的水利博士，不是做了官就是进了大学，只有黄万里一个人自愿长期在野外从事水利测量和设计施工。

"专家下乡"在今天也许是司空见惯的事情，可是在1930年代的中国，一个留美博士成天扛着测杆、仪器，带着行囊、干粮，行走在崇山峻岭和蜿蜒陡峭的河谷里，吃冷饭、睡野地，与蛇蝎为伴、和蚊蝇共舞，在当时的许多人看来简直是不可思议的事情。这与在政府当官或者在大学当教授的舒适生活相差何止万里！

1938年的夏天，黄万里到四川雅安一带考察青衣江。这是黄万里五年野外作业中最为惊心动魄的一次。他晚年写的一篇《新津落水记》，记述了这次极为艰险的经历。

这年的夏天，黄万里奉命往四川天全县的始阳镇作水利勘察，因为吃东西时不注意竟得了痢疾，他担心这种病如果拖下去会十分危险，甚至有可能回不了成都。于是他留下五个人照常坚持工作，他自己则想办法尽快赶回成都。

有一天大雨倾盆，发生了险情。黄万里这样写道：

"顺山边小路步行，沿途滑壁落石阻塞，勉力跳跃而得过。……左边防着山崩石落，右边看着溪水涨高。虽已腹泻三日，仍不得不奔向新津，到雅安时已力竭不能成行，而腹泻仍不止"。

幸好他碰上一个银行的运钞票空车返回成都，黄万里才得以"以巨资获准搭闷厢车席地而坐。途中不时请求停车，泄泻，痛不堪言"。

车过岷江新津渡时要换船摆渡，旅客都得下车从一条船跳到另一条船上。这时已经精疲力竭的黄万里忍着剧烈的腹痛，拼力一跳想跳到另一条船上，但因为虚弱无力，一脚踏空掉到波涛汹涌的江水里。幸亏有一位好心的旅客把他拉上船来，才没有被汹涌的波涛卷走。

在当时的条件下，对长江水系的一些江河进行开拓性勘测，其危险程度可以说仅次于上战场。不仅在水流湍急、人迹罕至的悬崖峭壁处测量有危险，即使那些看似平静的河面也常常暗藏着意想不到的杀机。黄万里和同事们在川江上勘测时，就有三人丧命，其中一个是从美国康奈尔大学毕业的李凤灏硕士。

"你不是搞政治的，赶快走吧！"

1948年3月下旬，在甘肃水利局工作的黄万里从广州来到香港，想见父亲，但他的父亲已乘船经天津前往北京。在香港黄万里见到潘汉年，当时潘汉年的身份是中共驻香港代表。潘汉年让黄万里回去动员郭寄峤在西北起义，郭寄峤那时除担任甘肃省主席外，还担任国民党政府西北行辕副主任。

潘汉年同时还让黄万里劝他的岳父丁惟汾先生也不要走。见过潘汉年后，黄万里即从香港返穗，飞回兰州。

黄万里回兰州后，兰州的军事形势也开始紧张了。他按潘汉年的要求与郭寄峤单独见了面，说共产党希望他起义。郭寄峤听后笑了，说："我与朱德等人以前相识。"接着又对黄万里说：

"你怎么敢回来跟我说这种话？这罪可以杀头，我因此把你抓起来，你无话可说。你不是搞政治的，赶快走吧！……你父亲已经到北平了，你已经被监视，在这里再待下去很危险。你得走，是不是叫你的家属先走？"

4月底，黄万里就让夫人带着五个孩子搭了一架货机，先到上海姐姐家住下，那时上海还没有解放。为什么选择到上海呢？因为黄万里估计上海要先于兰州解放，解放军已经到达上海外围了。又因为他父亲黄炎培已到北京，要避开嫌疑，就让家眷先到还在国民党控制之下的上海。

事后黄万里回想起来，他参与了这次策反活动，没有成功还暴露了自己的身份，但居然安然无恙脱身，真是"天不灭曹"也！

《花丛小语》和黄万里的厄运

1957年，在中国共产党鼓励人们向党和政府工作提意见的时候，黄万里写了小品文《花丛小语》，这是一篇与黄万里后半生命运密切相关文章。这里摘要抄录如下，读者不仅可以看一看当年的是非曲直，也可以想一想六十多年后的今天，黄万里所言是不是还有价值？

花丛小语

这还是3月里桃花含苞未放的时节，田方生编写了一章讲义，推开房门，背着手在小花园里闲步。他低着头，轻轻吟着他昨夜刚填好的词——《贺新郎·百花齐放颂》：

绿尽枝头蘖[①]，
怎当他、春寒料峭，雨声凄切？
记得梅花开独早，珠蕾偏曾迸裂！

---

① 蘖[niè]，树木砍去后从残存茎根上长出的新芽，泛指植物近根处长出的分枝。——本书作者注

盼处士，杳无消息。

桃李临风连影摆，怯轻寒、羞把嫩芽茁。

静悄悄，微言绝。

忽来司命护花节，

乘回风、拨开霾气，宇清如澈。

人世乌烟瘴气事，一霎熏销烬灭。

翻潋滟①，芳香洋溢。

好鸟百花丛里舞，这当儿鼓起笙簧舌。

心自在，任翔逸。

正在边走边吟之际，脚步声惊破了他后半段词句里的意境，抬头一看，前面来了老友甄无忌。只见他满头汗如珍珠泉那样涌出，气喘不止。方生迎前一步，惊问何故？只听得他满口抱怨地嚷着："我老远特从城里来拜访，岂知31路车只开到石油学院为止，害我徒步十里路。这条西郊公路是哪位宝贝工程师修的？"

噢！原来如此。方生未及回答，前面又有人向他招手，连忙向前迎接，一齐过来。无忌一看是贾有道，把头似点未点地招呼了一下。三人商定，泡了一壶茶，就在园里坐下。

"这公路是修得有些奇怪，在原始的土路基上不铺大碎石的路床，却直接铺柏油碎石路面。今年春雪特别多，天暖融化后路面下的积水不及宣泄，因此路面受载重后就被压碎。"方生作了技术性的解释。

"这是一个土力学的理论问题吧？还是水力学、水文学的？"有道接口就问。

"这些科学对于这类问题都有解释，但路面下须先铺上为了排水和散布载重力的路床，则是工程习惯或常识，并不一定要懂土力学才能得出这种结论。"方生这样回答。

"照你说，这是工程设计的错误。王八蛋！市政府谁管这种事的？尽说美帝政治腐败，那里要真有这样事，纳税人民就要起来叫喊，局长总工程师就当不成，市长下度竞选就有困难！我国的人民

---

① 潋滟，读音liàn yàn，水波荡漾貌。——本书作者注

总是最好说话的。你想！沿途到处翻浆,损失多么大,交通已停止了好久,倒霉的总是人民！王八蛋！也不知该骂哪位坐大汽车的官大爷。"无忌可真动了肝火,肆无忌惮地破口大骂。

"老兄走累了,喝些茶,擦把脸吧！这些我们可以反映到上级考虑……"

…………

"我想领导的本意是在激发起群众的智慧,鼓励起他们的积极性,使人尽其才,决不是只叫人听了话埋头去做。"方生说。

1957年10月,黄万里夫妇摄于清华园的住处

"尽管说得好听,目前只有歌德-但丁派学者[1]是红的,因为只有他们能舍弃了自己认识到的真理,竭力靠拢组织,说得样样都好,才被称为政治性强。论这些学者的真实内容,则不是奴才便是棺材(官才)。你看！老蔡当年闷声不响,虔诚地学习孟德尔遗传学,一当什么所长,不免在上任以前先批判一番。等到李森科学说不大时髦,于是又发表了《我的认识的三部曲》。近来赫鲁晓夫又把李森科称道了一番,且看他又怎样说法。"无忌说。

---

[1] 歌德-但丁派,是讽刺一些人专门对政府领导歌功颂德,和眼睛紧紧盯着领导、看领导的脸色行事。
——本书作者注

"文人多无骨,原不足为奇,主要还是因为我国学者的政治性特别强。你看,章某原来有他自己的一套治理黄河的意见,等到三门峡计划一出来,他立刻敏捷地放弃己见,大大歌德一番,并且附和着说,'圣人出而黄河清',从此下游河治。他竟放弃水流必然趋向挟带一定泥沙的原理,而厚颜地说黄水真会清,下游真会一下就治好,以讨好党和政府。试想,这样做,对于人民和政府究竟是有利还是有害?他的动机是爱护政府还是爱护他自己的饭碗?这些人也就是我们的党和政府最喜爱的人才。"方生也激动了。

"这方面大家渐渐地都会看清楚的,我们的党和政府是在不断地纠正缺点和错误中进步的。"有道说。

"很好!让我们先帮助政府纠正修这条马路中的错误吧。我们把意见提给区人民代表请转达罢。他们也该睡醒了呢!"无忌说。

…………

黄万里文章里的话讲得可能有一些刻薄,但是一来讲的是事实,二来用心非常善意,是希望一些领导"该睡醒了"。但是,他绝对没有想到毛泽东看了他的这篇文章后,讲了几句让他非下地狱受磨难的话。黄万里后来回忆说:"那首词上、下两阕意思是转折的,稍稍懂一点诗词的人都可以看出,不知道毛泽东是怎么理解的。有一次,毛泽东遇见我父亲黄炎培,很不高兴地对他说:'你们家里也分左、中、右啊。《花丛小语》里把实行百花齐放政策后的国内形势,描绘成春寒料峭,雨声凄切,静悄悄,微言绝。这是什么话?'

"《花丛小语》是当年的一篇有代表性的右派文章,是毛泽东亲自点名批判的特大毒草。《人民日报》在发表它时采用'什么话'这个标题,就是毛泽东在批判它时用过的原话。后来这三个字就被沿用下来,成为《人民日报》批判右派文章的专栏题目。而我的右派帽子据说是毛泽东钦定的,当然逃不了。"

1957年6月9日《人民日报》第六版上,用毛泽东的原话"什么话"为栏目,发表了黄万里的《花丛小语》。接着《人民日报》连续刊登了批判黄万里的文章,黄万里一夜之间成了全国知名的大右派。

朱正先生在他的著作《1957年的夏季:从百家争鸣到两家争鸣》中,对黄万里这篇小品文写道:"这篇文章给毛泽东留下了印象。1959年庐山会议上,他还在各小组组长的会上说：'有这么一些中国人，说美国一切都好，月亮也比中国的好……黄万里的诗，总还想读的。'"这里说的"诗"，即前面所引的那首《贺新郎》。

"赤心依旧欲飞扬"

1958年，黄万里被正式定为右派，职务从二级教授降至四级。他人生始料未及的巨大磨难从此开始。

1959年，年已48岁的黄万里被下放到在密云水库劳动，这时黄万里虽是戴罪之身，但还是怀着一颗炽热的心参加劳动建设，与民工同吃、同住、同劳动。虽然年轻时他常在野外作业，身体很好，但这些年从事的是脑力劳动，干这种体力活对他来说绝对是一种挑战。1959年2月他填过几首词，记述当时的劳动生涯。

河上曲·记潮白河坝工
望江南三首之三　己亥年二月

河上士，但见一夫狂。
举锸如云翻土速，装车若雨逞功强。天地共低昂。
知命际，坐斥进劳场。
白首竟然成护落，赤心依旧欲飞扬。花月莫平章。

前半阕说的是工地上的劳动场面，后半阕写自己因言获罪，进场劳改，在百花齐放的时节，欲护花而被打翻在地，虽赤心不改，但也无可奈何。

在劳动的同时，他还得随时听实习学生的吆喝，随时准备回答他们询问有关技术上的问题。

当时在清华水利系的赵文源先生在后来的回忆中说：

"原本受人尊敬的黄先生，变成人人必须粗慢地直呼其名的黄万里，被打入另册，应该说，遭受的打击够大的。但据我观察，黄先生的内心是平静的，没有颓唐，没有唏嘘不欢。我感到他内心有股力量，'欲为圣明除弊政'，直言获罪，内心是坦然的，有古仁人志士荣辱不惊之风。我还感到，他要观察、探索,究竟是自己有什么错呢,还是所受处分是错的。自己有错可以改正,无错就坚持真理,不计个人得失。"

在密云水库劳动的日子里,妻子丁玉隽曾去工地看过他。他跟民工一起住在干打垒的半地窖里。1959年,随着寒冷日子的临近,饥饿开始严酷地向人们逼近。在水库工地上,劳动的人群更是饥饿难熬。女儿黄无满回忆:

"他在密云水库不只饿得要命,还累得要命,下了班天黑乎乎的,一瘸一拐地向工棚挪去。我看到他那时给我妈写的信:'我真需要哪个儿子在身边,可以扶着我走回去。'他每次回家和我妈坐到天擦黑儿了也不愿意走,几乎每次都挨到最后一刻,才被家人搀扶着往火车站走去。这样的苦日子熬到1960年,许多人都浮肿了,不敢再折腾了,爸爸和一帮难友才从水库撤了回来。"

此后,黄万里负责香山附近一个水文观测站的测量,每周去一次。他大部分时间在家中赋闲,既不能教学,也不能发表文章,从一个受人尊重的教授变成了一个受人歧视的贱民。

宿舍院里种南瓜

上世纪60年代的清华新林院,是教授们住的地方,一家一个小院,里面有一块空地,以前大都用来种花草欣赏,到了1960年,大家都备尝饥饿的滋味,许多人营养不良、身体浮肿,整个中国人民在承受着大跃进和公社化的恶果。于是这块小小的空地就成了救命的宝地,教授们都用来种一些可以吃的东西救急。黄万里一家同样如此。在1960—1961年的《耦耕词组》里,黄万里有一首《鹧鸪天·秋思》:

1961年,黄万里夫妇在清华园宿舍院里种满了南瓜

庚子腹饥,全家就在阶前三分地种玉米南瓜,好似红人,技限于此,然获温饱。

门外柔条弄袅姿，阶前细草舞金丝，
丁香欲恨西风早，瘦煞黄花强自支。
飞雁去，仰天思，长空清澈发晴曦。
星河渺渺行何处？天也无涯生有涯！

这组诗不仅抒写了小院农事、耕种乐趣，还隐晦地表达了对时局的看法。

那时，黄万里一家种的瓜果不但补充自家的餐桌，还可以用来招待亲友。长子黄观鸿的同学就享用过他家的南瓜。黄万里家的亲戚筱白先生在回忆里这样写道：

"到了1960年……就连我所住读的八旗子弟云集的北京101中学，学生也食不果腹，晚自习后更是饿得六神无主。有时我便骑自行车溜出校园，到临近的清华园新林院姑父家喝碗南瓜玉米面粥充饥。60年代京郊人烟稀少，101中学又建在圆明园废墟之上。月黑风高，阒无人迹，一块块坍塌的巨石和飒飒作响的高高的白杨树犹如鬼影憧憧，令人毛骨悚然。出101中学校门到清华园西门，路上唯我一人，好不恐惧。然而求食欲望战胜一切。到了清华大学西门，还要登记入校，我便恶作剧地在来访簿上签上罗斯福、斯大林、丘吉尔之类名字。门房有时看也不看，只说：'小罗，你这么晚来干吗？'到黄家后我讲给姑父姑母听，万里先生笑得前仰后合，姑母则拨火煮粥，一派温馨。我至今想起那南瓜粥尚意犹未尽，而现在美国的黄家二公子二陶兄，一见南瓜就反胃。"

放弃摘帽子的难得机会

当三门峡水库败象已经明显显露时，也许当局醒悟到1957年黄万里坚持三门峡水库不能上马的反对意见，实属难能可贵，因此决定给黄万里一次摘掉右派帽子的难得机会，但出乎所有人意料的是他没有利用这次机会来改善自己的处境，却利用这次机会继续向当局质疑：为什么这个国家的很多知识分子都不说真话？

据黄万里的长子黄观鸿2003年11月公布的材料，事情的经过是这样的：

"1964年，我已从北大毕业一年，分配在天津大学教书。一天，校党委传达毛主席'春节座谈会讲话'。毛在会上对我祖父黄炎培说：'你儿子黄万里的诗词我看过了,写得很好,我很爱看。'我一听,喜出望外,心想这回父亲的'帽子'摘定了。我从天津赶回北京,告诉父亲这个'好消息'。父亲说:'事情不是你想的那样。是上边通过你大大(祖父)要我写个检讨,交上去。'这本是父亲'摘帽'的大好机会,他却赋诗赋词上书毛泽东,说三门峡问题其实并没有什么高深学问,而在1957年三门峡七千人会上,除了他之外无人敢讲真话。请问:'国家养士多年,这是为什么?'"

不难想象,这样一种口气和想法怎么能改善黄万里的处境。黄万里不是傻子,他知道他不摘帽子的代价有多大。他的一家人,尤其是儿女因为他的右派帽子在上学和就业上受到很大影响,但是,为了真理,他就是不肯低下他那高傲的头!

这样的知识分子,在那个不堪回首的年代真是少而又少的"稀有元素"啊!

萦梦太空钱学森

钱学森(1911—2009),中国空气力学学家、火箭专家,中国载人航天奠基人,中国科学院院士。提出了在飞机设计中著名的卡门-钱学森公式。钱学森的回国效力,极大地推进了中国导弹、原子弹的研发进度。

"啊!?"钱学森听了大吃一惊

1936年秋天,钱学森成了当时在加州理工学院任教的冯·卡门教授(Theodore von Karmen,1881—1963)的研究生。冯·卡门很快发现这位新来的学生"才思敏捷","是纯粹的中国人,一个天才加勤奋的中国人"。

冯·卡门不仅是世界一流的科学家,而且是一个非常开朗、豁达的人,在教学上提倡民主,不论资格深浅、年龄大小,都可以在学术研讨会上平等讨论,畅所欲言。冯·卡门自己有时也和学生争论起来,甚至争得面红耳赤,大家都毫无顾忌。一旦他发现自己错了,便会主动坦率地向学生承认。这种严谨的实事求是的治学态度,给钱学森很大影响,大大促进了他创造性思维的发展和勇于向权威、困难挑战的精神。

学者钱学森

有一次在学术研讨会上,钱学森宣读了一篇论文。在读完后提问时,一位老教授用权威的口气对钱学森论文中的一个问题提出了反驳,并引经据典地阐述了自己不同的观点。

钱学森觉得这位老教授并没有真正理解自己的论点,于是直率地说:"请允许我重复一下我的论点,这将有助于澄清您在理解上的错误。"

钱学森直率的发言,使在场的人大吃一惊,因为这位老教授可是一位一流的权威,但钱学森并不认识。因此会场气氛颇有些紧张。这时,冯·卡门站起来,旗帜鲜明地说:"我认为钱学森的观点是对的。"

经冯·卡门这样一表态,研讨会的气氛才恢复正常。散会后,冯·卡门对钱学森说:"你知道刚才给你提意见的老教授是谁?"

"不知道。"

"他就是冯·米塞斯!"

"啊!?"钱学森不由倒抽一口冷气。冯·米塞斯(von Mises)是当时国际上力学的权威呀!钱学森看了冯·卡门一眼,非常敬佩老师坚持真理,支持学生的正确见解。

从此,师生两人合作得更加愉快密切。他们共同创立了著名的"卡门-钱学森公式",它是航空科学史上一个极重要的公式,每一个研究空气力学的学者,都必须熟悉它。

无耻的迫害

钱学森从来没有打算在美国长期逗留。有一次,一位同事问他:"钱先生,你在美国十多年了,可是你从来不到保险公司去。真奇怪,你为什么不办理人寿保险呢?"

钱学森听了坦然一笑,回答说:"啊,这没什么可奇怪的。我是中国人,我到美国来是学习科学技术的,总有一天我会回到祖国去。我从来没有打算在美国住一辈子,所以当然不去搞什么人寿保险啊!"

正当钱学森与他夫人蒋英不动声色地准备回国时,无端的迫害落到了钱学森的头上。1950年初的一天,联邦调查局的一位官员对钱学森说:

"现在已经查明,你们研究小组的化学研究员西德尼·怀英鲍姆是共产党员,你要揭发他的问题。"

钱学森和怀英鲍姆本是泛泛之交,只不过替他介绍过职业,偶尔去他家欣赏一下古典音乐。因此,钱学森当即严词拒绝:

"我根本不知道也不想知道他是不是共产党员。我更不清楚他有什么问题,因此我不可能作什么揭发!"

1950年7月,军事当局突然吊销了钱学森从事机密研究工作的安全执照。这件事严重伤害了钱学森的自尊心。他立即去找加州理工学院杜布雷奇院长(Lee Alvin DuBridge, 1901—1993)申诉,说没有安全执照他无法在喷气推进研究中心继续工作。他当时十分激动。杜布雷奇院长好言相劝,希望他先保持镇静,并建议他提出上诉。但钱学森秉性高傲,认为他根本没有必要去向美国当局申诉自己是不是共产党人。

钱学森陪同朱德元帅参观运载火箭

冯·卡门当时正在欧洲,当他知道这件事后感到非常震惊,立即与杜布雷奇院长联系,要求采取积极办法妥善解决此事。但是,一切活动无济于事,安全执照不能发还钱学森。钱学森震怒了。他到华盛顿五角大楼找到海军次长丹尼尔·金布尔,说:"如果不发还安全执照,我就辞去在美国的一切职务,并立刻返回新中国!"

金布尔表示愿意帮助他,但仍然毫无结果。于是钱学森打电话告知金布尔次长:"我去意已定,准备动身回国了!"

金布尔接到电话后,十分紧张,立刻打电话通知移民局:"绝不能放走钱学森,他对我们太重要了。而且他也知道得太多了!宁可枪毙他,也不能放他走!"

接着,他在电话中喊出了后来世人共知的那句"名言":"无论在哪里,他都抵得上五个师!"

移民局立即将钱学森拘留在特米那岛上的一个拘留所里,并在新闻界发布了一条耸人听闻的消息:"一名中国共产党间谍企图携带机密文件逃离美国。"

后来,移民局又捏造了一些罪名,想把钱学森长期关押起来。罪名之一是:两位洛杉矶警官说,他们曾在一个共产党员登记卡上看到过钱学森这个名字,但"不是钱本人笔迹"。罪名之二是:有一位共产党教授出庭作证,咬定钱学森也是共产党。据冯·卡门回忆说：

"一开始那位教授拒绝作证，并且说美国当局对钱的指控纯属子虚乌有。这样一来，美国当局就立刻指控这位教授犯了伪证罪，要判四年徒刑。那位教授立即摇身一变，成了坑害钱学森的证人。他在陷害钱学森的证词中说，他'推想'钱学森是共产党，因为他在一次所谓的'共产党会议上'好像看到过钱学森。这就是'证据'。"

"青青然而归，灿灿然而返！"

钱学森在特米那岛上被非法关押了15天，这使他的身心受到严重的摧残。后来，由于冯·卡门、杜布雷奇院长及加州理工学院广大师生的抗议，并在大家慷慨解囊募集了1.5万美元的保释金后，移民局才不得不将钱学森释放。获释时钱学森面容憔悴，体质虚弱，仅体重就减少了30磅。以后每当钱学森忆及这段不堪回首的经历时，他总是气愤地说：

钱学森一家人回国后，来到上海看望老父亲钱均夫

"这一段历史我永远不会忘记，它使我深深懂得了什么叫帝国主义，使我领教了美国的'民主'和'自由'。"

此后漫长的五年，钱学森被迫过着深居简出、埋头著书的生活。这一切并没有摧垮钱学森的铮铮铁骨，一部30万字的《工程控制论》在软禁期间面世了，成为这个领域中奠基性的著作。度日如年的他，在1955年6月，巧妙地避开特务的盯梢，通过一张小香烟纸，寄托了恳请祖国帮助他回国的深情。这封不寻常的信，传到在比利时的钱学森夫人蒋英的妹妹手中，又传到在北京蒋英父亲的世交陈叔通先生手中，最后传到周恩来总理手中。这年的8月1日，当王炳南大使在日内瓦中美会谈上出示钱学森的信时，美方在无奈中只好允许钱学森离开美国。

回国前夕,钱学森同蒋英带着幼儿钱永刚、幼女钱永真向他的老师道别,冯·卡门无限依恋并动情地说:

"我为你骄傲,你创立的工程控制论理论,对现代科学事业的发展作出了巨大的贡献。孩子,你现在在学术上已经超过了我。"

听了这位科学巨擘的一席话,钱学森很激动,觉得自己为中国人争了气。他后来回忆说:"我一听到他这句话,激动极了,心想我20年奋斗的目标,现在终于实现了,我钱学森在学术上超过了这样一位世界闻名的大权威,为中国人争了气,我激动极了,这是我有生以来第一次这么激动。"

1955年9月17日,钱学森与妻子、儿女在纽约登上"克利夫兰总统号"轮船,离开生活了20年的美国,经香港回到了新中国。这时,钱学森自然而然地想起了20年前离开祖国时父亲的谆谆告诫:

"青青然而归,灿灿然而返!"

永不言弃钱伟长

钱伟长(1912—2010),江苏无锡人,中国力学家、应用数学家、教育家,中国科学院院士,曾任上海大学校长,南京航空航天大学名誉校长。中国近代力学、应用数学的奠基人之一。

孙山第二

中国有一句成语"名落孙山"。这个成语与钱伟长有什么关系呢?这其间有一个有趣的故事。

1928年,钱伟长的四叔钱穆到苏州中学任教。秋天,苏州中学开始考试招生,钱穆嘱咐钱伟长一定要到苏州中学参加考试。钱家是一个很有家学渊源的大族,但是到钱穆这一代家势逐渐衰败,因此钱穆和钱伟长的父亲决定无论如何也要在下一代培养出一个大学生,重振家风。

钱伟长(前排右1)与四叔钱穆(前排中)、大妹(前排左1)合影

这时,钱伟长的学习状况并不让人乐观。因为连年战乱,到1928年已有16岁的他,才零碎读了五年的书。在父亲和几位叔叔的指点下,国学和历史他学得很好,有一些功底,但是数学没有学过四则运算,平面几何只学过不到一学期,三角函数、外语和物理根本没有学过;而且,初中三年他分别在三个不同的学校读的,最后连一个毕业文凭都没有。而苏州中学在江苏那是赫赫有名,与常州中学、扬州中学并称为"江苏三大名校"。能够考取这三所中学,以后考取大学就不会有问题。

钱伟长没有信心考取苏州中学。但是幸亏他的文章写得非常出色,国文成绩得了一个第一,因此榜上有名——以最后一名录取的。因此有人戏称钱伟长是"孙山第二"。他的父亲得知儿子考取苏州中学十分高兴,他还告诫儿子:

"孙山虽属榜上末名,却是后来居上,成了江南才子。你今后也要后来居上!"

国文成绩第一还引起了一个小小的风波。这是因为他的四叔钱穆是苏州中学首席国文教师,钱伟长国文成绩第一不免引起了人们的怀疑:是不是钱穆把题目事先透露给钱伟长了。苏州中学后来还派人到无锡调查,得知钱伟长国文成绩一向很优秀,这件风波才平息下来。

锻炼的习惯

1931年9月,钱伟长考取了清华大学。由于家庭贫寒加之多病,钱伟长的身体并不很好。新生报到后的第一天,要到体育馆作体格检查,检查的第一项是测量身高。测量身高的标杆起点是1.5米,结果钱伟长站在标杆下居然还没有达到标杆的起点高度。站在一边的体育教授马约翰惊讶地喊道:

"Out of scale!"

钱伟长的英语那时还很差,不知道马约翰教授喊的是什么意思。别人告诉他,是"不合格"的意思。那时钱伟长已经18岁,身高却只有1.49米。

钱伟长高中毕业时的照片

马约翰没有见过这样矮的学生,所以不由自主地惊呼了一声。

接着的检查是测量体重——体重过轻;测肺活量——肺活量不足。这时钱伟长感到情况有些不妙,担心清华大学会因为身体的原因取消他的入学资格。最后一项是跑步——绕操场跑一圈,大约400米。钱伟长一定是觉得这个最后的机会不能够再不合格,于是在跑步命令下达后,立即撒开双腿拼命地跑起来。400米跑下来,他已经喘不过气来,当时就躺在操场上不能动了。马约翰教授被这个瘦弱小伙子身体里的那股子拼命三郎的精神打动了,说:"这个人了不起,能拼命。"

从此以后,马约翰教授特别注意这个拼命的瘦弱年轻人。在他的鼓励下,入学后钱伟长开始积极参加各种体育活动的训练。从第二学期开始,钱伟长参加了学校越野队。这件事有一些偶然。有一天钱伟长刚从图书馆出来,学校正在举行越野比赛,钱伟长所在的班级缺一个人,马约翰教授就让钱伟长去凑数。于是,钱伟长与同学换了一双胶鞋,脱了长衫长裤就上场了。出人意料地,钱伟长不仅顺利跑完全程,还拿到了第八名。这次无心的比赛使钱伟长成了班级越野队的成员。从此以后,他开始作为越野队的成员进行刻苦训练。每两天要从清华园到颐和园跑个来回,全程约4000米;每两周要到西直门跑个来回,全程约8000米;每月一次乘车去天安门再跑回清华园,全程约1.2万米。

艰苦的训练不仅能锻炼人的体能,也能锻炼人的意志。正是靠着这种拼劲和猛劲,钱伟长圆满地完成了他在大学的学习,并且成为校运动队长跑、中低栏、足球等多个项目的优秀运动员,他的身高也奇迹般地从1.49米长到了1.65米。

此后,钱伟长一生都保持良好的锻炼习惯,每天坚持锻炼。他曾经说:"如果我们学校的学生都懂得运动,这很不容易,而这正是历史与社会赋予我们义不容辞的责任和使命。"

2002年,90岁的钱伟长在接受采访时说:

"现在都提倡素质教育,我觉得素质教育首先要重视体育教育。因为首先,体育运动培养一个团队精神,比如球队,球队要的是团队精神,光靠个人奋斗是不行的,不光是球队,其他方面也是这样。其次是拼搏精神,做什么事情都要拼搏,不能想着慢慢地成功,这是不可能的,这两个都是体育训练中最重要的东西。"

文科状元成为物理系试读生

1931年高中毕业后,钱伟长报考了交通大学、清华大学、浙江大学、中央大学和武汉大学。结果五所大学都榜上有名,他选择了清华大学。

读高中时他喜爱文科,对理科兴趣比较差。考清华大学时他的国文和历史考了200分,而数学、物理、化学和英文一共只考了25分(其中物理5分),总分225分。

国文和历史考题都是由历史系主任陈寅恪教授出的。国文题中有一道题是对对子,上联是"孙行者",要求学生对下联。标准答案是"胡适之",但是钱伟长的答案是"祖冲之"。陈寅恪觉得这个下联比标准答案还略高一筹。作文题目是"梦游清华园赋",钱伟长的文章文采斐然,陈寅恪给了满分。历史考题只有一题,却非常刁钻:写出二十四史全部书名、作者、卷数和注者。这个题目难倒了许多学生,有人甚至只得了零分,但是钱伟长还是得了一个满分!

陈寅恪满心喜悦地等这位文科高材生报到,却一直没有见到这个学生的人影。这是怎么回事?

原来这位文科状元、理科成绩只有25分的学生,出人意料地去找物理系主任吴有训,要求到物理系就读。这让吴有训大吃一惊,觉得简直不可思议!以前有一些学生(如钱锺书)文科成绩非常好,理科得零分,清华大学也录取了,但是还没有一个这样的学生居然敢要求转到理科读书!

1935年,钱伟长获得清华大学理科学士学位

吴有训问:"你文科成绩好,为什么不去文科?理科成绩这么差,为什么反而要学理科?"

钱伟长说,当他去上海考交通大学时,路过外滩,顺便想到外滩公园看看。走到门口居然在一块牌子上看见:华人与狗不得入内。钱伟长悲愤地想:在中国的土地上竟有这样的牌子,洋鬼子们如此欺侮中国,不就是靠的船坚炮利吗？于是突然决定要学的是能够救国救民的科学技术，让中国强盛起来。钱伟长振振有词地说：

"中文、历史都打不了仗。中国老吃败仗就是因为飞机、大炮不如人家。所以我要进物理系。"

吴有训态度很坚决："物理系每年就收这么些学生，你进物理系就会占别人的名额。我和陈寅恪教授、杨树达（语言文字学家）教授都很熟，就没听说历史、国文就不能救国的。"

钱伟长没有气馁，一方面跟吴有训软磨硬泡，另一方面钱伟长还找了理学院院长叶企孙教授帮他说情。叶企孙得知钱伟长的要求之后，特别赞赏，认为国难当头，钱伟长能够为国家而弃文学理，理应支持。他得知钱伟长物理不好，还鼓励钱伟长：

"物理这东西，跟历史一样。《史记》中有'太史公曰'，物理定理也像'太史公曰'一样，需要融会贯通，不能死记硬背。"

1940年8月，第七届留英公费生在俄国"皇后号"邮船上。前排左1是林家翘，左5为钱伟长，后排右3为郭永怀

另外，叶企孙还建议钱伟长请四叔钱穆疏通文史两系的教授，以求得到教授们的谅解。但是吴有训担心钱伟长学不好理科，还是没有同意。钱伟长又去找顾颉刚帮忙。顾颉刚是苏州人，与钱穆是朋友。他说服了顾颉刚以后，顾颉刚对吴有训说：

"年轻人有这个决心和意志，为了国家强盛而要求学理科，应该满足他的要求。你就让他学吧！"

吴有训只得勉强同意，对钱伟长说："那好吧！你到物理系先读一年试试，如果你的微积分和普通物理在70分以上，你可以读下去；如果这两门成绩不到70分，你再去学文科也还不迟。"

就这样，钱伟长终于进了物理系。一年后，这两门功课成绩都在70分以上，正式成为物理系的学生。

1935年6月，钱伟长以优秀的成绩获得清华大学理科学士学位。

学成归国，还有一个"NO"！

1943年6月，钱伟长在加拿大多伦多大学获得博士学位以后，经辛格教授的推荐，来到美国加州理工学院加入冯·卡门领导的哥根海姆实验室喷气推进研究所工作，任研究工程师。在这儿工作的中国留学生还有林家翘、郭永怀和钱学森。

在喷气推进研究所，钱伟长的研究进行得十分顺利，不断取得好的成就，职位逐年提升，薪水也一再增加。但是这些并没有使他安下心来，他的心仍然不能忘怀当年决心学习理科的伟大志向。1945年9月2日上午9点，日本投降仪式在东京湾的美国战列舰"密苏里号"上举行。钱伟长得知这一消息后，决心回到中国，他相信他所学的科学知识一定能为祖国所用。但是，冯·卡门舍不得这位干才离开，多次挽留。钱伟长言辞恳切地对卡门说：

"我已经离开祖国七年了，我很想念自己的妻子和孩子。孩子连我的面也没有见过，您总该给我一个探亲假吧！"

冯·卡门终于同意了，但是深情叮嘱他尽早回来。钱伟长为了让大家相信他不久就会回美国，作出许多假象：刚升级补发的工资故意不去领，办公室的一切摆设照旧，为住房预付了半年房租，许多书籍和资料都留在美国，一切轻装，仿佛出差的样子。但是他心里十分明白：此行一去不复返。多少年以后，钱伟长回忆这段经历时说：

"老实说，我在国外的生活是非常舒服的。我领导了一个庞大的工程师队伍，就是做'洋'官的人——当然我是技术'官'。但是我不稀罕这个，那是为美国做事，做出来的导弹、火箭都是为美国用的。我干吗要那样？我要回国。"

回国后，他进入清华大学机械工程系任教。

十四年抗战刚结束不久,接着又开始了内战,兵燹连绵、物价飞涨、民不聊生,一个名校教授的薪水,居然还不够度日。不得已,钱伟长只能再到燕京大学和北京大学去兼课,挣钱以补贴家用。

1947年,还在喷气推进研究所工作的钱学森回国结婚,这时钱学森的年薪已经达到八万美元。他看见钱伟长如此贫困,就劝他再回到喷气推进研究所去。钱伟长看到家中老母和儿女苦不堪言的现状,也动了心。不久加州理工学院喷气推进研究所同意他回去复职,他就到美国大使馆办理签证。办理签证需要填一张表格,里面有许多问题,比如学历、信仰等等。钱伟长一路填了下去。但填写到最后一个问题时,钱伟长决定不去美国了。那个问题是:"如果中国和美国开战,你为美国效力吗?"钱伟长毫不犹豫地填了一个"No"。

关于这段往事,钱伟长在回忆中说:

> 美国大使馆注册,好多问题,我都无所谓,你信什么教?我说我没教,他说不行啊。因为不信教在美国人看来就像是野蛮人。后来他让我填"孔教"。最后一条,我填不下去了。问中国和美国开战的时候,能不能忠于美国。我当然忠于中国了,我是中国人,我不能忠于美国人。我就填了一个"NO",我不填"YES",我决不卖国。结果就因为这个,我没能去美国。当然,我在填这个"NO"的同时,也就意味着我告诉他们我不去了。也许有人要说,你的目的就是去美国,为什么不变通一下呢?但我做不到,我忠于我的祖国,时时刻刻,心口如一。

受"特殊保护"的右派

新中国成立以后,1957年以前的一段时期钱伟长工作得十分带劲,也颇有成绩,受到重视。1951年在清华大学开始招收力学专业的研究生,这是新中国研究生教育的开始,这年他还出任中国科学院数学研究所力学研究室主任。1956年他被任命为清华大学副校长,他的研究成果获得国家科学二等奖。

但是好景不长，到1957年"大鸣大放"的时候，他对中国高等教育提出了不同的意见。因为这些意见，钱伟长被宣布为"极右分子"，撤销他的一切职务（包括培养研究生、学术期刊编委以及讲课等等），保留教授职称，降级留用（从一级降为三级）。幸运的是，钱伟长没有像大多数右派一样被发送到黑龙江的北大荒劳动，而是留在清华大学。据说这是因为毛泽东在偶然提到钱伟长时说过一句话："这个人我知道，他教书教得很好。"也许真是这句话救了他？

钱伟长在首钢与工人师傅在一起

"文化大革命"期间，钱伟长和另外两个教授被定性为"反动学术权威"，下放到首都特殊钢厂劳动。这时年已55岁的钱伟长，成了一名三班倒的炉前工。炉前工是一种非常辛苦和需要很棒身体的工种，那长长的铁杆重量就有52公斤，钱伟长连拿都拿不动，何谈用它操作！？但是，他是一个随时随地都喜欢用脑子的科学家和实干家，因此他就地设计了一个三条腿的铁架子来支撑铁杆，这样在操作起来就省了很多力，不但他可以操作，工人们也节省了很多力气。此后，钱伟长还成了特钢的"万能"发明家，屡屡为工厂作出解决大问题的发明。例如在他的设计下，特钢制造了一个800吨的水压机，建了一个2000平方米的热处理车间。因为这些贡献，工厂和工人们都认识到这位特殊工人的价值，开始亲热地叫他"老钱"。后来，工人师傅还请钱伟长为他们讲技术课。这对钱伟长来说，不只是单纯的讲课，还是对他个人人格的尊重和肯定。十多年精神饱受摧残的钱伟长，在那一刻体会到了信任的力量。而更让他感动的是下面的一件事。

1969年夏天，清华大学革委会的领导突然通知首钢，命令钱伟长当天返校，随几百名清华大学的教师一起去江西鄱阳湖边的鲤鱼洲农场从事农业劳动改造，并要立志终身务农。首钢当时的领导拒绝了这一要求，他们借口说钱伟长没有改造好，所以不能让他离厂返校。后来钱伟长得知，鲤鱼洲农场是严重的血吸虫病疫区，许多教师的健康都在那里受到损伤，甚至有不少教师还在那里丢了命。

在首钢的那段时间,钱伟长几乎是受到"特殊保护"的右派,他从中感受到一种已经很少见的人性美。

全世界大学里"最老的校长"

1982年10月15日,钱伟长正在无锡开办"变分法有限元"的公开讲座,突然接到清华大学党委组织部电话通知:中央任命他为上海工业大学校长。无锡的讲座结束之后,他马上回到北京收拾行李。

一到上海,他不禁有些失望,没想到这所大学只所一个普通大学。当时的上海市副市长汪道涵找来钱伟长,让他看上面的调令。钱伟长的调令很特别,竟然是邓小平以中央组织部的名义亲自签发的,上面写着:"以中央组织部调遣为上海工业大学校长。"下面又加了一句话,"这个任命,不受年龄限制。"钱伟长不是共产党员,按常规,他的调令应该是教育部发的。

老当益壮的钱伟长教授

原来,教育部本想让钱伟长去上海交通大学,但一些人以年龄为由百般阻挠。当时教育部规定,年满60岁就不可以再当大学校长了,而钱伟长这年已经70岁。也许正是由于这个原因,在那份以中央组织部名义发出的调令上,邓小平特意加上了"不受年龄限制"这一条。

汪道涵笑着对钱伟长说:"你可别撂挑子,你这个校长是不受年龄限制的,是终身校长呢。"

1983年,钱伟长正式出任上海工业大学校长。在钱伟长的努力下,1994年上海工业大学与上海科技大学,以及原上海大学和上海科技高等专科学校共同组建了新的上海大学,钱伟长任校长。这年他已经82岁,难怪他自称为世界上"最老的校长"。

"裂变之光"钱三强

钱三强(1913—1992),中国核物理学家,中国科学院院士。在法国留学期间发现原子核裂变中除了常见的"二裂变"以外,还有人们没有注意到的"三裂变"。归国后,成为中国原子能事业的开拓者和奠基人之一。1999年获得"两弹一星功勋奖章"。

实验室中的小故事

1937年春,钱三强通过了留法考试。经严济慈教授介绍,他如愿以偿赴法国居里实验室深造,拜约里奥-居里夫妇为师。

钱三强在约里奥-居里实验室

钱三强在约里奥-居里的指导下,博士论文进行得很顺利。与约里奥的合作,使钱三强一直处在愉快的心情之中,即使是发生失误的时候也是如此。一天下午,做完实验在暗室冲洗照片。这组照片很重要,是记录含氢物质受α粒子轰击后产生的质子群,照片冲洗出来可望取得新的进展。钱三强和约里奥都很高兴,有说有笑,暗室里充满愉快轻松的气氛。钱三强负责调配显影液和定影液。工作进行中,一不留神出现了疏忽,他把显影液和定影液的位置放颠倒了,结果,照片全部报废。

"唉!白搞啦!"约里奥双手往上一扬,表示惋惜。

"都怪我一时马虎……"钱三强以自责的口气承认错误。

约里奥没有发火,他通情达理地说:"这种事我也干过。工作越是紧张,越接近成功,越容易出错。"

"今天这事是不该出现的。"钱三强越想越感到懊悔。

"事情发生了,就不必过多自责。明天我们再干。今天的事算一段小插曲吧!"

约里奥说完豪爽地笑了起来。

"有良知的科学家"

1940年钱三强获得博士学位,次年他准备从马赛乘船回国时,恰逢太平洋战争爆发航线中断,回国的愿望遂成泡影。无奈,他只得滞留法国,暂时在里昂大学物理研究所工作。后来,他几经辗转,重新回到巴黎居里实验室和法兰西学院原子核化学研究室工作。

法国沦陷以后,约里奥-居里参加了法国共产党,领导科技界开展反法西斯斗争。

有一天钱三强在实验室里寻找电线时,从一个杂物柜里拉出一个纸包。打开一看,里面竟然是约里奥的入党材料。钱三强顿时为老师的安全冒了一身冷汗,这要被盖世太保发现那可就完了!

他悄悄将材料放回原处,又做了一些巧妙的伪装,使人更不容易注意到。同时,他平常也留心对杂物柜暗中保护。

过了一段时间,钱三强再去悄悄查看那包材料时,发现纸包不见了,而老师安然无恙。他那悬在嗓子眼的心总算落了地。对这件事,师生俩一直守口如瓶。直到12年后,他们再见面时才言明当时的秘密。约里奥说:"我当时发现材料藏得更隐蔽了,就猜想到是你干的!"

钱三强开心地笑了。

还有一次,钱三强和同事们在实验室里藏了一个犹太小姑娘。法国宪兵得到消息来搜查。宪兵用刺刀逼着钱三强说:"藏匿犹太人,要杀头的!"

钱三强镇定地摇摇头说:"我们这里没有犹太人!"

其实,早在宪兵到来之前,钱三强已经和同事将小姑娘转移到了一个更隐秘的地方。宪兵悻悻地走了,犹太小姑娘因此得救。钱三强的行动得到了约里奥的高度评价,他称赞钱三强是"有良知的科学家"。

"不识时务"

1958年10月4日科学院召开"献礼祝捷万人大会",各个研究所纷纷上台"献礼"。结果大会共献出科学成果"卫星"2152项,其中声称"超过"世界先进水平的66项,"达到"世界水平的167项。那天,钱三强代表原子能所也上台作了献礼发言,相比之下钱三强的"献礼"显得最为"逊色"。曾亲自参加了这次祝捷大会的黄胜平,几十年后说起来仍感触良多:

《钱三强传》书影

> 我记得有一次科学院召开大会,发言者大都提出了事实上难以达到的高指标,而且像竞争似的,一个比一个讲得"宏伟"和"鼓舞人心"。轮到钱先生上台了,出乎许多人的意料,他平静讲了能够做到的事。在那次大会上是被认为"保守"的。我心中明白,他这样做,要承受多么大的压力。现在回想起来,更觉得难能可贵。
>
> 坚持一个科学工作者的良心,坚持实事求是,对于不合理的事,即使是一时的强大潮流,钱先生也不愿稍稍苟合附会。这种刚直耿介的性格,曾经给他自己带来过不少麻烦。不过这也许是一切善良正直的人们在那种不正常年代里的共同遭遇。

还有,1959年7月下旬起,一些关于超声研究及宣传中发生的不正常情况,使钱三强感到忧虑,他担心这些不科学的东西会干扰原子能研究中面临的紧急任务，同时还会对培养严谨科学作风不利。于是，他又一次"不识时务"地站出来说话，纠正其中不符合实际的歪风。对这件事，何祚庥教授1992年写的回忆文章说道："一件事是在1959—1960年时期出现的所谓'超声波产生放射性'。事件起始于某研究所的工作人员，发现非放射性样品经过超声波'吱吱吱'以后，就'活化'为带有放射性的源。其时，由于国内正在开展一个超声波的运动，这一发现就不仅被当作'重大成果'，而且还提到'路线'的高度——要走出中国式的发展原子能的道路！"

作为原子物理学家的钱三强当然知道，超声波是不可能产生出什么放射性的。但在当时"人有多大胆，地有多大产"的全国"大跃进""放卫星"的大潮中，这个问题已经被拔高到"路线斗争"的高度，谁实事求是谁就被认为是反对大跃进路线的"黑路线"。所以这已经不是一个简单的科学判断的问题，而是要考验一个科学家的良知。钱三强坚决反对和抵制这种所谓的"中国式的道路"，尽力不让这一"路线"干扰原子能研究所的主要工作。最后还是在他支持下，组织了一些研究人员做了一个精细的实验，最终否定这一"新生事物"。

钱三强在全所大会上发言中指出：那些竭力将"超声波产生放射性"吹嘘为党的路线的光辉成就的人，不是在那里提高党的威信，而是败坏党的声誉，实实在在地给党的路线抹灰涂黑！

"不问政治"彭桓武

彭桓武(1915—2007),出生于吉林长春,祖籍湖北麻城,中科院院士。1955年起,彭桓武转入核工程领域,领导了中国核反应堆和核武器的理论研究工作。曾任中国科学院理论物理研究所所长、高能物理研究所副所长等。

《小朋友》的嘉奖

彭桓武从小就非常偏爱数学,而且对数学具有非同一般的领悟能力。读小学二年级的时候,有一天他从同学那儿看到一本上海出版的杂志《小朋友》,发现上面刊登有数学题征求解答,他立即如获至宝地请求同学把杂志借他回家看一晚上。原来他想利用晚上把上面的数学题解答出来。同学倒也爽快地答应了。晚上彭桓武把借来的那一期《小朋友》上面所有的数学征求解答题都做完了,还别出心裁地把他的答卷寄往《小朋友》杂志社。

1966年10月1日,朱光亚、彭桓武和邓稼先(左起)在天安门城楼

此后，他开始用节省下来的零花钱，把每一期的《小朋友》都买来，把上面的数学题一个不漏地都做一遍，而且照例全部寄到杂志社。久之，杂志社发现这位小朋友非常专心而且努力，为了奖励他，杂志社免费赠送他一年的《小朋友》。这件事对他鼓励很大，既节省了一笔买《小朋友》的钱，又锻炼提高了自己解数学题的能力；而且他也更加相信自己对数学的偏爱没有错。

后来，上海杂志社为他寄了好几年《小朋友》，直到他已经不是"小朋友"为止。

与哥哥一起做实验

彭桓武有一个比他只大一岁的哥哥，叫彭梦佛。因为年龄相差不大，所以他们既是兄弟又是一对好朋友。由于彭桓武从小就老是生病，几次病得死去活来，所以哥哥总会像大哥哥一样照顾弟弟，两人感情非常亲密。玩在一起，学习也在一起。

1930年，15岁的彭桓武正是在好奇心飞跃发展的时候，他和哥哥怀着极大的热情想做一个化学实验。因为不久就要过年了，彭桓武很想有一只能够飞到天空的、而且是自己做的氢气球。于是，他与哥哥商量自己动手制氢气。

彭桓武找来两节放在窗台上的废旧干电池，哥哥出去弄了点硫酸，兄弟俩关紧门开始工作。妈妈和妹妹守在房门口等待兄弟俩的好消息。连父亲也饶有兴趣地等候他们的佳音。

三个人等了许久不见动静，正想推门进去看他们实验进行得怎么样了，却正好看见兄弟俩像躲避瘟神一样猛地打开门向外面冲，跑出了老远的彭桓武还喘着粗气，不住地说："臭死了！臭死了！"

门外的三个人果然闻到一股臭鸡蛋味，纷纷掩鼻逃避。父亲好奇地走进房间，看见儿子们的试验桌上溢满泡沫。出门后，他笑着鼓励儿子们说："别泄气！第一次嘛。"

他们两人后来分析，按照理论他们的试验并没有错，应该能够得到一些氢气，而不是臭鸡蛋气体。可是，实验结果明摆在那儿，偏偏没有证实理论的正确，难道是理论存在错误？寒假结束重返学校后，彭桓武问了化学课老师后才终于明白，他和哥哥制备的并不是氢气，而是一种叫硫化氢的气体。因为他们找来的干电池在室外已放置多年，锌皮表面已被煤烟硫化。彭桓武真后悔当时没有用砂纸磨掉锌皮表层的硫化部分。

寒假里,彭桓武和哥哥还做了一个试验。他们用软铅笔芯做炭棒,放在玻璃管中通电,想看到弧光。但是在弧光一闪之后,铅笔芯断了,玻璃管也整个地熏黑了。但是,这个实验可以说是成功了。

通过这两次实验,彭桓武明白实验和理论之间有很复杂的关系,并非想象中那么简单容易。这种感受对他后来从事科学研究是一种不可多得的体验。

考上清华大学了?

彭桓武一生多病,多次命悬一线、死里逃生,但是令人惊讶的是他却是一位相当长寿的科学家,去世时有92岁。

彭桓武出生时身体就十分孱弱,父母以为他活不了多久,便给他取名"梦熊",就是"梦想他像熊一样强壮"之意。可是,除了他的性情、脾气像熊以外,再没有一点熊的影子。父母还给他取了几个小名,如"长生""和尚",无非寄托希望他长寿的愿望。但是一直到三四岁时,他的身体仍很虚弱,四肢骨瘦如柴,只显得一个脑袋硕大无比。发烧、咳嗽随时与他相伴,从不离去。再加之心脏有病造成脑贫血,彭桓武时常晕厥倒地,不省人事,有几次,父母亲以为他快要死了而悲痛欲绝。正是因为他的身体状况非常糟糕,就无法像姐姐、哥哥一样去外地上学。

彭桓武近两岁时才勉强能够下地走路。一天父亲把他放在地上,他接连迈出七八步,虽然走得歪歪扭扭,但让一家人兴奋激动不已。彭桓武又跌跌撞撞跑了几步,父亲和母亲高兴得眼泪都出来了。可就在这时,彭桓武一个跟头栽倒在地。当父母把他抱起来时,才发现他已经晕死过去。

一家人慌了手脚。父亲用食指狠掐他的人中。母亲则抹泪哭喊、不知所措。过了半晌,还不见他醒过来,父母以为永远失去他了,甚至开始考虑起他的后事来了。可就在这时,彭桓武长吁一口气,又恍恍惚惚地回到了人世。后来晕过去的次数多了,家里人就有了经验,将他头朝下悬一会儿,待苏醒过来再倒过来。这一绝招在他后来跟随哥哥在外地上学时常用。

他读私塾那年,一次发高烧连续三四天不退,父亲为他请来长春最好的医生,药吃了几大包也不见退烧。死神又一次要夺走彭桓武的生命。后来还是一位教英语的老师把他抱到一位西医那儿就诊,才确诊患的是急性肾炎。

经过西医治疗,才又一次死里逃生。

1931年春季,16岁的彭桓武决定同时报考北京大学和清华大学。这时距考试时间只有四个月,彭桓武为自己制订了一个周密的复习计划:数学、物理、化学及副课各复习一个月,并买到《投考指南》,认真作上面历届的每一道考题。

距考试的日期越来越近,彭桓武一边同时间赛跑,一边同病魔作斗争。这时期,由于冬季没有棉衣穿,加上公寓没有取暖设备,而且窗户没有玻璃,他患上了严重的风湿性关节炎。

更要命的是北大考试的那一天,彭桓武腹泻不止,后来连从床上爬起来的力气也没有,因此痛失考北大的机会。幸好此后病情稍有好转,彭桓武终于可以走进清华大学的考场,支撑着身体考完全部科目。

发榜的当天,彭桓武上街买了份报纸,在一片密密麻麻录取的100人名单中,他从左看到右,从上找到下,没有看见"彭桓武"三个字。彭桓武以为自己落榜了!

开始他痛苦不堪,后来遗憾和失落的情绪很快被新的奋斗目标和学习计划替代。彭桓武决定过完暑假再到汇文中学读高三,来年再投考清华。他不相信他的清华梦就这样烟消云散。

第二天,彭桓武出现在网球场上。这时有几个同学围上他,向他道喜祝贺,并拉着他非要让他下馆子请客。彭桓武以为同学们是想安慰他,可是从同学们的话里,彭桓武听见他们说的,似乎他真的考上了清华大学?

彭桓武半信半疑地回到宿舍,找到那张被他扔掉的报纸,从左至右、从上到下,一个一个名字仔细查看。他终于看见了"彭桓武"三个字,而且是第七名!

原来报纸是竖排版,他的名字被分别写在一下一上的两行里,稍一匆忙就会被遗漏过去。彭桓武的眼睛潮湿了,他真想痛痛快快地哭一场。

泰山之行

1937年四五月间,与彭桓武在清华大学同宿舍的一位同学患了严重的肺结核。这位同学后来因为病重回家休息治疗,于是身体一直不好的彭桓武怀疑自己也染上了肺结核,并因此一度情绪低落、不知所措。肺结核在当时是不治之症，是绝症。彭桓武甚至于不敢去医院检查，害怕万一查出来真是肺结核，那岂不等于判了他的死刑，今后该如何办？

过了一段时间，彭桓武感觉身体越来越不好，常常出现胸闷、气短、四肢无力等症状。这时他权衡利弊、再三考虑，终于下决心去泰山找大学里一位同学，到大自然界里陶冶性情、锻炼身体。走之前，他把心爱的网球拍和网球鞋锁进体育馆自己的柜子里，带了许多书和几个笔记本；另外，他还把一包试验用的砒霜放进了背包里。这包毒药足以毒死三个人，是彭桓武为自己准备的。原来彭桓武为自己做好了最坏的打算：这时日本军队已经开始准备全面入侵中国，假如他被日本鬼子抓住，他就把这包毒药吃下去。他知道自己性情耿介，不会屈服于敌人，日本人来了他决不会做顺民，与其被日本人杀死，不如自己结束自己的生命。

正像彭桓武判断的那样，这时他确实已经染上了肺结核，只是还不太严重。到泰山以后，他找到大学的同学，这位同学被分配在气象台当台长。于是彭桓武就住在山上，每天从落地玻璃窗里看泰山日出。每当他看到万山翠绿，层林尽染之时，心中常常被这大好河山感动，为大自然造化的鬼斧神工而肃然。他每天从山顶走下山，又从山脚爬上山顶，在洁净的空气和安宁的环境中锻炼自己的体魄和意志。久之，大自然给了他希望，泰山的花草岩石、清新的空气给他的生命注入了新的生机。

泰山优美的山光水色清气，加上不断地锻炼，居然在不知不觉中把他的肺病治好了！

拒绝在签证上签字

1938年，彭桓武考取公费留学生中唯一一个理论物理学名额。9月，乘坐英国远洋轮船来到法国马赛港；然后从法国过加莱海峡到英国多佛尔港，再继续乘火车到目的地爱丁堡。这时德国著名理论物理学家玻恩（1954年获得诺贝尔物理学奖）因为躲避德国法西斯的迫害，逃离家乡来到爱丁堡大学任教。彭桓武正是按照周培源教授的意见，要拜物理大师玻恩为师学习理论物理学。

1940年底，彭桓武获得哲学博士学位；1941年春天，彭桓武决定回国。可是这时欧洲到亚洲的海路已经被希特勒封锁，于是彭桓武决定从大西洋到美国,然后过太平洋回国。4月的一天,他接到一家旅行社的通知,让他快去办理到美国的签证。

可是,到了旅行社看见摆在他面前的几大张纸的条款,这些条款几乎每一款都显示出美国对其他国家公民的鄙视和轻侮。其中有一条居然要签证者承认自己的父亲"不是小偷"！看到这一条款,彭桓武非常愤慨。父亲在他心目中永远是世界上最值得尊敬和爱戴的人,他的父亲当年毅然弃官为民的行为,是很少有人能相比的。虽然过去了许多年,但他仍然记得父亲写的"此身当与竹为林"的两首诗词：

耻效群芳竞媚春,
此身当与竹为林。
一朝头角冲霄出,
好把青天一扫新。

零落秋风勿自戚,
富贵春芳勿自得。
此身当与竹为林,
四时不改真颜色。

父亲彭树棠在彭桓武的心中享有至高无上的荣誉,是他崇拜和尊敬的偶像。在他心中,父亲象征着祖国,神圣而不可侵犯！他怎么能够在带有侮辱父亲人格的文件上签上他的名字？当然不能！

他把笔一扔："对不起,我不能签,我不干了！"

旅行社的人非常吃惊和不解："这只是一个手续,签了字就过去了,难道说你不打算走了吗？"

彭桓武认为美国的这"一个手续"简直是强盗的手续,是侵犯人权的手续。最后,他郑重告诉旅行社的人：

"我不走了！"

于是彭桓武继续留在欧洲,继续他的研究生涯。1941年8月到1943年7月,他在爱尔兰的都柏林高等研究所做博士后的研究学者,在另一个物理学大师薛定谔(1933年获得诺贝尔物理学奖)的指导下工作。在这儿他与海特勒和哈密顿合作,提出著名的"HHP理论"(H、H、P为三人姓的第一个字母)。薛定谔非常看重彭桓武非同一般的学习能力,他给爱因斯坦的信中曾经这样写道:"简直不能相信这个年轻人学了那么多,知道那么多,理解得那么快……"

1943年下半年,彭桓武又回到爱丁堡大学,这一次他是作为爱丁堡大学物理系卡内基研究员的身份回来的,再一次在玻恩指导下,合作研究场论和量子力学。玻恩同样非常看重彭桓武的能力,也在给爱因斯坦的信中称赞彭桓武:"中国来的彭桓武尤其聪明、能干。他总是懂得比别人多,懂得比别人快。""似乎他无所不懂,甚至反过来还教我。""他永远朝气蓬勃,乐观向上。"

1945年夏天,彭桓武获得爱丁堡大学博士学位。

"咱们携起手来干一场!"

1947年,彭桓武接到南京中央研究院,清华大学和云南大学的邀请函,于是他开始准备回国。这时国内解放战争正在进行之中,为了躲避战争,他选择了云南大学校长熊庆来的邀请。云南大学通知彭桓武,让他代表云南大学去比利时参加"大学教授会议",然后再回国。

想到自己出国至今已经九年,现在终于可以回国了,彭桓武心潮澎湃,感慨万千。他不由自主地又吟诵起爱尔兰著名数学家和诗人哈密顿的那首诗:

> 我不贪求安逸,
> 也不缺乏信心、爱情和勇气,
> 只要能奔上那康庄大道,
> 那是我灵魂的使命,
> …………

比利时的会议结束后,彭桓武绕道法国巴黎看望钱三强夫妇。这时钱三强和爱人何泽慧已经决定第二年回国。听说了彭桓武的回国打算之后,钱三强非常赞同,他说:"你先去云南,等我们在巴黎的工作告一段落也回祖国去。"

彭桓武说："我先去昆明学习学习通货膨胀，形势如有安定，我就去北方。到那时，咱们携起手来干一场！"

钱三强说："回国后，咱们搞自己的原子核物理研究，一定能取得重大突破。"

彭桓武建议："把南北力量团结起来，集中最优秀人才，取胜的把握就更大些。"

钱三强在心里也勾画着一幅明天的蓝图。他虽比彭桓武长几岁，但彭桓武是他的学长，在他眼里，这位长相憨厚、为人信诚的学长是位博学多才、通古知今的智慧人物，想要干大事业，离不开他的同心同德和鼎力相助。历史也已证明，钱三强的梦想也正是彭桓武的毕生追求。

不关心政治

了解彭桓武的人都知道，他把社会科学和自然科学截然分开，并且全身心地、义无反顾地投身于自然科学。后来他担任物理所副所长，这就免不了与人打交道，就免不了处理人事关系（"人即社会科学范畴"——彭桓武语），每到这时就显出他的无能和无奈。

彭桓武最不爱开会。只要是与科学研究无关的会，他几乎都不参加。有人说，他一开会就装糊涂，于是有人给他定性：不问政治。

"不问政治"在20世纪五六十年代的中国，可是一个要命的毛病，由此而产生的麻烦自然也就少不了。因为按照那时的逻辑：你不关心无产阶级的政治，就一定是关心资产阶级的政治。非此即彼！接着就有人在他身上"找原因、挖根源"，于是，父亲官至府厅县、国外留学加游学长达九年不回国，都成了他的资产阶级思想罪根祸源。

彭桓武完全不明白这前后怎么会有这样复杂的联系，也不理解做这些分析的人到底要达到什么目的。后来，眼看这位双博士学位获得者、著名的理论物理学家可能被一些居心叵测的人推到敌人阵营去了，同事杨澄中教授连忙解释说：

"彭桓武同志不是不问政治，而是缺乏生活的热情：没有生活的热情，所以没有革命的热情。"

彭桓武仍然糊涂：生活指什么？革命又指什么？这两者有什么必然的联

系？这些问题太复杂，像乱麻一样，只要一思考这些问题他就发蒙、发傻。

又有一次，有人批评彭桓武常犯"自由主义"。原来他常常不在单位食堂里排队买饭吃，喜欢一个人下饭馆或买几根油条充饥。这是因为他最不愿意把大好的时光放在排队上，他觉得这是一种巨大的浪费。虽然一再被批评"自由主义"，他也没有办法改正这个"毛病"。

彭桓武不参加与科学无关的会，但是他也不会开与科学有关的会。每到他主持召开关于科研工作方面的会时，理论组的年轻人们最高兴，因为"彭教授又要请客了"！

原来，彭桓武主持开会不善于把握时间，十次开会十次都会过了开饭时间，短则半个小时、四十分钟，长则一个多小时。年轻人肚子饿极了，但又不好意思说。等散了会彭桓武才会惊讶地发现：又晚了！于是他一定会说："走，我请你们下饭馆——菜根香！"

彭桓武是单身汉（他到43岁才结婚！），工资又高，因此比谁都逍遥自在，他常请王淦昌、黄祖洽和一些朋友下饭馆吃饭，而附近"菜根香"的"滑熘里脊"是他最喜欢也经常享用的一道菜。

彭桓武在一次会上为自己总结一条缺点：喜物恶人。但他从来没想要纠正它。在他的认知世界里，只有"物"是实实在在的，不会欺骗他。

"彭桓武先生的小高炉"

1959年"大跃进"运动席卷全国。对其他的运动彭桓武多半认为是浪费时间，唯独对大炼钢铁例外。彭桓武积极参加大炼钢铁，那是发自内心的拥护和支持。

在彭桓武住的宿舍对门，他和同志们一起修建了一座炼钢铁的小高炉。他动员大家把家里的钢、铁废品都献出来，还带头从自己家里拿出铁铲、烧漏的锅等钢铁制品，在小高炉里"炼钢"。而且一反以往不参加公共活动的习惯，这时他只要一有空，就会主动到小高炉前忙着炼钢，以至于那段时间人们只要找不到他的时候，就会去小高炉，在那儿准能看到他正干得满面红光、汗流浃背。事后，只要有人提起这段岁月，便会说：

"宿舍对门的那座小高炉是彭桓武先生的。"

后来，彭桓武听说金属研究所所长李薰对这种"大炼钢铁"的运动提出批评，说这样干不对，这样炼钢铁既浪费资源又无法保证质量，对加速国民经济建设只会有百害而无一利。李薰是专门从事冶金研究的，彭桓武认为他的看法不会有错。此后，他炼钢的热情很快就冷却下去。

"两弹一星"的几位元勋（左起：王淦昌、彭桓武、朱光亚和于敏）

彭桓武为什么对大炼钢铁情有独钟呢？不大清楚。

找不到彭桓武了！

1961年，中国研制第一颗原子弹的艰难任务，落在了彭桓武、王淦昌、郭永怀、朱光亚、邓稼先等科学家身上。在西方各国严密封锁技术的情况下，参加者们在没有任何资料、没有条件进行试验也无法取得理论设计所必需的参数的情况下，开始了令人难以想象的艰巨研制工作。后来科学家们在理论设计上提出了A、B两个方案。

有一天，邓稼先在黑板上写着下午两点讨论A方案，几乎所有的高级专家都要到会。可是临到开会时间，彭桓武却失踪了！

这时彭桓武担任研究院副院长职务。如此重要的会议，他要求别人都到，独独他却不知去向，众人着急起来。难道他把这次讨论会给忘了？当然不会！

原来，在开会前不久他若有所思地在马路上一边散步，一边咬着油条，民警盯上了他。他身上那件油渍斑斑的中山装和中山装口袋里露着的几张大面额钞票,引起了民警的警觉。这位对工作极端负责的民警很有礼貌地请他到附近的派出所去喝一杯茶。

彭桓武只干咬了两根油条,没喝一口水,此时正口渴,因此很感激这位同志的好心。在派出所里民警同志与他唠起家常:哪里人？家住哪？干什么工作的？到这里来干什么？……

直到墙上的挂钟响过了两下,彭桓武才觉察已经到了上班的时间,这时他才着急地说：

"对不起了,我要赶快回去参加讨论会。"

民警同志却不着急："请问你在哪个单位工作？把证件给我看看。"

彭桓武一摸口袋,证件在另一套衣服里,没带！正在这时电话铃响了。原来,有人得到消息彭桓武被带到派出所来了,因此赶紧给派出所打电话解释情况。民警放下电话,直说对不起。

不过,在后来的"文化大革命"中钱三强等许多人受苦受难之时,造反派却很有一些看不上彭桓武那副窝囊样和糊涂相,所以在挚友钱三强脖子上挂着"反动学术权威"的黑牌子挨批斗的时候,彭桓武没有被揪上台受批斗或者陪斗。

这也算是不幸中的万幸？

"回国不需要理由！"

改革开放后,北京一家大报的一位见习记者希望采访彭桓武,然后向社会宣传这位功勋卓著的物理学家。有一天,记者得到了难得的采访机会。在采访时,这位见习记者向他提出的第一个问题是：

"当年您为什么回国？"

这个问题在20世纪七八十年代是一个很时髦的话题。十年内乱后,国人由于不满于穷困和封闭的生活,不少人纷纷跑往外国,许多学子到了海外就一去不返。一些不十分了解中国近代史的青年人,对当年放弃国外优越生活和科研条件,毅然回到贫穷落后的祖国的老一辈科学家们的行为不太理解,不明白当年他们为了什么回国,而且回国以后又有很多人受到不公正的待遇。这位见习记者在采访前也了解彭桓武的情况,知道他回国以后也同样受到很多不公正的对待。所以她觉得问这个问题很自然。

彭桓武的传记《彭桓武》书影

然而没有想到的是,彭桓武一听这个问题就生气了。他颇有一些气愤地说:

"你这个问题的提法不对!回国不需要理由,不回国才需要理由!学成归国是每一个海外学子应该做的,学成而不回国报效国家,才需要说说为什么不回来。"

记者一时有一些尴尬。但是,她也觉得彭桓武的回答犹如醍醐灌顶,一下子让她明白了许多事理。彭桓武的回答,真是最好的回答!

矢志不渝唐敖庆

唐敖庆(1915—2008),江苏宜兴人,中国理论化学家,中国科学院院士。在物质结构配位研究领域取得重大成果,获得了1982年国家自然科学一等奖。

中国理论化学家唐敖庆

"我的课想请您代劳"

抗战胜利后,国民党政府派曾昭抡、华罗庚和吴大猷三位教授,各带两名助手到美国考察和学习原子能科学。曾昭抡决定让唐敖庆作他的一位助手;吴大猷选了李政道和朱光亚;华罗庚的助手之一是孙本旺。

到了美国以后,唐敖庆由曾昭抡教授推荐,到哥伦比亚大学研究生院攻读博士学位,导师是化学系的哈弗尔德教授。

不久,哈弗尔德听说唐敖庆除了听化学系的课,还忙于听数学系的课,不免有点吃惊,因为当时理论化学还未展开,搞化学的很少有人去关心数学,而是忙于在实验室里作观察。有一天,哈弗尔德找到唐敖庆,问:

"唐先生,听说你在听两个系的课?"

"是的,教授,"唐敖庆很尊敬哈弗尔德教授,因此回答时很谨慎,"我想同时拿两个学位。"

啊!哈弗尔德吃了一惊,他看了一眼唐敖庆,见这位年轻的中国人诚挚、坚毅,他知道这是一位大可造就的人才。他赞赏地点了点头,并关心地嘱咐:

"你可要注意身体啊!"

正当唐敖庆在化学和数学两个王国里展翅翱翔时,他的眼睛出了问题。他的眼睛本来就高度近视,戴的眼镜已经到了1000度以上。现在,由于用功过度,他坐在第一排仍然看不清黑板上写的字。医生也警告他,再不注意就会引起失明的严重后果。

怎么办呢?强者在困难面前总是有办法的,也绝不会退缩。《西游记》(这是唐敖庆很喜欢看的一本古典名著)上不是说过吗,"山高自有客行路,水深自有渡船人"。唐敖庆想,眼睛视力不好,那就训练记忆力,以此弥补视力不足所造成的困难。于是他上课时专心听讲,把教授讲的内容强记在脑子里,课后再根据记忆加以整理,记在笔记本上。这种新方法,虽是在无可奈何的情形下逼出来的,但却给他带来了意想不到的收获:他不仅课听得更好,而且还训练出了惊人的记忆力。这种强记的本领,直到他老年时仍不衰退。

第一年学习结束了,唐敖庆的汗水没有白流,他每门功课都独占鳌头,并因此获得了哥伦比亚大学的"荣誉奖学金"。这种奖学金每一万人才评上一个,整个哥伦比亚大学只有三个人评得上,而唐敖庆只来了一年就评上了,这是何等的不容易啊!要知道他除了视力不好的困难以外,还要克服初来乍到时的语言障碍。

在这段学习时期,还有一个令人不能忘怀的插曲。有一天,哈弗尔德教授把唐敖庆请到他的办公室里,很亲切地对他说:"唐先生,真抱歉,有一件事想麻烦您一下。"

唐敖庆有点奇怪:"什么事?教授,我尽力而为。"

"我明天要到外地去讲学,我的课想请您代劳。"

唐敖庆犹豫了一下,问:"教授,我能行吗?"

哈弗尔德教授说："我相信您一定能行！"

让中国的留学生代教授上课，这还真是新鲜事。消息不胫而走，很多学生知道了这桩新闻，一时大家议论纷纷。有的说他的确很不错，代几节课那是小菜一碟，没问题；有些抱有怀疑、忌妒心的同学，则想看一看这位高度近视的中国留学生在课堂上出洋相。

结果那一次讲课，受到学生热烈的好评，那些想看笑话的同学们，也不得不承认唐敖庆是一位非常优秀的学生！

"我们是中国人，要写出中国人的水平！"

孙家钟是 1952 年来到吉林大学的，那时他只有 23 岁。当时他听说化学系有一位外号叫"圣人"的唐敖庆，从北京大学调来，才华出众、教学认真，于是慕名来到吉林大学化学系。后来留校工作，因没有多少教学任务，竟成了唐敖庆的"业余"研究生。唐敖庆给他布置的第一部阅读资料，就是意大利著名物理学家费米的《热力学》，还让他去物理系、数学系听课。

有一次孙家钟有事不能去数学系听课，唐敖庆说："我去听，回来我给你补上。"过后，唐敖庆果然将几页听课笔记交给了孙家钟。

孙家钟在唐敖庆的指导下，撰写的第一篇学术论文是《分子的平均链长》。这篇论文于 1960 年寄给《物理学报》，编辑部决定发表。唐敖庆在北京知道这事后，从编辑部取回这篇论文，再一次仔细阅读后又带回长春，要孙家钟再作修改。孙家钟当时年轻，有些不悦的表情。唐敖庆十分严厉地说：

"我们是中国人，要写出中国人的水平！"

"不搞要误大事的！"

1979 年，在日本举行的第三届国际量子化学会议上，孙家钟、江元生两位教授将他们集体研究的成果《配位场理论方法》带到会议上去时，在座的人还没等孙、江分发资料，就把资料一抢而空。参加会议的学者看了他们的论文后，在高度赞赏之余，都不敢相信这项具有高度创造性的研究成果，竟然早在 14 年之前就在中国完成了。

国际量子化学研究会主席卢丁教授在 1979 年访问中国时，激动地称唐敖庆为"中国的量子化学之父"。唐敖庆觉得这种赞誉太过分了。他对学生说:"我的工作都是在国内做的。在国内做的工作,主要应听国内专家的评价。"

尽管唐敖庆的研究工作硕果累累,他的年龄也很大了,但他仍然时刻把眼光盯在理论化学研究的国际前沿和国内薄弱环节上,从不放松开创性的研究工作。他曾说:

"我常想,有的老科学家一生都很出色,可是往往遇上了什么刺激就不能从事科研工作了。这是很可悲的。我坚持不懈地工作,就是想用勤奋来保持大脑永不衰退,思维能力永不衰退……所以我不会遇到这种情况。"

这句话一点不假。当他正在向配位场理论发动攻势时,"文化大革命"爆发了,他同样遭到了厄运。在扑朔迷离的政治动乱中,唐敖庆真是一筹莫展,迷惑不解,与他相敬如宾的妻子劝他:

"你身体都这个样子了,研究工作放一段再搞吧。"

他大声回答妻子说:"怎么能不搞呢?不搞要误大事的!"

妻子听了大吃一惊,因为他很少对她大声说话,但是她很快了解唐敖庆心中隐藏的苦楚,就开始支持丈夫的工作了。

爱好广泛的胡宁

胡宁（1916—1997），1916年出生于江苏省宿迁县。理论物理学家，中国科学院院士。自1952年起，长期担任中国科学院原子能研究所和理论物理研究所的研究员。

转学清华

1934年的秋天，胡宁进入浙江大学物理系学习，第二年浙大因为闹学潮停课，胡宁就转学到清华大学。但是，入学清华的考试却让他受到一次重大的挫折。这在1996年出版的胡宁《自述》中有记载：

> 我是到北京报考清华转学的，考试前我们到清华观光，看到很多漂亮的洋楼，后来就参加了转学考试。在国文试题中，有一道作文题，要我们畅想一下考进清华大学后的生活。我在作文中表现出不赞成学生过贵族式的生活的意思。在我被清华大学录取入学后，系主任吴有训先生告诉我说，我的国文考试只得了25分，要我选一门中文系的课。我对国文阅卷人给我如此少的考分感到委屈，至今还认为做作文就应当写自己真正的思想观点。我从小学起就喜欢作文，经常受到老师的夸奖；尽管如此，我仍很乐意地选了朱自清先生的"宋诗"。吴先生也很高兴。朱自清是当时有名的文学家，能够听他的课，得益不浅。

转学清华大学的考试中，国文科目意外地得了这么低的分数，这也许是胡宁学习中受到的头一次重大挫折，情绪上可能有一些波动。但是由他后来写的诗词看来，他的国文功底应该很厚实，入学考试只得25分也许真的"委

《我的导师周培源先生》

青年胡宁

1938年，毕业后留校担任助教，并随周培源先生从事研究工作。这年由周培源教授给他们讲"流体力学"。正是从这门课开始，胡宁才走上了理论物理研究的道路。胡宁自己后来也成为一位国际上颇有名气的理论物理学家，但是他从来没有忘记恩师周培源教授。他在《我的导师周培源先生》一文中，记下了他们师生之间亲密无间的关系，至今读起来还让人感动不已：

1935年，我由浙江大学转学到清华大学物理系二年级。记得首次上周先生的中级力学课时，同班王天眷在班上开了一个玩笑，虽已记不得玩笑的内容，但记得引起全班的笑声。周先生一面看着名单点名，一面微笑，同样欣赏着王天眷的幽默。这给我很深的印象，以前从来没有看到过别的老师这样和同学亲密无间。……

我们班初到昆明的时候，又是王天眷建议去看望周先生及与他同住的任之恭先生，并希望在他们家吃饭。由他执笔写信，我们几个人签了名。王天眷虽然是学物理的，但通晓古文诗词，同时也是一位诗人，信中说要到他们家"一扰郇厨"[①]。结果我们在那里做客一天，并由两位师母准备了便宴。后来我又去周先生家，看见周先生家有一副对联，上款写着周先生是标准爸爸。当时周先生有两个女儿——周如枚、周如雁，现在另外两个女儿周如玲和周如苹并不在内，因为当时她们还没有出生。从这副对联和我后来的观察看出，周先生是非常爱他的孩子们和家庭的。

---

① 郇（huán，姓）厨，唐代韦陟（zhì）袭封郇国公，生活奢侈，讲究饮食，故称美食为"郇厨"。
　　——原书注

由这段回忆可以看出胡宁是如何尊敬师长的,而老一辈科学家的情怀也跃然纸上。

导师泡利

1941年2月,胡宁考取清华留美公费生。8月到美国加州理工学院师从艾普斯坦教授。两年后获得理学博士学位。

1943年到1945年,胡宁到普林斯顿高等研究所做博士后,这时的导师是鼎鼎有名的理论物理学家泡利,1945年泡利因为对量子力学的贡献获得诺贝尔物理学奖。

泡利和他的学生。左起:胡宁、洛佩斯、泡利、姚赫

非常幸运的是,查理斯·因兹(Charles P. Enz)在他写的泡利传记《没时间说得更简单:沃尔夫冈·泡利科学传记》(No Time to be Brief: A Scientific Biography of Wolfgang Pauli)中,有一张照片是泡利在普林斯顿的时候与他的三名学生的合影,其中有胡宁。看样子是,泡利刚刚讲了几句风趣的话语,大家都笑眯眯的望着泡利。泡利是物理学大师,他的兴趣广泛,活跃好动,还特别喜欢开玩笑。与此同时,泡利也是以"严厉的批评者"著称的,有人给他取了一个绰号"上帝的鞭子",可见他有多么厉害!只要他有不同的意见,不管对方是什么人,也不论是私下交谈还是公开讨论,他都会马上以尖刻、犀利的语言一吐为快。

开始，胡宁很可能不怎么适应泡利的这种不留情面、严格要求的作风，因此泡利对他也并不怎么看好，在1944年8月17日写给姚赫的信里甚至说："胡（宁）仅仅会做数值计算。我很想把他甩掉，可又不知道把他送到什么地方去。"

好在后来泡利改变了这种态度，他看到了胡宁理论研究的能力，因而对他加以赏识——邀请胡宁与他合作写了一篇重要的论文。

泡利是一位高明的老师，这明显表现在他对研究生的指引上。胡宁在普林斯顿跟着他做了两三篇关于基本粒子方面的论文之后，泡利又出乎意料地让胡宁在广义相对论的一个新方向上开展研究，而这个方向连爱因斯坦都没有研究出结果来。胡宁那时在相对论研究方面可以说是一名新手，而泡利除了早年发表过有关相对论的著作以外，后来在这方面也并没有做多少研究。那么年轻的胡宁能够在这个问题上取得进展吗？泡利把这样重要和艰难的课题给胡宁去做，可以看出泡利在与胡宁一年多时间的接触里，已经洞察胡宁还具有没有挖掘出来的潜力。而胡宁也没有辜负泡利的期望，在广义相对论方面做出了重要的贡献——从理论上证实引力波不仅存在而且可以测出来，还写了一本理论物理学的专著《广义相对论和引力场理论》。

《广义相对论和引力场理论》书影

可见泡利真是一位知人善任的伯乐。胡宁正是在泡利这位严格要求的大师指导之下，获得了一生受用不尽的教益。事实上，能够得到泡利这样的理论物理学大师的直接指导，正是胡宁成长的关键一步。

"严师出高徒"，这句话真是没有错！

讲课生动有趣，又为什么叹气？

胡宁的研究生王佩曾经回忆说：

"胡先生教课概念讲得很生动……给我们上流体力学课时，为说明涡流的效应,他带来一个方形的纸盒,前方挖了一个圆形的孔洞。让一位抽烟的同学吸了一口烟,吐入盒中,然后用指头弹击纸盒,孔洞中就会喷出一个烟圈。如若连弹两下,后面那个烟圈会跑得比前面的快,并且从前面的那个已经扩大的烟圈中间钻出来。

"读研究生期间,胡先生还给我们讲过一个'沙漠中捉老虎'的故事。大意是:数学家说将沙漠一分为二,则老虎必定在其中一边,再将它划成两块,如此细分下去,最后一定会逮住老虎。分析化学家则主张将沙子和老虎都放在筛子上,漏下去的是沙子,留下来的就是老虎。物理学家认为只要在沙漠中放一个笼子,则老虎总有一定的概率跑进笼子里去。"

由这两个事例可以想见,胡宁讲课思维活跃、概念透彻、眼界开阔和联想丰富。虽然他在黑板上写公式的时候,有时会写错一个正负号或者一个 2π 因子,但他反复讲解的基本思想和物理思考才是讲课真正的精华所在,而那些生动的阐述是在任何一本教科书里也读不到的。

有一次,胡宁在给研究生班的学生讲广义相对论时,讲到与广义相对论有关的恒等式的时候,他在黑板上写了一次,没有写对;第二次重写,仍然不对。无奈之下他只好翻在课桌上的笔记本,一边翻还一边叹口气说:

"咳,我年轻的时候可是一下子就写出来了。"

这句话引得同学们哄堂大笑。

"是否把我的文章说得过分重要了?"

1993 年,两位美国物理学家泰勒(J. H. Taylor,1941—)和赫尔斯(R. A. Hulse,1950—)通过对射电脉冲双星 PSR B1913+16 的发现和长期观察,从所测定的双星周期变化率取得了引力辐射存在的证据。由于引力波的直接检测至今未获成功,所以这个间接检验就成为引力波的第一个证据。他们的这项成果获得了 1993 年诺贝尔物理学奖。应该说,这一发现结束了关于引力波是否真实存在的这一争论。

1994 年,国内多家物理学期刊登载了报道和介绍 1993 年诺贝尔物理学奖的文章,但是没有一篇提到胡先生最早在理论上,对双星系统的引力辐射阻尼效应做出定量的预言。鉴于这个情况,胡宁的一个研究生——中山大学的关洪教授,写了一篇介绍胡先生在这方面贡献的文章。在稿子已经通过审

《胡宁传》书影

阅程序之后,编辑部为了慎重起见,把它转给胡宁过目。胡宁看到稿子后,写了一封信给关洪说:"是否把我的文章说得过分重要了?"

关洪在回信中把美国物理学家牟尔1983写的一篇文章抄送给胡先生,牟尔在文章里写道:

"……从胡宁1947年的开创性工作开始,许多作者尝试在靠引力结合的物质系统的运动方程中计入引力传播的效应,希望由此在引力场场源的运动里得出某种辐射的反作用。"

关洪在信里还写道:"国外的专家都这样讲了,我们自己为什么不说?"

结果,胡先生自己去图书馆把那本外文书借来看过,方才点头同意发表。

胡宁的诗和画

胡宁不仅仅是一位著名的理论物理学家,而且正如他的夫人关娴所说:

"他虽然是位理论物理学家,但是兴趣非常广泛。他喜欢亲自动手制作或修理一些小东西,还喜爱绘画、作诗。他对运动也是非常喜欢的,年轻时滑过雪,后来就常常夏天游泳冬天溜冰。另外他对于京剧和古典音乐都是比较爱好的。"

下面我们从关洪教授写的《胡宁传》里,选一些胡宁在不同时期写的诗和画的画供读者欣赏。

胡宁和彭桓武教授两人在都柏林相遇,以后一直到回国之后结成了终生的挚友。这有两人在1995年唱和的诗作为证:

致桓武

胡宁（1995年）

都柏林城始识君,青山绿水共寻春;
路边小馆列茶盏,岭上黄花坐海云。
自谓冰怀疏雨露,却缘悼偶见情贞[①]。
樱林红叶玉渊水,莫负来年再度新。

和胡宁

彭桓武（1995年5月7日）

异国郊游倍觉亲,返乡研教半同寅[②];
羡君镇定深钻场,笑我飘浮广问津。
年老担轻逢聚会[③],樱林潭水共舒神;
周师引力新观点[④],相与推敲冀得真。

异国郊游。后排左起:胡宁、莫蕾特、彭桓武

[①] 彭桓武夫人于1977年去世。
[②] 彭先生出生于1915年10月,胡先生出生于1916年2月,两人生辰只差不到六个月,故有"半同寅"之说。
[③] "聚会"指参加北京大学物理系当日为胡先生八十寿辰而举行的庆祝会。
[④] "周师"指两人共同的老师周培源先生。

"文化大革命"结束后,胡宁心情大好,在几次物理学会议上,兴奋地填过几首词。一首是1978年10月在桂林举行的微观物理学思想史讨论会上:

浣溪沙仄韵·桂林盛会

（1978年10月）

桥跨青罗上翠岫,
城拥碧玉入烟柳,
人间痛饮桂花酒。

秋锁漓江九月九,
哲人盛会未前有,
微观在握推牛斗。

胡宁绘画之一 　　　　　　　　胡宁绘画之二

1980年1月,胡宁参加了在从化温泉举行的广州粒子物理讨论会,出席会议的除了国内的物理学家之外,还有来自世界各地的众多华裔物理学家。胡宁又发了诗兴填了一首词:

浣溪沙·广州盛会

（1980年1月）

神仙齐下白云巅，
细论玄关亿亿年，
绘就彩图三色圆。①

忽忆凡境尚留根，
相约归来形自翩，
遗我玉匣书万言。

在这两首词里，胡宁都以奇特美妙的诗句，描绘了物质微观结构的意境。

---

① "三色圆"则指基本粒子的SU（3）内部对称性。

风云人生叶笃正

叶笃正(1916—2013)，气象学家，中国科学院院士。1916年出生于天津市。1948年在美国芝加哥大学获博士学位。曾任中国气象学会名誉理事长，受聘为芬兰科学院外籍院士、英国皇家气象学会荣誉会员。2006年获得2005年度国家最高科学技术奖。

收监和"等着被开除吧"

年轻时的叶笃正

1916年2月21日，叶笃正出生在天津一位叶姓的大户人家，是这个大家庭的第七个男孩子。他的父亲叶崇质根据《礼记·中庸》中"博学之，审问之，慎思之，明辨之，笃行之"的教诲，给这个男孩取名叶笃正，希望他长大以后做个诚实笃行的人。

1930年，叶笃正考入天津南开中学。同学们发现叶笃正不很活泼，性格内向、不爱说话并只对学习有兴趣，似乎是一个典型的"书呆子"。但是，这期间发生的两件事情，又似乎与"书呆子"不完全符合。

一是有一次他与同学们到山东省做社会调查时，与省政府门前的卫兵吵起来，还几乎动起手。这是为什么呢？原来是他和同学们偶然经过省政府门前时，看见几个卫兵因为不让一位年迈体弱的老人在附近摆地摊，居然对这位老人拳脚相加，打得老人在地上一边打滚，一边苦苦哀求不要继续打，但是卫兵还是不肯罢休。路过的叶笃正实在看不下去，要冲上前去与卫兵们理论一番。同学们拉住他，劝他千万别惹事。但是，血气方刚的叶笃正说：

"我没有看见就罢了，既然看见就不能不管！"

结果他与卫兵吵起来了。卫兵见一个柔弱书生居然敢管教他们,气就不打一处来,三下两下就把叶笃正绑起来送到了警署,关到阴森潮湿的监狱里。后来好不容易才保释出狱。他的这一举动,让大家看到这个"书呆子"不仅不呆,还满身正气!

还有一件事发生在1931年10月。这年9月18日晚,日本人发动了震惊中外的九一八事变。10月,在天津举行华北运动会。在开幕式上,南开大学和南开中学组织了庞大的拉拉队,数百人整队坐在主席台对面斜坡看台上,用黑色和白色方巾布旗,组编成"勿忘国耻""勿忘东北""收复失地"等标语,表达南开师生的抗日情绪,有的同学还现场散发了抗日传单。在主席台上就座的日本领事,当场提出抗议,担任大会总指挥的校长张伯苓先生当即予以拒绝,说群众活动无法干预。日本领事遂通过该国政府向南京政府进行交涉,南京政府教育部电令张伯苓对学生们进行约束,避免事态扩大。张伯苓便把拉拉队负责人找来,对学生们说:

"你们这件事办得讨厌,讨厌得好,希望你们以后继续这么讨厌!"

学生们心领神会,知道校长是支持他们的爱国行动的,更加坚定了抗日信念。年轻的叶笃正自然也投入其中。

张伯苓先生虽然支持学生们的抗日行动和爱国思想,但出于对学生人身安全负责的考虑,他不希望学生到校外去游行示威,以避免无谓的牺牲。张伯苓先生认为,游行、示威、请愿不能解决什么问题,而一旦学生被打、被抓了之后,就会成为学校的问题,学校还得去营救他们。所以,他严格限制学生出去游行。

可是年轻气盛、爱国热情高涨的学生们却没有想那么多,他们也不理解校长的苦心,没有考虑事情后果会怎么样。他们决定集体到校长室去请愿,要求上街游行请愿,叶笃正当然也在其中。

校长室里同学们情绪激动,据理力争。可是争来争去,却不知什么原因,同学们一个个都走了,最后就只剩下一个叶笃正还在校长室里待着,死也不肯走。叶笃正的过激行为终于激怒了一向温和的张伯苓校长。张伯苓气得直拍桌子:

"我从事教育这么多年,还从来没见到过像你这么不明事理、不知好歹的学生。这样的学生我教不了,也管不了了,你就等着被开除吧!"

后来幸亏老师们说情，对校长说这个学生功课如何如何好，不能就这样开除，这才使叶笃正免去开除的处分。

由这两件事可以看出，从少年时期开始，叶笃正就有一种坚持、执着的精神。只要他认为自己是对的，真理在自己手中，他就一定坚持到底，绝不回头。这种精神以后用在学习和科学研究上，就成为一种了不起的精神品质。

为回到祖国而奔走

1948年，叶笃正获得美国芝加哥大学的气象学博士学位。毕业后他就留在芝加哥大学，在导师卡尔-古斯塔夫·罗斯贝（Carl-Gustaf Rossby，1898—1957年）的研究室里做研究助理，继续从事气象学研究，成为以罗斯贝为代表的芝加哥气象学学派的主要成员之一。

当时在世界上能够称为气象学学派的只有两个，一个是以皮耶克尼斯（Jacob Aall Bonnevie Bjerknes，1897—1975）父子为首的挪威学派，再一个就是芝加哥大学学派。到1951年，叶笃正完成两篇重要的学术论文以后，在世界上任何一个地方，只要提到芝加哥学派的叶笃正，学者都会跷起大拇指称赞不已。

1948年，叶笃正获得博士学位

随着叶笃正学术地位的不断提升，美国乃至世界气象界都开始注意到他，许多科研机构都想以高薪聘请他，他都一一拒绝了。

1949年新中国成立以后，叶笃正想到这正是新中国正需要他的时候，因此心中只有一个想法：回到祖国去建设新中国，用学到的科学知识报效祖国。

但是他的想法不仅得不到同事们的理解，而且他在办理回国手续时，还屡屡受到阻碍，每一次申请签证都遭到拒绝。有一次他忽然想到，他可以办理到香港的签证，然后从那儿回国。没有想到的是，英国领事馆也拒绝给他办理去香港的签证。叶笃正气愤地质问：

"为什么？我为什么不能去香港？"

"这个……你得去问美国国务院。"

叶笃正一听气坏了,便质问:"你们是独立的国家,又不是美国的附属国,为什么要我去问美国国务院?"

英国官员理亏,只好说:"这个我管不了,反正就是不能给你发签证。"

叶笃正没有办法了,心里想:"或许罗斯贝教授会有办法。对,去求罗斯贝教授,他会帮我的!"

想到这里,叶笃正到研究室找到罗斯贝教授。他把自己想回国的想法告诉罗斯贝以后,说:"教授,我真心希望我的想法能得到您的认可和支持,我更期待您的帮助。"

《风云人生:叶笃正传》书影

罗斯贝被叶笃正的话深深地打动了:"我支持你。这样好了,我先帮你弄到去瑞典的签证,你可以先到瑞典去。在那里待上一段时间,然后从瑞典回到中国。"

罗斯贝接着说:"许多科研机构的人都认为我会说服你留下来。没想到我不但没有说服你,反而被你给说服了。好好努力吧,相信总有一天你会成为世界上最优秀的科学家。"

后来,归心似箭的叶笃正并没有等到获得签证的这一天。因为与罗斯贝教授谈话后不久,他听说有一条船要在香港靠岸,允许中国学者乘坐。于是,他匆匆辞别了恩师罗斯贝,连夜收拾行装回国了。

1950年8月27日,叶笃正和很多怀着同样的爱国情怀的海外学子们一起登上"威尔逊总统"号,踏上了归国的旅程。

这一年,叶笃正34岁。

喜欢武侠小说

有一个词,叫做"呼风唤雨",多用于形容那些行走于江湖、出没于山林,身手不凡的"侠客"。金庸小说中不乏这样的人物,他们一腔热血、满身武艺、铁骨柔肠。

恰好人们也常常用"呼风唤雨"来形容气象学家。观天象、识云气、寻规律、预报气象,这就是气象学家干的事情。其中不正好有"大侠"的气韵和情结吗？

正如王舒在他写的《风云人生：叶笃正传》里说的一样：

"巧得很，治学严谨的'大侠'叶笃正，在业余时间恰恰喜欢阅读武侠小说，金庸和梁羽生的作品是他的最爱。欣赏武侠小说，领略侠者风范，抛开科学家的身份，把自己置身于离奇惊险的侠客处境中，一路刀光剑影、九死一生，真是乐趣无穷。"

叶笃正以前的学生黄刚认为，叶老喜欢读武侠小说，是因为叶老一直有大侠情结，他的心里常有普救天下众生、为国为民的情怀。

叶笃正对自己为什么喜欢武侠小说，这样解释说：

> 脑子必须用，否则会生锈，如果绷得太紧了，弦就要断，因此要张弛有度。……（读武侠小说）一来可以松懈一下脑子，二来也受启发，我特别欣赏武侠小说里绝路逢生的情节。某些侠客，比如你以为他已经死了，却忽然一下子又出来了，真是绝处逢生。做科研工作也常常如此，想了半天，觉得不行了，却又柳暗花明，冒出灵感的火花。这对我很有启发，我做研究想问题，就经常会绝路逢生。

放眼"全球变化"

中国在国际大气科学方面占有一席之地的几个研究方向，大都与叶笃正的学术贡献有着密不可分的关系。叶笃正一直从事旨在充分利用全球变暖的正面效应降低其负面效应的研究，并在2003年首次提出了"有序人类活动"的概念：人类无节制的活动可以导致气候变化，而气候变化又牵制了人类的活动，这样彼此的交叉互动，会把人类带入一个无法返回的困境；人类必须限制自己的行动，走可持续发展的道路。

于是，叶笃正使中国的气候研究走进了一个大的系统工程，这个系统工程涉及政治、经济、外交等方方面面。建立青藏高原气象学；发现大气环流的突变；提出大气能量频散理论；倡导与可持续发展相联系的全球变化研究和人类有序活动对全球变化影响的适应……由于这些卓越的成就，2003年世界气象组织将第48届世界气象组织最高奖——国际气象组织奖(IMO)授予了叶笃正。

叶先生不仅在学术领域成为佼佼者,还培养了一批又一批的气象学家。中国科学院院士曾庆存、周秀骥、巢纪平、黄荣辉、吴国雄、李崇银等都是他的学生或者接受过他的指导。"文革"前,他培养了七名研究生,1978年以后,他又培养了二十多名博士,十多名硕士。他学风严谨,提倡理论联系实际,勇于探索、敢于从理论上突破和创新等,这已成为中国气象学界的优良传统。

叶笃正曾说:"我喜欢敢于和我对话的学生。他应该有自己的见解,敢和我说'不',敢于向权威挑战。我的学生超过我,我才有成功的感受。"

中国"核司令"程开甲

程开甲(1918—2018),1918年出生于江苏吴江,核武器技术专家,中国科学院院士,"两弹一星"元勋。

从"年年老板"到浙江大学公费生

1947年,程开甲与失散20年的母亲董云峰在上海重逢

程开甲虽然是程家爷爷唯一的孙子(孙女有六个),是爷爷盼望多年的"开甲",但是爷爷在开甲出生前去世,最终没有见到孙子。照说程开甲在程家是"独苗",应该是被当作宝贝一样非常宝贵,但事情并非如此。这是因为程开甲的妈妈董云峰原来是程家的一个丫环,在程家地位低下;再加上程开甲的父亲在他7岁时去世,董云峰在程家备受轻侮,成了多余的人。后来她实在不愿意在程家忍受羞辱,就于1927年离开了程家。这时程开甲年仅9岁。妈妈离开时给儿子洗了一个澡,换上干净的衣服,还给儿子留下20个铜板。

母亲走后,程开甲变成了一个无依无靠、没人管教的孩子。大妈始终不喜欢他,因此全家人对他也就冷眼相看,连奶妈都骂他是个"落货"(即没人管的意思)。可怜他小小年纪就遭受如此不堪的打击,性情开始慢慢地变得有些怪僻。一方面是自卑、胆怯,另一方面则倔强、反叛和胆大包天。

他到了读书的年龄以后,家里将他送进小学读书。但是在学校里他除了玩,还是玩,根本不读书。仅仅在小学二年级,他就连续留级留了三年,因此同学们都嘲笑他"年年老板"。

由于在这所小学的名声不好,家人只好将他转学到另一个小学读三年级。没想到他在这里更加顽劣,有一天竟胆大到偷偷地拿家里的钱,一个人跑到了上海,失踪了好几天。钱花光了,就风餐露宿。最后他实在是饥饿难忍,才找到上海二姐的家。家人得到消息后,立即让大姐把他"押运"回家。

一回家,大妈气急败坏、怒气冲天,让他跪到父亲的灵位前,当着程家列祖列宗的灵牌,用木棍狠狠地将他痛打一顿。在程开甲的记忆中,这是大妈对自己惩戒最严厉的一次,也是破天荒的第一次。

没想到这一跑,加上这一打,程开甲却因祸得福。

这是因为程开甲离家出走,程家上下着实震动起来。首先是大妈,她前思后想,不管自己如何不喜欢他、嫌弃他,但是他毕竟是程家的一根独苗,万一有个三长两短,她自己就是程家的罪人。面对着祖宗、公公和丈夫的遗像,她开始感到恐惧、惭愧,她觉得公公、丈夫都在责骂她,列祖列宗也在无言地鞭答她。这么一反思,她认识到不能再像以前那样对程开甲不闻不问,不理不睬了,她必需承担起做母亲的责任和义务。感受到震惊的还有五姐,她是一个教师,觉得自己身为教师应该更多地关心弟弟的学业。凭着职业的敏感,她深知弟弟的天资不低,只要耐心调教,是能够把这匹野马训练成一乘良驹的。

五姐想得没有错,程开甲在有了家庭的温暖和姐姐的关爱以后,他开始认真读书,用心学习了。

1931年,程开甲小学毕业,考取了当地最好的中学——嘉兴市秀州中学。1937年中学毕业,他以优秀的成绩考取了浙江大学的公费生。公费生是浙江大学给予极少数凤毛麟角考生的一种奖励。考上公费生的同学每学期可以从学校领取100元的资助。按照当时的物价水平,有了这笔资助,大学四年的基本生活开销是不用家里出钱的。

当程开甲把浙江大学录取通知书摆到大妈面前的时候,大妈分外高兴,立即拉着他来到祖宗的牌位前上香,连叩三拜,边拜边对着丈夫和公公的牌位告慰道:开甲未负"开甲"之名,实现了程家几代人的夙愿。拜完祖宗,她喜笑颜开地拿着通知书,走东家串西家,把这一喜讯告遍邻里乡亲。一来这是程家的光荣,二来开甲考上公费生,也给她免去了不小的经济压力。

在乡亲们的一片祝福声中,程开甲于1937年秋来到浙江大学报到。穿上校方配发的统一制服,程开甲成了浙江大学物理系的一名学生。

传统婚姻

1941年,程开甲在束星北教授的指导下,以优秀的成绩毕业于浙江大学物理系。毕业后就留在浙大物理系,成为束星北教授的助教。

留校以后,程开甲为一件大事苦恼不已。在读大学的时候,由于战争的原因他与老家断了信息,以前在老家订下的一桩亲事也变得日益遥远而淡漠。大学三年级时,他与一个女同学由于经常在一起学习而来往甚密,虽然他们两人没有对他们之间的关系明说什么,但他们之间已经心心相印。

束星北教授把这一对年轻人的心事看在眼里,而且很为这对年轻人高兴。他认为这两个年轻人情投意合,将来又能在事业上互相扶持,实在是珠联璧合的一对,因此很想撮合他们。在一次与程开甲散步时,束先生直言不讳地挑明了这个话题。听完老师的话,程开甲既为老师对自己的关心而感动,又为老师揭开了他内心世界的秘密而陷入深深的困惑之中……老师的话讲完之后好久,程开甲都没有答话,低着头一声不吭,显得十分苦恼。

程开甲与夫人高耀珊

束教授关切地问:"难道其中还有什么难言之隐?"

面对老师的关怀,程开甲觉得应该把自己的苦恼说出来。他说,在高中时他已经在家乡与高家的姑娘高耀珊订了婚,由于战乱中断信件来往几年后,最近收到高耀珊几封来信和一张照片;而这时程开甲已经陷入另一

场爱情漩涡之中。所以这段时间他一直处于矛盾之中,不知道如何是好。最后他说:

"束先生,您帮我拿个主意吧!"

束星北教授事先没有想到程开甲会有这样一桩婚事,一时不知道说什么好。他点燃一根烟重重地吸了几口,半晌没有做声。最后,他长长地叹了口气,说:

"我不了解你以前的情况,既然这样,就算我刚才的话没说。但是你必须快刀斩乱麻,当机立断,割舍掉当前的这份感情,遵守婚约。毕竟咱们是中国人呀,中国人有中国人的传统,中国人有中国人的道德标准。"

束先生的话让程开甲沉思了很久。几天以后他给高耀珊回了一封信,除了谈谈自己当前的学习和生活情况之外,还明确地告诉她,毕业后他会回家把她接到身边来。

这年年底,程开甲兑现了他的诺言,回到家乡与高耀珊完了婚。

一切都是传统的——婚姻是传统的婚姻,婚礼是传统的婚礼。结婚之后,他们组成的家庭,也是中国典型的传统家庭。高耀珊文化程度不高,但有着东方女性特有的勤劳、大度和贤淑,她给予了程开甲无微不至的关怀和照顾,承担全部家务,保证程开甲能以全部的精力投身科学。谈起这桩婚姻,不但程开甲充满了幸福感,他的同事、朋友和老领导都说:

"程开甲事业的成功,与他成功的婚姻分不开。"

办完喜事,程开甲带着新媳妇返回学校。途经上海时,高耀珊机智地让束星北当上了他们的证婚人。对此,程开甲有一段深刻的记忆:

"我们刚到上海,我就听说,束先生也因母亲去世回到了上海。于是,我就与耀珊商量,要她到六姐家等我,我先到束先生家看看。没想到,她却大胆提出同我一起去。于是,我们一起去束先生家吊丧。束先生知道我们结婚了,对我们表示祝贺。这时,耀珊从包里掏出我们的结婚证来,恭恭敬敬地放到束先生的面前,请他在结婚证的证婚人处签上大名。当束先生工工整整地签上'束星北'三个字并盖上章后,她对我做了个鬼脸,笑得像个孩子,意思是对我说:'我们的婚姻有束先生签字盖章,看你以后怎么赖账。'这是我第一次领教夫人的精明。"

泡利无法评断谁对谁错

1946年，程开甲到英国爱丁堡大学学习，师从物理学大师玻恩，并因此成为德国物理学家海森伯（1932年获得诺贝尔物理学奖）和奥地利物理学家泡利（1945年获得诺贝尔物理学奖）的师兄弟，因为这两位物理学家也曾经是玻恩的学生。

有一年，在瑞士的一次会议上，程开甲与海森伯为了物理学的一个理论争吵起来，成为会议上一桩轶事。

程开甲获得博士学位时的留影

程开甲原本是想在英国继续从事基本粒子研究的，但是一个偶然的机会，他选择了超导理论研究作为自己的主攻方向。那是1946年底，爱丁堡大学邀请一位学者作关于超导实验的报告，这场报告引起了他对超导问题的兴趣。事后程开甲把所有超导元素和非超导元素进行归类，在动量空间画出它们各自的分布图。从画出的图中，他发现了一种分布规律。

玻恩看了程开甲画的图以后，觉得很有创意，也很有道理，于是鼓励他继续研究下去。从此，程开甲对超导问题的研究一发而不可收。短短几年间，他先后在英国、法国和苏联的一些高级学术杂志上相继发表了5篇关于超导的论文，篇篇都很有分量。就这样，他不但为自己开辟了一个较为前沿的研究方向，而且在超导理论研究领域里占得了一席之地。

1948年，物理学家们在瑞士苏黎世大学召开"低温超导国际学术会议"，程开甲和玻恩合写了一篇名为《论超导电性》的论文递交给大会。会议召开时，玻恩因故不能前往，于是他作为两人的代表在会上宣读了论文。恰巧海森伯也参加了这个会议，他听了程开甲的报告之后，不同意程开甲的意见，于是两人在会上争论起来。泡利恰好是大会主席，他听了两人的争论后觉得非常有趣，主动提出：

"你们争论，我来当裁判！"

但是泡利听了很久，觉得他们两人公说公有理，婆说婆有理，实在难以裁决，最后无奈地说：

"这裁判我实在当不了。你们师兄弟吵架,还是由玻恩来裁定吧。"

苏黎世会议结束前夕,程开甲到海森伯的住处向他告别。几天激烈的争论,海森伯虽然没能说服他,但海森伯渊博的知识、敏捷的思维以及宽广的学术胸怀,让他对这位师兄充满了敬意。海森伯也特别高兴,看到这位与自己一样对学术有着执著追求的异国师弟,他不但没有因为程开甲挑战自己而生气,相反,还加深了他与程开甲的同门之谊。从程开甲的身上,海森伯再一次看到了玻恩学生所共有的优秀风格——不迷信权威,只追求真理。

两桩憾事

程开甲有一次对记者说过:

"我的一生中有两桩憾事:一桩是轻易就放弃了对《弱相互作用需要205个质子质量的介子》的研究,造成了学术上的遗憾;另一桩就是未能在束星北教授的有生之年,当面向他恳请原谅,造成了个人情感上的遗憾。"

读者一定很想知道:这是什么样的两桩事让程开甲遗憾终生呢?先讲"学术上的"憾事。

那是1944年10月发生的事。这年10月25—26日,中国物理学会贵州分会与中国科学社在湄潭文庙联合举行年会。英国的李约瑟博士那时正在重庆,听说有这次会议,他立即携夫人及助手于22日专程从重庆赶来湄潭参加。这次会议盛况空前,一共收到论文80余篇,宣读论文30余篇。其中竺可桢校长演讲的《二十八宿的起源》,李约瑟博士的《科学与民主》《中国科学史与西方之比较观察》,钱宝琮教授的《中国古代数学发展之特点》等引起了热烈的讨论。程开甲也提交了一篇研究文章《弱相互作用需要205个质子质量的介子》。

这次会议给李约瑟博士带来了很大的震撼,他根本就没有想到,在这样艰苦的战争环境下,在这样一个穷乡僻壤的湄潭,居然还能看到如此浓厚的学术氛围,如此高水平的学术研究成果。按照原定计划,26日会议一结束他就应该在当日离开湄潭回重庆。但是由于没有想到的"盛况",使他一再把行程延后。浙江大学值得看的东西实在太多,他不但参观了数学、物理、农化等系,而且还到生物系与师生们一起讨论生物化学问题。直至29日,他才恋恋不舍地离开。回国后,李约瑟将自己在湄潭看到和了解到的浙江大学,通过演讲和杂志，向世界作了介绍，并称浙江大学是"东方剑桥"，可与牛津、哈佛相媲美。

也正是因为这次会议，程开甲认识了李约瑟博士。李约瑟离开湄潭的前一天，即28日，李约瑟参观完物理系以后，当时在浙大任教的王淦昌教授把程开甲叫到一边：

"李约瑟博士约我和你吃了晚饭后去见他，大概是看上了你提交大会的那篇论文。"

在与李约瑟博士见面时，李约瑟从桌上拿出程开甲的那篇论文，大加赞赏，并把自己昨夜动笔修改的地方与他们一起讨论。看到李约瑟博士对自己的这篇论文如此看重，程开甲大胆地向他提出请求，请他将这篇论文带给1933年获得诺贝尔物理学奖的狄拉克教授。

"OK！"李约瑟博士答应得十分爽快。

李约瑟博士没有食言，回国以后他就把程开甲的文章《弱相互作用需要205个质子质量的介子》转交给狄拉克教授。在这篇文章里，程开甲认为基本粒子世界里，还应该有一种新的基本粒子——介子，其质量从理论上计算应该是质子质量的205倍。狄拉克收到这篇论文后，亲自给程开甲写了回信。

遗憾的是，狄拉克教授对基本粒子的看法有些偏执，在信中他武断地认为："目前基本粒子已太多，不再需要更多的新粒子，更不需要重介子。"[①]

结果程开甲的这篇文章没有发表。当时狄拉克教授是物理学界的权威人物，而且在此前是他亲自将程开甲的另一篇论文——《对自由粒子的狄拉克方程推导》推荐给剑桥大学的《剑桥哲学杂志》上发表的，所以当时程开甲对狄拉克充满了敬意和感激。现在既然狄拉克亲自在回信里明确反对引入新的基本粒子，程开甲可能就认为自己的这一项研究没有意义，放弃了进一步的研究。

后来，20世纪70年代，他的这个重要研究成果被一个重要的实验所证实，这个实验证实基本粒子世界的确存在新的基本粒子，而且实验所测得的粒子质量与程开甲当年理论的计算值差距不大。这项成果于1979年获得了诺贝尔奖。程开甲就这样遗憾地与诺贝尔奖失之交臂。

[①] 可以说，程开甲很不幸。因为在当时狄拉克正是一位反对引入新粒子的物理学家。他发现的正电子就是因为他开始反对引入新粒子，而认为正电子就是质子，结果受到众多物理学家的反对才承认自己错了；但是此后很长一段时间里他仍然不愿意引入更多的新粒子。——本书作者注

第二件憾事是感情上的。

事情发生在1951年,那时正在进行知识分子的"思想改造运动"。这时束星北教授受到严厉的批判,而束星北又决不轻易承认自己有什么错误,对改造运动很是反感。于是学校领导对程开甲说:

"在这次思想改造运动中,你是一个思想进步较大的同志,但束星北可就不同了。他是我们的朋友还是我们的敌人,现在还说不清,你不能像过去那样同他亲密。"

程开甲听了这话以后,思想激烈斗争起来。一方面他清楚地记得,在1947年,浙江大学学生自治会主席于子三遭国民政府当局杀害,为抗议这一暴行,经束星北教授的倡议,浙江大学教授会通过决议,罢教一天,有力地支援了学生的民主斗争。再者说,束星北对程开甲曾经是那样地关心、栽培和爱护。现在要程开甲与他"划清界限",如何接受得了呢?可是,又一想:组织会有错吗?自己在国外的4年中,是不是束先生政治上确实出了问题呢?

没有多久,"思想改造运动"向深处发展,正面"交锋"开始了。程开甲从保护束星北教授的角度出发,想把大事化小,小事化了,所以在一次"交锋"会上,他以自己的方式批判了束星北教授的"旧思想":霸气、脾气不好、不能广泛地团结同志,等等。

束星北教授对其他人对自己的批判,早有心理准备。因为平日里,他的清高、孤傲、倔犟……的确得罪了不少人。但听到自己心爱的学生程开甲也站起来发言批评他时,他实在无法从积极的方面去理解这个学生的一片苦心。在他看来,程开甲的行为无异于"大逆不道"。性格倔强的束星北教授无法原谅程开甲的所作所为,因此在这次会议之后就不再理睬程开甲了。

程开甲看到自己对恩师造成的伤害如此之深,他内心时时隐隐作痛,但在当时的政治气候下,要将自己的行为做出合理的解释和表白,他感到又是那样的艰难。1952年全国大学院系大调整,原有文、理、工、医、农等7个学院的综合性浙江大学,缩编成了一个工科大学,程开甲被调到南京大学,束星北教授却自愿去了山东大学。从此以后,他们两人天各一方,再也没有见过面,他永远失去了与恩师和解的机会。

与束星北教授之间友谊的中断,给程开甲的人生留下了不尽的遗憾。程开甲的这块心病,伴随着他一生。直到晚年,他还不能原谅自己当时政治上的幼稚。谈起这件事他的心就会颤抖,就会流血。在他的办公室兼书房,束星北教授写的《狭义相对论》一书,被摆在一处显眼的位置上。在程开甲的内心,他千百次地对着书呼唤、呼唤,呼唤着束先生对自己的理解,呼唤着恩师对自己错误的原谅。

中国"核司令"

中国"核司令"程开甲

1962年,程开甲被调到国防科委(现总装备部)。程开甲来到国防科委负责核试验科研总体工作,筹备创建核武器试验研究所。程开甲与同事们,夜以继日地工作,拟定并论证原子弹爆炸试验的总体方案,研制原子弹爆炸测试所需的有关仪器和设备,为第一颗原子弹的试验作准备。核试验是大规模、综合性、多学科交叉的科学试验,涉及多种学科及各种实验方法和测试手段,在中国准备核试验的初期,国内没有任何可借鉴的文件、经验的情形下,程开甲就亲自编写教材为科研人员讲课,阐述核爆炸的各种物理、力学的作用和过程。在国防科委机关的协调下,开展了大规模的联合攻关。短短的两年中他到科学院、研究所、院校、各军兵种召开了一两百次任务会,提出一个个具体科研要求。经过辛勤努力和刻苦研究,逐步完善,给出了一个全面的,在科学技术上广泛交叉的,有高度预见性、准确性和创造性,切实可行的试验方案;提出了有定量分析的爆炸图像;研制出1000多台测试仪器。

这样,在1964年10月16日终于圆满地完成第一次核试验任务,让蘑菇云在罗布泊上空升起,并拿到了全部测试数据。程开甲在技术上领导创建核武器试验研究所,带出了一支高水平的科研和技术队伍,是中国核武器试验事业的开创者之一。程开甲从1963年第一次踏进罗布泊到1985年,一直生活在核试验基地,为开创中国核武器研究和核试验事业,倾注了全部心血和才智。还在第一颗原子弹爆炸之前,程开甲就根据周总理的询问,提出并一再坚持向地下核试验方式的决策性转变,对武器水平的提高和试验事业的发展具有决定性意义。程开甲成功地设计和主持包括首次原子弹、氢弹,导弹核武器,平洞、竖井和增强型原子弹在内的几十次试验。程开甲创立中国自己的系统核爆炸理论和效应研究,主持、参与和指导核爆炸效应的全面总结,为核武器应用奠定坚实基础。程开甲是中国指挥核试验次数最多的科学家,被人们称作中国的"核司令"。

程开甲荣获国家最高科学技术奖

融会古今吴文俊

吴文俊(1919—2017),1919年生于上海,世界著名数学家,中国数学机械化研究的创始人之一,中国科学院院士,第三世界科学院院士。

数学成绩为零的初中生

学生时代的吴文俊

1931年,吴文俊进入上海私立铁华中学。吴文俊在中学的学习很不顺利,这起因于铁华中学办学目的纯粹就是为了赚钱。一方面对学生收取高额的学费,另一方面对老师极尽剥削之能事。学校里使用的永远是试用期老师,试用期一满马上就找个借口解聘。这样,老师就总是走马灯似地换去换来。更可恶的是所有课程,除了国文之外,全部用英文教材,并且用英文上课。所以,学生们要适应的不仅仅是不断变换的老师的讲课习惯,还得适应不同老师南腔北调的英语。在这样的学校,学生们的学习状况可想而知。

在铁华中学读书期间,吴文俊因为生了一场大病不得不离开铁华中学。吴文俊后来说:"幸运的是,我不久生了一场大病,从此离开了这所学校。"

病好之后,吴文俊插班到了私立民智初中。这所学校的老师们大多非常负责任,而且都有很好的专业素养。特别是初二时的一位教国文的女教师,对吴文俊以后高品质的文学素养起了重要的作用。相比而言,由于偏科,他的数学成绩不是很好。

1932年1月28日晚,日本侵略者借口保护侨民,出动海军陆战队数千人向上海闸北、江湾、吴淞等地进攻。这就是历史上有名的"一·二八事变"。

为了安全,吴文俊全家离开上海到乡下老家居住,待时势稍稍平息一家人又回到了上海。这样一折腾,他突然发现自己听课时,特别是数学,居然越来越听不懂了。开始他还想设法改变这种状况,但是效果不大。失望之余他干脆彻底放弃数学学习,结果期末考试他的数学得了一个零分。

这个零分对吴文俊的打击实在太大,但是它也使吴文俊猛然警醒过来。假期里,学校专门为没能赶上学习进度的学生办了一个暑期补习班,吴文俊也参加了。讲课的老师没有因为是暑期补习班而有丝毫怠慢学生的想法,依然一丝不苟,认真讲课。吴文俊也在警醒之后在补习班里全力以赴地学习数学。

很快,他的数学就赶上来了;而且在考大学时,还考取了交通大学数学系。

危机和转机

正在读大学时上海沦陷了,有一部分老师和学生没有来得及内迁重庆,就留在日本占领区,在法租界里继续上课,吴文俊就是这样留下来的一个学生。1940年,吴文俊从交通大学毕业。

那时大学毕业生很难找到工作,因此有"毕业就是失业"的说法。幸运的是吴文俊在朋友的帮助下,总算在育英中学找到一个中学教员的职位。虽然吴文俊一心想做数学研究,对于教学没有什么兴趣,也记得中国数学界元老江泽涵老先生说过的一句话:

"学数学的青年,大学毕业后当两年中学教员,那就什么都捡不回来了。"

但是为了生活,他只得在这所学校教下去,对于数学研究虽然没有死心,但是也渐渐淡漠起来。吴文俊在回忆中对那段日子写道:

> 那个时候也稀里糊涂地过去了……对我来说最主要的就是研究数学的愿望完全淡掉了,变得不可行了。一方面,白天没有时间,晚上也不可能。因为我父亲一大早要出去工作,所以晚上很早就睡觉了。另一方面,我住的地方就是在楼梯头上头的一小块地方。在

这么一小块空间里,要看书是不可能的。所以这一段时间主要是思想上面的、精神上面的不安定,觉得数学这条路淡薄了,要搞数学根本不可能。

1946年,吴文俊已经教了5年多的书,看来他想当数学家的愿望越来越成为海市蜃楼。但是就在这一年,他的命运发生了改变。年初他得知国民政府教育部招考中法留学交换生,他报了名,夏天参加了考试;1947年春发榜,吴文俊考了第一名!

也是1946年,8月份他在陈省身教授的帮助下,进入上海数学研究所。在他到法国留学的前一年,吴文俊一直在研究所工作;这期间,他那非同一般的数学才华突然显现出来。在几乎荒废五年半的情况下,他到数学研究所不到一年的时间里,就证明了美国数学家惠特尼(H. Whitney)提出的"对偶定律"(dual law)。惠特尼提出这个定律以后,由于证明极其复杂,因此也从来没有发表过。现在刚出道的吴文俊居然给出了一个很简单的证明,这不能不反映出吴文俊深厚的数学才华和功底。

这是一个重要的成果,陈省身十分欣赏,并且立即推荐到普林斯顿大学出版的《数学年刊》上发表。

被大师"兴师问罪"

1947年,吴文俊在法国斯特拉斯堡留学期间,被大师"兴师问罪"成了他一生中最得意的事件之一。读者也许会奇怪:"兴师问罪"怎么倒成了最得意的事件之一呢?

事情是这样的,1947年前后,吴文俊在研究拓扑学的时候,有两位著名数学家对一个二维的拓扑(topology)问题分别给出了不同形式的两个公式。那么,这两个公式到底谁对谁错呢?这一时成了摆在全世界数学家面前的一个难题,在一段时间里没有人能够给出答案。但是,到法国时间不久的吴文俊,不仅证明两个公式是一样的(只是形式稍有不同而已),而且他还证明这个问题在三维时等于零。吴文俊的导师艾瑞斯曼认为吴文俊的结论非常重要,立即推荐到法国科学院的刊物上发表出来。

在法国学习时的吴文俊

　　文章发表以后,引起了不小的震动。英国顶尖的拓扑学家怀特海(J. H. C. Whitehead,1904—1960)专门写信赞扬吴文俊的成就,但是德国的拓扑学顶级权威霍普夫(Heinz Hopf,1894—1971)却认为吴文俊简直是胡闹。霍普夫那时在瑞士的苏黎世理工大学任教,离斯特拉斯堡很近,就带着几个学生亲自来到斯特拉斯堡来一个"兴师问罪"——当面质疑吴文俊结论的正确性。吴文俊真是"初生牛犊不怕虎",面对世界顶级权威没有丝毫胆怯,与大师在校园里的一个石头桌子边讨论、争辩起来。关于这件事,吴文俊有一段非常精彩的回忆:

　　　　他(霍普夫)有一次带了一批他在瑞士的门下,一起来找我"兴师问罪"。他拉着我在校园里的一个地方坐下后就责问我了。他说庞特里亚金发表了一个结果,惠特尼关于这个方面也发表过一个结果,这两个结果是完全不一样的,是有冲突的。你怎么说他们都是对的? 还有,现在连二维都弄不清楚,你为什么说三维等于零呢? 我就跟他讲,两个人都对了,都没错,只是两个人的表达形式不一样,所以看起来表面上不一样,实质上一样。惠特尼在评论里面写了几字很妙,Who Worngs Where? 就是不知道谁错谁对,也不知道哪儿错,哪儿对,不知道错在哪儿。接着,我跟霍普夫作了很详细的解释。他信服了,他没想到两个数学大师弄不清的一个结果,被这个学生一个小字辈的人澄清了。

吴文俊在与霍普夫侃侃而谈中表现出的自信,给霍普夫留下深刻的印象。谈到最后,霍普夫完全相信吴文俊的见解是正确的。他非常高兴,立即邀请吴文俊到他所在的苏黎世理工大学访问一周。

曲径通幽处

"文化大革命"中,吴文俊作为"数学界的权威"当然受过不少的冲击:挨斗、抄家、住牛棚、劳动……。但是,在这样严酷的环境里,吴文俊居然意外地找到一个重要的研究领域。

吴文俊传记作者柯琳娟写的《吴文俊传》里,有这样一段话很值得玩味:

> 1975年,正是在"文化大革命"进行得如火如荼的时候,原来的数学研究没法进行下去了。这时,历史再一次为吴文俊选择了方向。

《吴文俊传》书影

那时,他们的领导正是当年在法国领导留学生宿营国民党驻法大使馆的关肇直。关肇直时任系统科学所所长。那时允许看一些数学书籍,但要搞拓扑学研究等还是会有许多的阻力和压力。而当时有一种复古的倾向,好像研究中国古代的东西不会有问题,不会引起麻烦。于是关肇直就提出来,是不是大家可以学习一下中国古代的数学。于是,在这个情势之下,吴文俊开始学习中国古代数学。

在研究中国古代数学时,吴文俊有一个重大的发现,这个发现使他又一次蜚声国际数学界。在认真学习和研究《周髀算经》《九章算术》《海岛算经》《日高图说》等中国古代数学著作以后,他有一个重大的发现:如果说西方数学的特色是公理化,那么中国的特色就是机械化。西方数学是根据欧几里得的传统,结果是用定理来表示它的因果关系。而中国数学是为了解决具体问题,是解决第一步怎么做,第二步怎么做,所以是用"术"这个方法,有步骤地进行,用一步一步的方法、算法来表示的。数学的机械化就是建立在中国古代数学的基础上的。

什么是数学的机械化呢?简单地说就是"数学和计算机的结合"。吴文俊利用中国数学传统,很快在数学机械化研究中获得巨大的成果。

有一个故事可以说明这一点。有一位听过吴文俊讲课的研究生周咸青在美国继续研究时,他的导师鲍伊尔(R. Boyer)那时正在研究数学机械化的课题,但是遇到几乎无法克服的困难。周咸青知道后,把吴文俊用的方法告诉鲍伊尔,鲍伊尔非常兴奋,立即让周咸青继续用"吴方法"研究下去。

1984年,在"全美定理机器学术会议"上,周咸青介绍了自己的《用吴方法证明几何定理》,并同时用电脑演示。在短短的几十分钟里,他神奇地证明了几百个几何定理,让参加会议的上百位数学家们大为惊讶,不时发出惊叹和赞誉的呼声。这样,吴文俊的声名继在拓扑领域之后,再次扬名国际数学界。

吴文俊后来说:

> 我最自豪的就是中国的古代数学,我把它认识清楚了。比起其他的成绩,这是我感到最自豪的事情。因为我是第一个认识了中国古代数学真实价值的人。

一个关于数学家的笑话

吴文俊讲过一个有关数学家的笑话:

> 某一数学家觉得自己已受够了数学,于是跑到消防队去宣布他想当消防员。消防队长说:"你看上去不错,可是我得先给你做个测试。"消防队长带数学家到消防队后院小巷,巷子里有一个货栈、一只消防栓和一卷软管。消防队长问:"假设货栈起火,你怎么办?"数学家回答道:

"我把消防栓接到软管上,打开水龙,把火浇灭。"消防队长说:"完全正确!假设你走进小巷,货栈没有起火,那您怎么办?"数学家疑惑地思索了半天,终于答道:"我就把货栈点着。"消防队长大叫起来:"太可怕了!您为什么要把货栈点着?"数学家回答:"这样我就把问题化简为一个我已经解决过的问题了。"

不了解数学家实际生活的人,常常误以为数学家就是书呆子,总会不时揶揄数学家的迂腐。事实上,数学家并不是书呆子。数学大师吴文俊就不仅一点都不迂腐,而且常常表现出天真的童趣和广泛的爱好。我们这儿讲几个故事,就可以看到吴文俊的生活充满了色彩和乐趣。

有一次在香港参加一个数学研讨会。会议休息期间,吴文俊跟谁也没有打招呼就一个人出去转悠去了。时间过去很久,人们发现他还没有回来。随行的年轻同事们开始着急,不知道这位老人会不会出什么事情。

好容易把他盼回来了,大家就问他:"您老到哪里去了?"

吴文俊说:"去坐过山车了。"

同事们一听简直吓得直冒冷汗。他还说:"游乐园的工作人员看我满头白发,不让我坐过山车。我假装听不懂香港人讲的话,傻乎乎地坐上去。"吴文俊还笑着对惊呆了的同事们说:"上去就害怕,可下不来了!"

吴文俊和夫人陈丕和在花园里与塑像合影

回到北京以后老同事都说:"那是吴文俊不知道厉害!谅他不敢坐第二次。"

还有一次是在澳大利亚开会。会议期间在一处公园里,他居然把一条大蟒蛇缠在自己的脖子上,吓得旁人纷纷往后退。

另外一次是在泰国的清迈,他参加在那儿举办的亚洲计算机数学研讨会。会议结束后组织观光游览时,吴文俊"顽皮"地骑在了大象鼻子上留影。

对于吴文俊的这些惊人之举,夫人陈丕和只能无奈地说:

"他不知道厉害,是胡闹。"

实事求是的黄昆

黄昆（1919—2005），中国物理学家，中国科学院院士。从事固体物理和半导体物理学研究。1956年获国家自然科学三等奖，1993年获国家自然科学二等奖，1995年获何梁何利基金科学与技术成就奖，获2001年度国家最高科学技术奖。

西南联大"三剑客"

1942年秋，杨振宁成为王竹溪教授的硕士研究生，与他同时成为研究生的黄昆和张守廉则成为吴大猷的研究生。他们三人因为总是厮混在一起，学习又都好得不得了，所以成为西南联大著名的"三剑客"。

西南联大著名的"三剑客"：黄昆、张守廉、杨振宁（左起）

杨振宁对这一时期的学习和生活，有生动细致的回忆。在《现代物理和热情的友谊——我的朋友黄昆》一文中，杨振宁写道：

那所中学①距离联大差不多三公里。我们三人白天经常在大学校园里上课、吃饭、上图书馆,晚上才回到我们的房间睡觉。因为大学校园里没有供应饮用水的设施,所以我们养成一个习惯:每天晚饭后,回到中学以前,花一个或两个小时在茶馆里喝茶。那些茶馆集中于大学附近的三条街上。在喝茶的时间里,我们真正地认识了彼此。我们讨论和争辩天下一切的一切:从古代的历史到当代的政治,从大型宏观的文化模式到最近看的电影的细节。从那些辩论当中,我认识到黄昆是一位公平的辩论者,他没有坑陷对手的习惯。我还记得他有一个趋向,那就是往往把他的见解推向极端。很多年后,回想起那时的情景,我发现他的这种趋向在他的物理研究中似乎完全不存在。

....

黄昆是一个英文小说迷,是他介绍给我康拉德(Joseph Conrad, 1857—1924)、吉普林(Rudyard Kipling, 1865—1936)、高尔斯华绥(John Galsworthy, 1867—1933)和其他作家。这些作家的许多小说可以从联大图书馆借得到,也有一些是从那些卖美军的"K-干粮"、军靴、罐头、乳酪和袖珍本书的地摊上买到,这些地摊当时在昆明到处都是。

我们的生活是十分简单的,喝茶时加一盘花生米就已经是一种奢侈的享受。可是我们并不觉得苦楚,我们没有更多的物质上的追求和欲望;我们也不觉得颓丧,我们有着获得知识的满足与快慰。

这种清苦而美好的日子过了半年左右,到1943年的秋天,他们三个人都感到每天往来于相距五六里路的大学和中学之间十分不方便,就都放弃了中学的兼职工作,搬进了大学的研究生宿舍。虽然三人不再住一个房间,但还是经常可以见面。到1945年夏天,他们才分离,各奔前程:黄昆去了英国的

---

① 即昆华中学,杨振宁和黄昆在读研究生的时候,为减轻家庭的负担,在昆华中学代过课。——本书作者注

布里斯托大学,做固体物理学研究;张守廉去了美国,在普度大学做电子工程的研究;而杨振宁则去了芝加哥大学做基本粒子物理的研究。

"最怕记者"

早在多年以前,黄昆还只是在物理学界大有名气而不为普通老百姓所知时,他就宣称自己"最怕记者"。获各种大奖以后,最令黄昆感到烦恼的是,各种媒体的记者纷纷要求前来采访。

曾有这样一篇采访报道:在记者的百般争取下,黄昆答应他们去家里采访,但只给一个多小时,只能看不能问,"否则无法向夫人交代"。几十分钟的采访变成了无声的"参观",而始终坐在沙发上的黄昆夫妇在翻阅着报纸。"如今的报纸太厚了,翻起来比看还难。"这是家庭采访中黄昆所说的唯一的一句话。

黄昆的妻子李爱扶是英国人。她自从有一次读到某位名人的夫人的访谈录后,学会了一招:"黄昆是黄昆,我是我。"

黄昆与李爱扶的结婚照

记者刚想开口问问半个世纪前,是什么原因促使年轻的她从英国远渡重洋来中国,李爱扶一句"请尊重我的隐私权",使得记者哑口无言。

黄昆获2001年度国家最高科学技术奖以后,一些记者爱问黄昆:"这500

万元大奖怎么安排？"

他回答说：

"几年前我已经得过何梁何利奖，对生活有很大帮助。从个人来讲，现在已经不需要这么多的钱了。

"如果说我现在要什么花钱的，想到的就是到国外去看看我的孩子，可是这个也很有限，而且现在觉得年纪也比较大了，到国外也不是太积极，觉得适当地看看他们就可以了，所以也并不觉得在这上面有什么多大的要花钱的地方。"

黄昆决定把500万中的450万元拿出来作为科研经费，用于支持半导体所所长郑厚植院士的研究工作。黄昆认为郑厚植"还是很活跃的，还是很全面的，实验里头的工作都抓得起来，而且对前沿也掌握得比较紧，所以我叫他再搞个项目，我这个经费可以支持的话，就并到他那儿了"。

令黄昆心情沉重的是，以前黄昆经常收到中学生、大学生来信，宣称推翻了"×××理论"的"惊人的发现"，如今来信却多是下岗工人、失学少年的求助信。尽管黄昆曾多次慷慨解囊，大笔捐款赈灾救难，但他明白，自己这点钱是杯水车薪，起不了太大作用。只有尽力把中国的教育和科学研究工作搞好，才是自己对祖国、对人民的最大贡献。

"我能看到外国人跑到哪儿了"

黄昆曾经审查过一起严重的弄虚作假事件。当时，上海某大学自称做出了一种世界先进水平的集成电路芯片，也通过了鉴定。但黄先生觉得十分可疑，看了这个结果以后总觉得不踏实。于是要求对这个结果进行检验。这件事后来经过反复的追踪，最终证明，这份成果不过是利用买来的芯片造假而已。

参加对这次骗局审查的学者，在审查结束以后提到与申请课题有关的体制方面的问题——申请课题的时候，申请者总是要把很大精力放在写报告上，报告写得越是花里胡哨，越是敢大胆吹牛，取得经费的可能性就越大。但是科学研究本身有自己的规律，没有钱恐怕是问题很大的，但仅仅有钱也不表示就能出成果。为了申请经费，一些人只好违心吹牛，到时候要成果了怎么办？有时候就给逼得只能弄虚作假。

黄昆有一次申请课题的时候，就碰到过这样的事情。审批课题的是黄昆的学生。这位学生看完申请报告，秉公办事地问黄昆：

"您这个课题，批了您申请的一百万，能不能达到世界领先水平呢？"

黄昆笑笑，很实在地回答说："你给了我这一百万，我能看到外国人跑到哪儿了，但是要追还是追不上的。你要是不给我这一百万呢，我连外国人跑到哪儿都弄不清楚。"

黄昆的课题，最后当然还是批了。但是，换一个人如果不写上"达到世界领先水平"，怕申请只有告吹。

世界领先水平，可不是上下嘴唇一碰就能达到的。有时候明知这是要求过高，还不得不违心逼着自己胡说八道。不过这已经不是纯学术问题了。

悬壶济世吴孟超

吴孟超,马来西亚归侨,1922年生于福建省闽清县,1949年毕业于同济大学医学院;他是著名肝胆外科专家,中国科学院院士,被誉为"中国肝胆外科之父",还是2005年度国家最高科学技术奖获得者。

签证受辱

1940年春天,18岁的吴孟超在马来西亚读完初中后,决定与几位同学一起回到中国继续学习。从马来西亚起航十来天以后,船靠上越南西贡的码头,他们将在这儿的海关作中转签证。他没有想到,在这儿他竟遇上了让他非常气愤的一件事情。

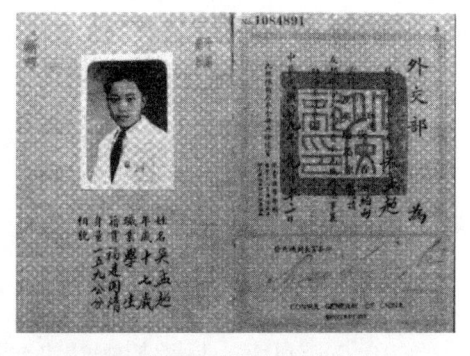

1940年吴孟超回国时的护照

那天他们下船以后,来到当地的领事馆。也许是兵荒马乱,也许是转签证方的态度傲慢,长长的签证队伍竟如蜗牛一般慢慢地挪动着。

吴孟超和他的同学们也排队等待着转签。这时来了几个越南人,他们手拿着警棍对大家指手画脚。在排队人的旁边坐着一个法国胖子,谁也说不清楚他是干什么的。但是这个法国胖子的举止,让吴孟超心里有一些反感。因为这个胖子不时斜着眼瞄瞄队伍,但是当发现有人在注意他时,他又急忙把眼光收回去,不与别人正视;但就在别人不看他时,他的眼睛又开始在队伍中搜索他关注的对象,似乎随时准备发现他看不惯的事情,然后伺机干预。

吴孟超终于排到了头,他拿起笔准备在入境登记表上签字。就在这时,法国主管签证的人蛮横地要吴孟超按手印。吴孟超对这个法国主管说："我能够读懂表格上的文字,也会使用钢笔签名。"

但那个法国主管就是不答应,而且还用蔑视的口吻说:"中国佬,还想用笔？……"

就在他据理力争,用流利的英语告诉那个法国主管,他刚才看到前面的外国人也是用笔签名的时候,那个在一边的法国胖子终于发现了猎物,他突然冲进来,一边蛮不讲理地把吴孟超拖出了队伍,一边恶狠狠地说:"在这里,黄种人一律要按手印……"

尽管吴孟超和他的同学们一直在与那些法国人据理力争,但签证盖印是法国人控制的。没有办法,吴孟超和他的同学们只好委屈地在表格上按上了自己的手印。

走出队伍,吴孟超的眼睛里噙满了泪水。这是一种莫大的耻辱,一种巨大的心灵创痛。一种声音在吴孟超内心深处响起:中国,一定要强盛;中国,一定会强盛！

他对同学们说:"我实在按捺不住自己了。我一定要赶快加入到抗日的军队中去,将那些侵略我们国家的日本人赶走。中国再也不能这样弱小下去了……"

考取同济大学医学院

1940年夏天,吴孟超辗转来到昆明。在昆明他忽然染上了痢疾。在人生地不熟的地方生病,吴孟超内心十分惶恐,他有些不知所措,甚至有点害怕了。幸好有一位热心人,看他整天有气无力的样子,就将他送到了同济大学开设在昆明的附属医院。进医院后不久,原来整天拉稀、浑身已经虚脱的吴孟超,在医生们的治疗下很快就痊愈了。

从医院出来,原先还在考虑报考哪个学校合适的吴孟超,立即决定报考同济大学。因为同济大学附属医院医生的医疗水平,给了他难以忘怀的印象。这使他也想成为他们那样的人:悬壶济世,为大众祛除病痛。

没想到好事多磨,他第一次的考试失败——同济大学附属中学没有录取他！但是下定决心的吴孟超是不会轻易放弃的;1941年,吴孟超终于考入了同济大学附属中学高中部。

1941年12月，日本侵略者发动了太平洋战争，接着战火迅速蔓延到东南亚。吴孟超很快和马来西亚的家人失去了联系，更要命的是，他的经济来源也由此彻底断绝。没有了生活来源的吴孟超，为了不放弃学业，只得像当初随母亲下南洋时那样，很早起床外出打工：抢早市卖报纸。

读书期间，饿肚子成了吴孟超的家常便饭。有时实在饿得不行，吴孟超便用早上卖报所得的钱买一个洋芋做的粑粑。那种洋芋粑粑，直到五六十年后吴孟超回想起来，都会让他闻到难以忘怀的香味。

年轻时的吴孟超

1943年在附属中学毕业以后，21岁的吴孟超终于进入了日思夜想的同济大学医学院。

"你可千万不能半途而废啊"

1945年8月，历时十四年艰难的抗战终于胜利。吴孟超在同济大学三年的基础课学习也同时结束。当时同济大学医学院学习时间为六年，三年基础课学习，三年临床实习。

这时同济大学准备迁回上海。迁回上海前，校方给在校的所有人员包括学生发放了复员费，让师生们自己寻找交通工具回上海。吴孟超希望能利用这段时间回马来西亚探亲，便向学校申请。医学院的负责人同意了他的探亲要求。但是，吴孟超的探亲费用要等学校最高当局批准后才能发放。

在等待学校发放回家探亲费用的时候，他多年的同学和恋人吴佩煜想回昆明看望自己的父母。他们商量后，吴孟超决定陪吴佩煜到昆明去。到昆明后，吴孟超便寻找打工的机会。因为他心里也牵挂着自己五年没见到的父母，他想多积攒一些钱，这样等学校同意他探亲后，他就可以在回马来西亚探亲时，给多年未见的父母和亲人买一点礼物。

这时吴孟超什么事情都做，替别人做家教，给公司做翻译，目的只有一个，那就是多赚点钱。正在这时，一直深情关心着他的吴佩煜一句话提醒了他：

"孟超，读书的事情，你可千万不能半途而废啊。"

吴孟超听了这话突然感到一惊：是啊，从马来西亚到昆明，不要说在附属中学读书数年，单说他大学三年花费的心血，就足以让一般人够受的了。更何况吴孟超满腔热情回到祖国，最大的希望就是能用自己学得的知识报效祖国。在刚刚学得一点医学基础知识的时候，千万不能为了探亲，就忘了自己当年的理想！在仔细思考以后，吴孟超觉得女友的提醒非常及时，很有道理，还有三年大学就要毕业了，那时他就是一个有一技之长的人，有了报效祖国的本领了……

最后，他放弃了回马来西亚探亲的决定。在昆明打工三个月以后，就和吴佩煜一起回了上海，继续他在医学院的学业。

一定要做外科医生

1949年5月27日清晨，上海解放了。这年的7月，吴孟超终于结束了六年同济大学医学院的学习。但在学习结束时，吴孟超却碰到了一个难缠的问题。当时学校的教导主任坚持要把吴孟超分到医院的小儿科工作。一心想当外科医生的吴孟超当然不答应，他问教导主任为什么要这样分配，教导主任说：

"……你个子太矮，外科成绩考试的分数低，不符合做外科医生的资格。"

听到这样的答案，以及看到教导主任眼光里表现出来的一丝轻蔑，吴孟超很是气愤，他坚定地说："我一定会成为外科医生的！"

吴孟超就是这样一个人，他想做的事，哪怕只有一丝希望，他就绝不会放弃努力。就在同附属医院教导主任交涉的过程中，有家原属于国民党国防医学院的附属医院，在上海解放后被中国人民解放军接管。当时，这家医院急需外科医生，便向社会招聘外科人才。

看到这条信息，吴孟超立即把这个好消息告诉已是未婚妻的吴佩煜。8月7日，吴孟超来到这家医院招聘处，负责招聘的是著名的外科专家郑宝琦教授。

郑宝琦看着眼前这个应聘的学生在谈到外科学时，那眼睛里竟放射出一种能融化坚冰的热情，他被这个年轻人身上迸发出的热情感动了。在询问了一些其他问题后，便决定留下这个年轻人。吴孟超所在的医院不久就被改为中国人民解放军第二军医大学附属医院（现在改名为长海医院），而吴孟超的事业就是在这所军医大学里放出了耀眼的光芒，为世界医学的一个领域——肝脏外科手术作出了卓越的贡献！

与此同时，他的未婚妻吴佩煜也满意地分配到上海第一妇婴保健医院担任住院医生。

开拓肝脏外科领域

1950 年代初期，著名的外科专家裘法祖教授成为第二军医大学兼职教授以后，吴孟超决定向裘法祖教授学习肝脏外科手术。这是一个非同一般的选择，它的前途充满荆棘。裘法祖告诉吴孟超：

"这些年虽然医学发展迅猛，但肝脏外科研究仍处在一片混沌之中。医学界几乎是'谈肝色变'，把肝脏外科当做禁区。这是因为肝脏内不仅仅血管密布，而且血管、淋巴管叠合交叉，打开肝脏后就很难分清楚血管通向哪里了。许多人甚至还觉得，肝脏内的血管流向就像中国八卦中的迷宫，让人难以琢磨。许多时候肝脏手术做得很成功，但肝脏内的血管往往会莫名其妙地出血，而且堵也堵不住。有的人想探索肝脏中到底有多少血管，它们是如何排列的。但将近一个世纪，人们仍然没有搞清楚。"

裘法祖教授还严肃地告诉他：

"一个做学问的人，时常就像在沙漠里独自行走，陪伴他的常常是枯燥、艰险，还有常人难以忍受的寂寞。成功的人，就是那个耐得住寂寞，又能够克服艰险、枯燥的人……肝脏外科就像是一片没有开垦出来的沙漠，研究它的人，就像行走在沙漠中一样。由于没有路标，没有方向，没有伴侣，行走中很有可能会迷路。但一旦趟出路径后，由于你的认真，你的开拓，你的持之以恒，带给你的，也一定会是无穷的回报。"

听了老师的一番话，吴孟超开始寻找资料。后来，吴孟超在上海一家图书馆里找到了一本英文版《肝胆外科入门》。看到这本书，吴孟超眼前顿时一亮。他开始认真仔细地阅读起这本英语书籍来。看着看着，他发现自己对书本中肝脏外科的描述，竟有许多地方不能理解。

吴孟超向裘法祖诉说了自己的困惑，裘法祖在仔细看了这本书以后对吴孟超说：

"你干脆把这本书先翻译成中文。等你翻译好后，我给你找出版社出版。"

吴孟超邀请同事方志扬一起翻译这本书。一个多月后，当裘法祖教授从吴孟超手上接过翻译手稿时，他被吴孟超勤奋和刻苦的精神感动了。裘法祖教授没有食言，《肝脏外科入门》不久就出版了。而吴孟超通过这次翻译，对肝脏有了相当深入的认识，为他此后在肝脏外科手术中创造奇迹打下坚实的基础。

发生在西部农村的奇迹

1966年当吴孟超在肝脏外科取得巨大成就的时候，"文化大革命"爆发了，他旋即遭遇到他人生最重大的灾难。他没有想到努力追求肝胆外科事业的自己，成了走"反动学术权威"道路的典型。他被剥夺了共产党员的身份，这使他痛苦到极点。

1967年，第二军医大学的师生打起背包，北迁陕西，来到贫穷的韩城。这时吴孟超已经降格到不能做主治医生，只能在门诊看病，或者在农村当赤脚医生。在农村巡回医疗时，吴孟超很快发现在贫穷的乡下，赤脚医生们都有一些在缺医少药情况下的"绝活"，于是吴孟超开始向当地乡下的赤脚医生学习，并且开始看中医书籍。在这一过程中，他得到了与穷苦群众打成一片的快乐感。

吴孟超很快受到群众的高度热爱，附近很多县的老乡都知道韩城有一位了不起的神医。他的处境随着他的名声在逐渐改善。1974年，在他已经到陕西韩城的第五个年头，他看准机会向医院提出建议，希望医院成为有特色的医院，把浪费了几年的肝脏外科室再次建立起来。幸运的是这一提议很快被批准，吴孟超也由此熬过了人生最艰难的时期，也给陕西的乡亲们带来福音。

1975年2月，由安徽农村走来一对夫妻。八年前，叫陆本海的男子的肚子一天一天地膨胀起来，他知道事情不妙，就到省城大医院求诊，但是检查的结果是医生对他的妻子说："回家去吧，给你男人买一点好吃的……"

陆本海知道这是向他宣布了死刑。这对于年龄只有32岁的人来说，怎不伤心欲绝？但是，八年过去了，陆本海并没有死，只不过他的肚子已经像怀胎十月的女人一样大。正在他绝望之时，忽然得知陕西韩城有一位神医或许可以救他一命。于是他们不远千里来到吴孟超所在的医院。吴孟超见到陆本海时也大吃一惊：他从来没有见到过肚子上有这样巨大的肿瘤。他当时断定，这是特大肝海绵状血管瘤。按照医学上的规定，肿瘤只要达到4厘米就是巨大肿瘤，而陆本海的肿瘤已经达到63厘米。这么大的肿瘤是开刀，还是放弃？

在几经思考和与同事们商量以后，吴孟超决定，为了解除病人的痛苦，"立即实施手术！"2月8日上午8点30分，手术正式开始。当划开肚子整个肿瘤完全暴露在大家面前时，一些平时见惯了手术场面的护士也惊呆了。那蓝紫色的肿瘤就像混沌中的"妖精"，也许是人体心脏跳动的原因，也许是人体呼吸的原因，那蓝紫色的肿瘤此时此刻竟随着心跳、呼吸，一起一伏，模样看起来实在恐怖。

1992年，陆本海（左）手术17年后，与吴孟超合影

手术前考虑到手术时可能随时会出现大出血，吴孟超早就让麻醉师把陆本海左侧的桡动脉先行分离开了。这样一旦手术时出现意外，他们就可以使用抢救病人的备用方案。

蓝紫色的肿瘤在吴孟超的眼前跳动。看着它熟睡的样子，吴孟超决定暂时不惊醒这些人体中的"妖魔"。他定了定神，将自己的呼吸调整到最佳状态。然后，他拿起了手术刀，将那些肿瘤连接到陆本海身体上的吸血"魔爪"，一根又一根地割断、切下、结扎……

当时间过去12小时,到了当天晚上8点半,连接肿瘤与肝脏最后一根血管被切断,18公斤的肿瘤终于被剥离下来。这时的吴孟超已经完全没有力气站住,人们只得把他架着离开了手术台。

这次手术向世界宣告,吴孟超用他神奇的手术刀又一次创造了奇迹!而且是在贫穷的陕西县城。

名扬世界外科医学界

老年时的吴孟超教授

1979年9月,在美国旧金山举行第28届国际外科学术会议。会议邀请了4位中国医学界的名人,他们是吴阶平、陈中伟、杨东岳和肝外科专家吴孟超。吴孟超在会上要介绍的是他在实践中发明的"间歇肝门阻断切肝法"。

中国的肝脏外科手术到底达到了什么样的水平,对于西方国家来说仍然像是一个谜。外国人理所当然地觉得,中国人最为自豪的就是中医,除了中医,好像也找不出什么可以称道的医学成就了。

吴孟超的演讲被安排在12日这天的第三位,也是最后一位。当前面两位发达国家的代表演讲完毕后,吴孟超在讲台上介绍了从1960年开始到1977年,他用他自己发明的"间歇肝门阻断切肝法"做的肝脏外科手术,使得181个原发性肝脏癌症患者的肝脏得到切除,成功率达到91.2%。

这可真正是个石破天惊的数字!当吴孟超说出他的成功率的时候,整个演讲厅里一片惊呼;当吴孟超说出另外一个数据时,那些国外的肝胆专家更加感到吃惊:那就是有6例病人已经在手术后活了十年,而且非常健康。而根据外国专家的经验,肝脏癌症手术后能活过5年就是奇迹。

吴孟超演讲前的两个外国专家在演讲时断定,他们做的18例肝脏手术已经如攀登喜马拉雅山那般艰难了,而现在吴孟超竟然用181例病例来说明,肝脏手术并不可怕,只要运用他发明的"阻断切肝法"就能解决问题时,岂不令人震惊!?当吴孟超进一步用"手术指征、手术操作、降低手术死亡率、疗效评价"等方式论证他的发明后,整个会场已经欢呼声不断,简直成了"吴孟超的世界"。

这次会议,吴孟超为中国赢得了荣誉。他的论文也被以严谨著称的学术评奖机构评为一等奖,他本人也被增补为国际外科学会会员。

国际医学界通过这个会议,确定了中国肝脏医学在国际上应该享有的国际地位。

壮志未酬姚桐斌

姚桐斌(1922—1968),江苏无锡人。1945年毕业于唐山交通大学,1947—1957年在英国和德国留学工作。1957年回国后一直在国防部第五研究院一分院工作。1985年,他生前的研究成果获得国家科学技术进步奖特等奖,1999年被追授"两弹一星"功勋奖章。

"你在等着我!"

青年姚桐斌

1941年8月,姚桐斌高中毕业后,考取了五所大学,他选择了交通大学唐山工学院(人们习惯称为唐山交大)矿冶系就读。当时,唐山校本部被日本侵略军占领,学校已经迁到贵州平越县。平越是一个小小的县城,既无闹市,也无车马,是一座古意盎然的山城,居民亲切而淳朴。像其他偏僻地区的县城一样,当时的平越县没有水、电等公用设施,晚间自习,油灯一盏,灯火摇曳,但同学们不以为苦,都在微弱闪烁的灯下埋头学习。

姚侗斌是班上学习最努力也是成绩最好的,同学们戏称他是"状元",还说他像 Rigid Body。他的同学舒真光回忆说:"大二时,罗忠忱老师讲应用力学,深入浅出,引人入胜。罗老师演算力学例题时,首先必须假设受力体为 Rigid Body(即刚体,不带丝毫弹性),然后开始运算。同学们在课余谈笑时,常戏指某人的秉性顽强为 Rigid Body,同学们也戏称桐斌在苦读书中的坚毅与执着如同 Rigid Body 一样。"

当时学校图书馆后面有一片宁静的小丛林,只要不上课姚桐斌就一定到那里复习功课。也同样因为那儿十分安静,常有一些恋人到这儿幽会。这些恋人即使看见了姚桐斌在那儿复习功课,也都不在意,更不回避他,因为他们知道姚桐斌一定是全身心沉浸到书本中,根本不会留意有人在附近谈情说爱。

多年后,当姚桐斌的妻子彭洁清得知这件逸闻时,神秘地对丈夫说:"桐斌,我知道你为什么那样专心致志,那样目不旁视。"

彭洁清笑着说:"你在等着我。"

"我一坐上回家的班车就想你了"

1956年10月8日,我国第一个导弹研究机构——国防部第五研究院(简称国防部五院),正式宣布成立。1957年,在国外已经加入中国共产党的姚桐斌与夫人回到中国。

1959年,姚桐斌夫妇与母亲和弟弟(左1)在颐和园留影

1958年1月26日,姚桐斌到国防部第五研究院报到。那时五院的院长是钱学森。导弹试制研究非常忙,加上后来姚桐斌担任材料及工艺研究所(代号是703所)所长,经常要到外地参观学习,常常不在家,而家中数不清的琐事都得由彭洁清去做。姚桐斌有时觉得真是对不起妻子,妻子在国外也是学有所成,可是她学的投资专业,那时在国内根本无用武之地,结果一个学者成了没有工作的家庭主妇。有一次,姚桐斌从外地参观回来,看见家里整整齐齐,一尘不染,心里知道这是妻子默默的奉献啊!姚桐斌十分感谢妻子的

一片心意，十分内疚地说：

"辛苦了，辛苦了！你一个人打扫这么多房间，我在外面一点忙也帮不上。"

彭洁清心里十分高兴，说："没有什么，你知道我从小就爱干净。"

接着，她满怀希望地问他："你以后能天天回家吗？"

"恐怕不行，事情太多，你耐心等吧！等我们所的宿舍楼一盖好，咱们就搬过去。"

彭洁清完全没有料到的是，他们在很长的一段时间里，一直过着牛郎织女式的生活。姚桐斌上班地点在南郊，每个星期一清晨坐班车去，星期六傍晚回家。虽然家里有电话，姚桐斌却从未给妻子打过一次电话。

有一次彭洁清忍不住问丈夫："你从来不给我打电话，难道不想我吗？"

"你无法想象我的工作有多繁重，从早忙到晚，夜里还得抽空看书，哪有时间想你。再说，组织上是为了公事才装的电话，我怎么能给你打呢？"

彭洁清是一位心里藏不住想法的人，她紧追不舍地问："不管怎么样，难道你就从不想过我？我可是一个人孤孤单单地在家啊！"

姚桐斌是一位老实巴交的诚实人，他真切地说："我一坐上回家的班车就想你了。"

他的话令妻子啼笑皆非：这人太实在，怎么就不会说一两句甜言蜜语来哄哄妻子呢？但是姚桐斌的真实情感仍然让彭洁清感动得热泪盈眶。

最精彩的表演

在姚桐斌的眼里，703所所有的工作人员都是一家人，没有学历、职务高低之分。他不但与大家同甘共苦，也能够与大家一起同欢共乐。彭洁清在与高智合写的《姚桐斌》一书里写了一个非常感动人的故事。

有一次春节晚会，几个活泼调皮的年轻人，一时高兴就带头起哄，非要平时寡言少语的姚桐斌表演一个节目，而且让大家一起高喊："所长，来一个！所长，来一个！呱唧呱唧……"

大家都以为这一下可有好戏看了，不知道这位腼腆少言的所长如何下台。哪里知道，姚桐斌接下来的举动让大家既感动又吃惊。只见姚桐斌从一位老工人那儿借来一件老羊皮袄，把它翻过来穿上，头上系一块白毛巾，打扮成一个牧民，又从讲台那儿拿起一根教鞭做起赶马的架势，边赶边唱了起来：

乡下的姑娘辫子长，

两只眼睛真漂亮。

你若是要嫁人，不要嫁给别人，一定要嫁给我。

带着你的嫁妆，领着你的妹妹，赶着你的马车来。

接着，姚桐斌大喊一声："嘿！"再把鞭子挥一下，又接着唱：

带着你的嫁妆，领着你的妹妹，赶着你的马车来……

人们真没有想到，整日只知道工作的所长居然会当众表演。全场所有的人先是一愣，静寂了几秒钟，接着爆发出欢快的笑声和掌声。

姚桐斌的这一个表演成了那天晚会最精彩的一个节目。

《姚桐斌》书影

研究＝Re＋Search

从 1961 年开始，姚桐斌就开始深入思考一个问题：研究火箭、导弹在中国是一个前人没有干过的崭新课题，而 703 所的大部分工作人员都是各大学来的新手，虽然他们学过不少专业知识，但是如何把这些学到的知识应用到实际中去，顺利地完成火箭研究工作，还是需要正确的研究方法。在深入思考之后，他决定写一篇《研究工作方法》。这篇文章写完以后有 25000 字。

姚桐斌特别强调两个环节："一是要认真细致追寻重要线索，解决主要矛盾；二是要有条理，一丝不苟。"

什么是研究？他风趣地说："在英语中，研究（research）一词的词根 search，意为寻找，词头 re，意为重复。可见，研究的过程就是反复寻找客观事物发展变化的过程。只有弄清难题所表现的各种现象,才有可能找出主要矛盾,使难题迎刃而解。"

这篇文章写得通俗易懂、深入浅出,非常受大家的欢迎。钱学森看了也大加赞赏,认为文章对整个导弹研究院的科学研究都有指导意义,于是推荐到院刊《研究与学习》上发表。研究院还把这篇文章作为研究工作必须遵守的纲领性文件,发到下属各所学习。

但是在"文化大革命"期间,这篇讨论研究的文章居然被视为毒草大加批判,成为整肃姚桐斌的重要资料之一。现在,这篇文章已经被制作成精美的小册子,并配以姚桐斌的照片,发到每一个新来703研究所的科研人员手里。

"小罗汉"和欢乐的家庭

姚桐斌是一个工作狂,但却有一位善良活泼的妻子和三个女儿。妻子更是设法让家庭生活多一些欢乐,让一家人能够共享美好家庭的温馨。

姚桐斌夫妇和三个女儿合影(1967年)

小女儿小罗汉出生后,姚桐斌做了绝育手术,他们再也不会有孩子了,对她自然会比两个姐姐要多一些疼爱。在小罗汉几个月时,有一天保姆休假,彭洁清将她抱到大床上,丈夫坐在窗前看报,还有一搭没一搭地回答妻子的话。

"桐斌,你是在看《人民日报》?"

"是,"他头也不抬地回答。

"你在办公室不看报吗？"

"不看，"他还是没抬头。

彭洁清心里想："这个人真怪，连看报都舍不得用办公时间，回家后不是把自己关在书房里工作就是阅读报纸杂志。这次，我非得引起他对家人的注意不可。"

正在这时，她看见小罗汉在用背"走路"。小罗汉把小肚皮向上一拱一拱的，人就从床这头拱到那一头了。于是她计上心来，大声喊叫：

"桐斌！快，快来看呀！小罗汉才几个月，就会用背'走路'了，真好玩！"

姚桐斌这才放下报纸，走到床边一边看着小罗汉，一边笑着说："什么呀！你这是'癞痢儿子也是自己的好'啊！"

小罗汉一岁多时能到处跑的时候，她头大走路又快，人没有到头先到，好像头带着身子走；偏偏她又喜欢小步快跑，因此，老是摔跤。

小罗汉的长相十分可爱，一笑就露出几颗小门牙，姚桐斌把她视为掌上明珠。姐姐们对小罗汉又喜欢又羡慕，她们总是取笑小罗汉的大"锛儿头"：

锛儿头，锛儿头，
下雨不用愁。
人家有雨伞，
我有大锛儿头。

703所有人结婚，姚桐斌总是带她一起参加婚礼。两个姐姐看着眼馋，有一些嫉妒地问："跟屁虫，你跟爸爸干吗去？"

小罗汉十分开心地把大脑袋一歪，得意地说："我跟爸爸结婚去呀！"

把个姚桐斌乐得哈哈大笑。

"洞房"和宾馆

姚桐斌后来分配到"校官楼"一间四室两厅的房子。这在当时实在是非常高级的住房。这套住房不仅给姚桐斌一家带来无限的恩爱、温馨和欢乐，也给703所的一些职工留下了美好的回忆。几年里，姚桐斌家的房子一共借出过十多次。住过姚桐斌家的人都深切体会到他对自己员工的爱护和关心。

那时703所的住房像那时所有单位一样,根本满足不了职工的住房需要,年轻人结婚后常常不能很快分到房子。姚桐斌夫妇得知这件事以后,总是设法帮助有困难的同志解决一时之难。

1967年春节前夕,刘凤英和雷治大准备结婚,当他们正在为没有住房着急时,姚桐斌找到这两个年轻人,热情邀请他们到自己家里办喜事。两人想,在所长家结婚肯定会给他们带来不少麻烦,于是有一些犹豫不决。看到这两个人为难的样子,姚桐斌继续热情地发出邀请。这小两口最后觉得实在盛情难却,就决定在姚所长家办喜事。

他们一直住到分了房子才搬出去。在离开时,新婚夫妇有一种依依不舍的心情。当他们把水电费和房租交给姚桐斌时,他坚决不收。

除了供给职工作"洞房"外,姚桐斌有时还把自己的家借给职工作"宾馆"。1968年1月,一位工人的妻子带着孩子从湖南老家农村来北京探亲,一时找不到住处。姚桐斌了解这件事后,就找到这位工人说:"听说你爱人要来探亲,但所里现在没有房子给你们住。我看,等她来了,你们到我家来住吧!"

过了几天,姚桐斌又对他说:"你爱人来了没有?你叫她来住吧!我让小孩和保姆暂时挤一挤,腾出一间房子给你们住。"

所长诚心实意的邀请感动了这位工人,等妻子一到北京,两人便带着孩子来到姚家借住。从这天直到5月份才离开,在姚桐斌家住了120天。走的时候,姚桐斌还为他们办了一桌酒席告别。

这位工人万万没有想到,这次告别居然是他们永久的离别!这么好的所长,怎么会……

没有织完的毛衣……

彭洁清回国以后多年没有分配合适的工作,后来总算找到一所学院教英语。在这所学院里,她认识了一位教日语的于老师。

于老师非常能干,还会烧一手好菜。彭洁清向她学做了肉羹、豉油鸡等几样菜,后来当她做给姚桐斌吃以后,他大为赞赏。得到丈夫的夸奖,彭洁清十分高兴,于是又决定向于老师学着织毛衣。姚桐斌的毛衣过去一直是买现成的,彭洁清想悄悄地为他织一件,作为46岁的生日礼物送给他。彭洁清相信,不管她把毛衣织成什么样子,丈夫都会喜欢的,穿在身上他就会感到妻子对他的情爱和温暖。

彭洁清怎么也没有想到,在离 46 岁生日只有不到三个月的 1968 年 6 月 8 日,姚桐斌就在回家后居然活生生地被所里的"造反派"毒打致死!

姚桐斌故居

2002 年,江苏省将姚桐斌故居定为省级文物保护单位。姚桐斌故居在无锡锡山区东港镇黄土塘,从 2004 年起当地政府投资一百多万元修复了这座故居,作为江苏省爱国主义教育基地。

703 所的姚桐斌塑像

修复后的姚桐斌故居的大门上方,挂着"姚桐斌故居"的匾额;进门后的前厅里有一座由著名雕塑家钱绍武先生制作的姚桐斌半身铜像。前厅是姚桐斌生平事迹陈列室,有一百多幅图片与实物,它们描述了姚桐斌光辉的一生。在小小的天井后有一座木构的两层楼,有一个窄窄的楼梯通向楼上,他们复原了姚桐斌简朴的卧室,里面有一张床、一张桌子和一个洗脸架。床上挂着蚊帐,床后还有一个红漆马桶。看到这些,姚桐斌之妻回想起她初次来黄土塘的情况,不由感慨万千——景色依旧,人物皆非。

2005 年 11 月 12 日正式举行了"姚桐斌故居修复开放"仪式,上上下下有好多人来参加。由于故居太小,仪式是在室外举行的。当天清晨下着毛毛细雨,大家都很担心打伞开会不合适,那就披着雨衣吧。谁知在开会前突然

雨过天晴,乡亲们不禁异口同声地说:

"桐斌显灵了,桐斌显灵了。"

姚桐斌生前说过:"只要能把我国的航天事业搞上去,我就是死了也甘心,同志们我们大家努力吧!"

这不由使人想起1903年鲁迅在日本求学时写的一首小诗《自题小像》:

灵台无计逃神矢,
风雨如磐暗故园。
寄意寒星荃不察,
我以我血荐轩辕。

姚桐斌以自己一生的努力实现了自己"我以我血荐轩辕"的愿望。现在中国已经完美实现了绕月工程,并顺利完成登月工程,想必姚桐斌在天之灵一定会同国人一起欢笑。

科学良知邹承鲁

邹承鲁(1923—2006),中国生物化学家,中国科学院院士。他在生物学里建立了一个定量关系公式和作图法,被称为"邹氏公式"和"邹氏作图法"。他的学术成果多次获得国家自然科学一、二、三等奖。

喜欢恶作剧的少年

1935年,12岁的邹承鲁被舅父接到湖南长沙雅礼中学初中部,开始了他的中学学习和学校的寄宿生活。之所以选择离开汉口的家到长沙去上学,是因为雅礼中学是一所远近闻名的好学校,其前身是美国雅礼学会1906年在中国创办的雅礼学院预备部。雅礼中学成立于1910年,后来与雅礼学院、湘雅医院、湘雅医学院及湘雅护理学院共同组成"中国耶鲁"学府。

一个刚刚离开家的初一学生,应该是胆小谨慎的,但是邹承鲁却十分的顽皮。若干年后在和女儿邹宗平闲谈初中时代恶作剧时,讲到他的初中生物课老师。因雅礼中学地处长沙市郊,周围都是农田,常有蛇出没,很多学生不敢出门。后来,生物课老师上课时告诉大家,学校周围农田的蛇多是无毒蛇,没有毒,并不可怕;老师还告诉学生,遇到蛇时只要一脚踏住蛇头,一手抓住蛇尾用力一抖蛇就死了。

同学们听了,对蛇的畏惧之心减少了。有一天,邹承鲁和几个同学到野地里抓了一条小草蛇,用报纸包好,在上生物课前放在讲台上,想亲眼看看老师的驭蛇之道。大家上课起立后有一位同学说,讲台上的纸包是给老师的礼物。老师很高兴,就去解捆纸包的绳子。绳子刚刚解开,憋了半天的蛇就伸出头来直吐舌头,老师没有防备,吓得把纸包急忙丢到教室门外。

据说,这类恶作剧还有过几次,好在雅礼中学的老师都比较开明,加上又喜欢这群淘气又聪明的学生,所以虽然惊讶了一下,却并没有恼羞成怒、执意追查恶作剧的带头人,只是批评同学们这样做法不礼貌、不文明。

探索科学真理

(下面是北京电视台主持人曾涛与邹承鲁院士的一次对话。)

曾涛:在剑桥的学习过程中,什么样的事情给您的印象最深刻?

邹承鲁:我是1947年到英国的,1948年年初转学到剑桥大学,那时候第二次世界大战结束还不久,英国生活条件很艰苦,什么东西都是配给的,都要票。肉有肉票,蛋有蛋票,什么都要用票购买,所以生活很艰苦。实验室也一样,实验室的设备是相当差的,和那时候的美国就不能比了。所以给我第一个印象深的就是我的导师,他常常说,我们这儿条件是比较差一些,但是科学研究不是靠设备,是靠脑子。最重要的不是设备,而是创新的思想。

青年邹承鲁

曾涛:1949年您在英国的《自然》杂志上发表了您自己的论文。

邹承鲁:那是我的第一篇论文。那时候在《自然》杂志上发表论文很不容易,《自然》杂志一直是顶级的杂志。我的第一个课题是我导师给的,题目是他给的,应该说思想是他的,大概怎么做他也给我指出来了。我按照他的说法去做,但是做当中碰到的问题,我得自个儿解决。解决之后我的导师很满意,他说你可以去发表。我就写了一篇文章,他就说你可以投到《自然》杂志去,我就投了。我想题目是他出的,大概怎么做也是他给指出来的,当然应该把他的名字放在前头,我就把他的名字写在前头。我把文稿拿去给他看,他给我改了,他又把他自个儿的名字给划掉了。他说你一个人去发表。

这件事情给我的印象非常非常深。我的导师还给我强调一点,就是你要做科学,你的目的就是探索科学真理,努力去求学的话,你自然会有成就。你要老想着要做成这样做成那样,老想着在科学上出名,那就永远做不成一个好科学家。这也是给我印象非常深的一句话。现在报纸上不是老哄炒,我们国家什么时候得诺贝尔奖。我就学我导师也说了一句话,你如果老想着诺贝尔奖,你就永远得不着。你要只想追求科学真理,那有一天诺贝尔奖就在那儿等着你呢。

科学良知的卫士

(2001年底,一份拥有很多读者的报纸《南方周末》评选出了年度的十大人物,这十个人物当中有一位科学家,他就是邹承鲁。作为中国生化界的泰斗级人物,近些年来,他勇敢地站出来抨击了科学界很多不良的现象,提倡科学道德和责任心。人们评论他是一位敢于说真话的中国知识分子。)

曾涛:我们注意到在2001年的时候,关于核酸的一场争论……我想知道,您是怎么参与到这样的争论中来的?

邹承鲁:那时候我是生物化学与分子生物学会的理事长,我们学会下属一个专门委员会的副秘书长在报上公开发表文章,替这个核酸营养品做宣传。我看了之后很不满意,就给他写了一封信,我说你个人发表什么意见,那是你自个儿的自由,但是你不能用生化协会某某专门委员会这个副秘书长的身份发表这篇文章,为这个商品做广告,你不能这样子做。

后来在一次学会的全体大会上,那时候我刚刚要退了,我就给下一任理事会提一个建议,他们就通过了一个决议,禁止学会的工作人员在报刊上为商业商品做广告。由于这个事情,我跟核酸沾上了关系。

后来因为《南方周末》的采访,我又跟美国一位华裔美籍科学家合写了一个短文,在《南方周末》上发表,就讲核酸。核酸是人人身上都有的,每一种食品里都有核酸。没有核酸生物就不能存在,但是你吃进去的核酸,到了肠胃道就消化了,就变成核苷酸,或者核苷,核苷或者核苷酸是能够吸收进去的。由于核苷、核苷酸在几乎所有的食品里头都有,所以一般人体是不会缺乏的。

我在《南方周末》发表这个文章之后,(生产某品牌核酸的公司)就派了他们一位公关小姐带了三大本资料来找我,说他们这个核酸是有根据的。我说你这三大本资料我不能马上回答你,我得看看。她就留下资料走了,说以后再来找我,以后就再也没来。这三大本资料我看了,一本是欧美科学家关于核酸营养的论著,一本是日本科学家对于核酸营养的论著,一本是本国科学家对于核酸营养的论著。我先看了欧美科学家的。我不用看文章,看它标题就知道，它里面没有一篇是讲核酸营养的。有的是讲核酸代谢，有的是讲核苷酸和核苷在体内代谢途径。没有一篇是讲核酸营养。我不懂日文，日本科学家那本我就看它在什么地方发表，发现这些论文都不是在正规的学术杂志上发表的，都是属于广告性质的东西。第三本中国科学家的论文，那都是像我们学会那位副秘书长这一类科学家的文章。所以他们这三本资料都不足以证明它们是什么营养品。

可是非常遗憾，我们说归说，也没用，上个星期我在上海，他们开车带我转，特别指给我看，在繁华地区有一个很大的店面，核酸专卖店，整个一个铺面都是卖核酸的，所以我说了有什么用呢？没用。

邹承鲁"箴言录"

▲多年以来，我们国家都不提倡独立思考。上面讲的话只有学习、领会精神的份。理解的要执行，不理解的也要执行。这种习惯移植到科学研究上，那就完了。做研究就是要问为什么，不问为什么，我们就永远谈不上创新，科学就永远都不会发展了。

▲我想，最主要的一点是，我这个人有自己的想法，向来不赶时髦。我觉得我们国内赶时髦的风气不好。这个风气是由什么引起的呢？恐怕该由领导负责。做时髦工作，领导给钱；做冷门工作，领导不给钱，或者只给很少的钱。其实并不一定钱拿得越多的人工作就做得越好，我们国家不讲究这个。而国外做科研也是讲究投资效益的，要看投入产出比，要看发表一篇好文章要花多少钱。在美国来讲，发表一篇好文章大概要花 10 万美元——把投资、人的薪水、设备等都算在内。在我们国家有些人拿很少的钱能做出很好的工作，有人拿很多的钱不做什么工作。

▲在老师里面，佩服的是陈寅恪，不佩服的是冯友兰。你不知道，在西南联大时，我们这些学生对于冯友兰就是很有看法的。他是当时少数几个部聘教授之一，曾得到过蒋介石的接见。解放后他又得到了毛泽东的接待。真相信某个东西倒也没关系，但不要说违心的话。陈寅恪坚持独立之精神，自由之思想，深为我所佩服。

许身报国邓稼先

邓稼先（1924—1986），核物理学家，中国科学院院士。他对中国的核科学技术的发展作出重大贡献。1999年获得中国"两弹一星功勋奖章"。

"我是院长，你得听我的命令！"

有一次在现场做试验，太阳烤着砂砾，地面发烫，邓稼先突然大汗淋漓，接着就昏倒在地。大家把他抱起来要送他离开现场，他坚决不肯："这是关键实验，我不能离开！"

在这种情况下，邓稼先还争着要去插雷管。因为这是一件危险的工作。一位女工程师争着要去，邓稼先说："你还年轻，不能去！"

这位女工程师死活不让邓稼先去，后来邓稼先急了："我是院长，你得听我的命令！"

女工程师激动得直想哭。是啊，从来没有院长架子的邓稼先，唯这次用"权势压人"了！

《两弹元勋邓稼先》书影

平时连派给他的小车都不坐，非要骑自行车上班的院长，现在却"大发威风"了！？此情此景，怎么不令人激动？

还有一次，要在车床上车一个毛坯，这活极其危险，不能切多，不能切少，也不能在切削时冒半点火花。这是原子弹的核心部件，稍一不慎，出了问题，在场的所有人将立即化为气体，消失得无影无踪。老将军李觉和邓稼先同时站在工人身后，工人心里踏实了。每车一刀测一次，半点不敢马虎。李觉年迈体弱，站了一天加半夜，心脏病发了，只好抬下去。邓稼先坚持站在工人师傅后面,工人换班他也不走,整整站了一天一夜,直到第二天得到合格产品为止。

如果你想让他走,他又是那句话:"我是院长,我不能走!"

研制原子弹后期,邓稼先经常便血,人们劝他注意身体,注意休息,但他总是说:"痔疮,小病!"哪里知道,正是这个"小病"最后要了他的命。

杨振宁为什么热泪盈眶?

1971年,杨振宁教授回到阔别25年的中国。一到北京,周恩来总理问他,想见见什么人。杨振宁递上去一份名单,第一名就是邓稼先。他们俩从小就是好朋友,中学、大学都是同学,在美国两人也曾经在一起住过,杨振宁想见邓稼先,在情理之中。但还有一点好奇心,恐怕不能忽略。在中国第一个原子弹爆炸成功以后,美国科学界都猜测邓稼先是中国的"原子弹之父"。杨振宁想知道这是真的吗。这位故交,如果为中国做出这么巨大的贡献,作为老朋友,岂不更应该去拜会、表示敬意吗?

杨振宁不愿意有人跟他一起见邓稼先,于是要了一点小计谋,一个人走出旅馆,悄悄地找到了邓稼先的家。邓稼先没谨防老友来得这么快,还正忙着把寒酸的家打点一下,把与核武器有关的书藏起来,这是国家机密,向谁也不能透露。正在哐啷哐啷搬家时,杨振宁突然进来了。杨振宁有点心酸,单刀直入地说:"老兄,叮叮当当,跟我玩什么把戏啊?"

邓稼先尴尬极了。拍拍双手的灰尘,憨厚地笑了笑,说:"老兄,请坐。"

"我不坐,大会堂里坐了一下午了!"

杨振宁与邓稼先谈开了,杨振宁旁敲侧击,想点明邓稼先是"两弹之父",而邓稼先早已不是20多年前的热情奔放、血气方刚的年轻人,他现在已经是保密单位的领导人。他"王顾左右而言他",极有礼貌地将那些不便回答的问话岔开了。

杨振宁知道邓稼先忠厚得像中国农民,所以他不仅不怪,倒平添了几分敬重之情。

杨振宁离开北京飞往上海时,邓稼先去送行。杨振宁变换策略,问了一个不好回答的问题:

"老兄，外国人都说中国的原子弹有寒春和阳早夫妇①的功劳，是真的吗？"

这个问题问得真"绝"，不论回答是还是不是，都将点明邓稼先与原子弹研制的关系。"这个事情，我不了解，我问问看。"邓稼先回答得也真"绝"。

邓稼先送走了杨振宁后，心中很矛盾，也有点后悔。于是他打电话给周总理，周总理说：

"你们哥俩好，捉什么迷藏嘛！……你把我的话告诉他，除苏联专家在早期有过短暂的一些援助外，中国的原子弹、氢弹没有一个外国人参加。"

1971年8月16日，杨振宁离开上海回美国前夕，上海领导人在上海大厦请他吃饭。席间有人送给他一封信，是邓稼先写给他的。信中说，已证实：中国原子武器工程中除了最早于1959年底以前得到苏联的极少"援助"以外，没有任何外国人参加。

这封短短的信，使杨振宁非常激动。他突然热泪盈眶，不得不起身去洗手间擦掉自己的眼泪。杨振宁为什么这么激动？不言而喻，这是他的民族自豪感，也是为好友邓稼先而感到骄傲的思想感情的真实流露。

杨振宁心目中的邓稼先

1986年7月29日，邓稼先由于积劳成疾，不幸因病去世。他的遗言是："死而无憾！"

杨振宁知道这个噩耗后，痛心疾首，曾专门写了一篇悼念文章，以表达他深深的哀痛。杨振宁写道：

> 1964年10月16日中国爆炸了第一颗原子弹。1967年6月17日中国爆炸了第一颗氢弹。这些日子是中华民族五千年历史上的重要日子，是中华民族完全摆脱任人宰割时代的新生日子！
>
> 邓稼先是中华民族核武器事业的奠基人和开拓者。张爱萍将军称他为"两弹元勋"，他是当之无愧的。

---

① 寒春和阳早是两位在中国生活的美国学者，其中寒春以前是学物理学的，曾经是费米的学生，后来还参加过美国研制原子弹的曼哈顿工程；阳早是一位生物学家。他们到中国以后，一直从事农业研究。——本书作者注

邓稼先是中国几千年传统文化所孕育出来的有最高奉献精神的儿子。

杨振宁还说：

邓稼先的一生是有方向、有意识地前进的。没有彷徨，没有矛盾。是的，如果稼先再次选择他的途径的话，他仍会走他已走过的道路。这是他的性格与品质。能这样估价自己一生的人不多，我们应为稼先庆幸！

杨振宁教授内心的悲痛和民族自豪感，力透纸背！

将门虎子梁思礼

梁思礼(1924—2016),1924年出生于北京,是梁启超的第五个儿子。中国科学院院士,火箭系统控制专家,我国导弹控制系统研制创始人之一。

家里的"老白鼻"

1924年8月24日,在北京酷暑将退的时候,梁思礼出生在协和医院。梁思礼的出世,给全家带来了极大的欢乐。再一次为人父的梁启超更是喜出望外,把这个最小的儿子视作心肝宝贝。

梁启超对这个最小的儿子确实宠爱有加,亲昵地叫他"老白鼻"。为什么叫"老白鼻"呢?原来他大姐二儿子"小baby"都比他大两岁。所以梁思礼出生时,梁启超就叫他"老baby"。这有两层意思,一是指他老年得子,二是指梁思礼排行小,北方人管最小的孩子叫"老儿子"。梁启超一生幽默,就利用英文baby的中文谐音,就成了"老白鼻"。

梁思礼与三姐梁思懿

梁思礼小的时候很聪明、善于联想。当他还是两岁的时候,每当梁启超写文章时想抽烟,就让小儿子帮他拿,梁思礼就会主动把抽烟的一套用具送到父亲面前,让梁启超高兴得不得了。不仅是父亲,兄姐们也都很喜欢这个最小的弟弟,一起玩时都会带上他。

在美国卡尔顿学院

1941年,年仅17岁的梁思礼开始了他的留学生涯。乘坐远洋轮船漂洋过海,来到了美国明尼苏达州的卡尔顿学院(Carleton College)。这是一个很小的学院,但在美国还是很著名的,在小学院里面它名列前茅。

学校坐落在明尼苏达州偏北的一个小镇北菲尔德(Northfield, Minnesota),校园很美。那个地方很靠北方,有时在公路上就能看到变幻无穷、奇妙无比的北极光。

1941年,梁思礼留学前摄影

初来乍到一切都很新鲜,但梁思礼很快意识到自己面临的生活困难。他的父亲早已去世,家里没有多余的钱给他。虽然有奖学金,吃饭住宿不用花钱,可是日用零花钱就只能靠自己去挣。

于是梁思礼像许许多多留学生一样,一边读书学习,一边打工挣钱。他勤工俭学,什么都干过:到学校餐厅里当服务生,端盘子、洗碟子、洗碗;和同学一起去豌豆罐头厂做工,在流水线上一边干活,一边吃豌豆;在拿到救生员执照后,还去做过游泳救生员……

他很少有时间去享受假日的休息和娱乐。虽然那时父亲梁启超在华侨中有很大的影响力,自己打工又这么辛苦,梁思礼却很少在别人面前提起自己是梁启超的儿子,更不允许自己利用父亲的名声为自己谋取任何一点利益。这是他做人的基本原则之一。

因为有了救生员执照,在暑假里,梁思礼就到纽约州的旅游胜地银湖湾当了一名救生员。那里风景优美,由五个条形湖组成,据说是冰川时代形成的,是度假的好地方。梁思礼在那儿当正式的救生员,可以免费吃住。游客们在湖面上划着舢板,尽情享乐,而梁思礼这位中国少年则要戴着太阳帽,穿着游泳裤,坐在特设的高台上,聚精会神地向四周观望,不能有一丝松懈;一旦有人在水里出现险情,他就得立即跃入水中赶往出事地抢救。

除了爱好体育以外,梁思礼还有一个爱好是听古典音乐。但是因为没有钱,凡是要花钱的娱乐项目他就不能参加,连看电影都很少很少。好在卡尔顿学院有一个很好的唱片图书馆。那儿不只是环境幽雅,静谧优美,而且唱片非常多,门类齐全。在那里,梁思礼欣赏了贝多芬、莫扎特、柴可夫斯基的许多唱片,包括交响乐、协奏曲、歌剧、芭蕾舞曲。每当这时,美妙的音乐就会给寂寞清苦的梁思礼,带来心灵上的慰藉和美学上的滋养。

"洋博士"娶了一个"小八路"

1949年,在美国苦读八年的梁思礼获得博士学位以后,决定回国。1949年秋天回到天津,这时他已经是25岁的"洋博士"。

1954年,梁思礼与一位美丽娴雅的年轻姑娘麦秀琼,在单位的周末舞会上认识。当时麦秀琼在人事部门工作。通过一段时间的交往,两人逐渐熟悉后就"交上了朋友"。梁思礼很喜欢麦秀琼的温婉美丽、文静内秀,麦秀琼也很欣赏梁思礼的真诚直爽、博学多才。两人很投缘,仿佛早已相识多年。他们惊喜地发现彼此之间有很多共同的志趣,对事业都有着饱满的热情,对生活有热切的期望。

相濡以沫的梁思礼和夫人麦秀琼

让梁思礼惊讶的是,文静内秀的麦秀琼还是一个参加过抗日游击队"小八路"出身的老党员。一向积极上进的梁思礼对这件事还真有一些"耿耿于怀",担心麦秀琼看不上他。直到1956年梁思礼被批准入了党,他心中的一块石头才算落了地。

这年的年底,梁思礼和麦秀琼就举行了婚礼。麦秀琼对朋友还打趣地说过:"就他那个倔脾气,要是入不了党,我们的婚还真结不成了。"

人们都说,梁思礼和麦秀琼是"洋博士"娶了"游击队小八路"。两人经历看起来似乎差别很大,有点传奇色彩,其实两人之间有很多共同语言,还有着相近的文化、社会背景。两人生长在同一个时代,受过相似的社会影响。两人的家庭背景也很相似,都是爱国进步知识分子的家庭。

麦秀琼的祖父麦笃臣是民主革命时期的一位老革命家、老同盟会员,一生跟随孙中山参加过多次起义。后来不幸被陈炯明为排除异己杀害了。麦秀琼的父亲麦鼎勋是一位进步的爱国知识分子,复旦大学毕业以后就投身到进步事业。抗战时他赴香港办报,宣传抗日;太平洋战争爆发香港沦陷后返回广东。后来因为长年颠沛流离、积劳成疾,1941年不足45岁的麦鼎勋不幸病逝。

1944年,18岁的麦秀琼高中毕业,她学习成绩优异,完全可以上大学。但由于受到家庭的熏陶和抗日进步思想的影响,她毅然放弃了读大学的机会,参加了共产党领导的游击队。

意外得到的画册

黑海风光

1956年,梁思礼调到中国的第一个导弹研究机构——国防部第五研究院(简称五院)。这是他以后火箭事业的起点。

1959年初,中苏关系还可以,为了争取苏联再援助我们几个导弹型号样品,包括海军用导弹等,中国组织了一个庞大的访苏代表团,由海军政委苏振华上将任团长,五院派去了副院长刘秉彦和4个技术顾问,其中就有梁思礼。

代表团一行1959年冬天到苏联后,中苏关系已经开始紧张起来了。由于苏联不再愿意援助中国,所以他们一拖再拖,代表团住了几个月,对方一直就那么拖着,既不说给,也不说不给。一直拖到1960年,苏方终于同意援助两个型号的导弹。

在苏联期间,苏方还让我国代表团到克里米亚黑海舰队基地参观。到了海军司令部所在地塞瓦斯托波尔,地方上对代表团的人员还很热情,让大家还参观了艺术博物馆的油画展。梁思礼爱好广泛,体育、音乐和美术都是他的所爱,在参观油画展览时,他最欣赏的是苏联著名画家阿依瓦佐尔夫斯基的画。这位优秀的画家专攻黑海风光,把黑海整个给画活了。在大海的汹涌波涛中搏斗的帆船,让梁思礼联想到航天人奋力战胜一个个困难的精神,所以产生了强烈的共鸣。博物馆工作人员知道梁思礼这么喜欢这些画,就赠送一本阿依瓦佐尔夫斯基的画册给梁思礼,画册大部分画的都是黑海。梁思礼非常喜欢,一直珍藏。

逃过一劫

说起这次苏联之行,梁思礼还遇到了一件有惊无险的事情,逃过一劫。因为他们这个科学考察团人数比较多,连海军政委都去了。在预订飞往莫斯科的飞机票时,有一架飞机已经被郑振铎带领的一个文化部代表团给包了,只剩七个座位。梁思礼所在的代表团本可以先让七个人坐上去,如果这样决定,那梁思礼作为主要技术人员就极可能成为七个人中的一个,先乘这架飞机到莫斯科。

后来代表团决定全团要走就一起走,于是就没有上那架飞机。而那架飞机后来由于气象的原因,不幸在西伯利亚失事。

这次不幸的事故使得梁思礼所在的代表团特别小心,有一点气象不正常就不飞了。以前几个小时就可以飞到莫斯科的,结果他们用了两天时间才飞达。

除了这一"险",1959年对梁思礼来说还有一"喜"——这年年初的时候,梁思礼的第二个孩子出世了,这是一个清秀、可爱的女孩。当时党对知识分子的要求是又红又专,梁思礼就为女儿取名梁红。

这儿既然谈起女儿梁红,还有一个有关小女儿梁旋的小趣事。

1962年初,我国的中近程地对地导弹完成总装测试,准备在3月份试射。这时他的妻子正怀着的第三个孩子,即将出生。梁思礼对这次的试射很有信心,与妻子约定,如果生男孩子就叫梁凯,女孩子就叫梁旋。看来梁思礼已经有信心凯旋了。

　　导弹到了发射阵地以后立在发射架上时，由于当时风很大，导弹出现了抖动，大家一时不清楚这是什么原因。于是，大家一边在现场测试，一边让在北京 12 所的人做实验。梁思礼在基地，他不断地和在京的所长通电话，让他们在所里做模拟实验。梁思礼一边打电话，一边抽着烟，电话连续不断地打了几个小时。事后，从电话的话筒里烟灰都磕出了一大堆。

梁思礼（前排中央）为火箭班学员做讲解

　　不幸的是，由于整个设计制造中缺乏系统工程的观念，这一次试射失败了。

　　虽然失败了，但是通过总结经验，梁思礼仍然有信心在下一次试射取得成功，因此当妻子生下他们的小姑娘的时候，他还是按照原定计划取名为梁旋。

　　1964 年 6 月 29 日，梁思礼的愿望终于实现，我国"东风二号"中近程地对地导弹发射成功，并以后连续八次发射成功，于是全军准备用它定型装备导弹部队了。梁旋的名字终于落实！

落井传奇

　　梁思礼一生像他的父亲梁启超一样，非常爽朗乐观，他曾说过："我与父亲一样，崇尚趣味主义。父亲常说，若哭丧着脸挨过几十年，那么生命就成了沙漠,要来何用?"

说到梁思礼的乐观豁达,不能不说到他有一次掉进深井而生还的传奇经历。那是1994年,梁思礼刚过七十大寿没多久的一天,梁思礼和妻子一起出去散步。他只顾抬头看新修成的立交桥,没有注意地面上有一个电缆深井由于施工打开了井盖,又没拦上东西让路人注意,结果他掉了进去。深井有两层,中间有一个梯子,幸好是这个梯子缓冲了下坠速度,救了梁思礼。梁思礼掉下去的时候把梯子砸断了,自己也摔断了三根肋骨,最悬的是断梯的木杈挑起了他的上衣,如果再靠里一点就会插入脊椎,后果不堪设想。

梁思礼当时以为自己肯定没命了,所幸他和死神只是擦肩而过。但是这一次毕竟摔得很重,梁思礼觉得自己的身体以后可能会有大问题出现。奇巧的是康复以后,很多朋友都说他的身体比以前更健康了,他自己也有同感。

后来他还为此说出了一套理论:自己是横着掉下去,把全身的经络都振动了一下,就像针灸一样,把经络都打通了,所以更健康了。

这虽然只是一个玩笑,却显示出他幽默达观的良好心态。

科技统帅朱光亚

朱光亚(1924—2011),湖北武汉人,中国科学院院士、工程院院士;中国"两弹一星功勋奖章"获得者。中国核科学事业的主要开拓者之一,曾任国防科委副主任、中国工程院院长等职。

与老师吴大猷的师生情

朱光亚在西南联大读书时,恩师是吴大猷先生。在那兵荒马乱的动荡岁月里,师生都被逼到一个窄小的生存空间,老师与学生的关系因此变得十分密切。朱光亚常说,那时为了要躲避日本飞机的轰炸,吴先生家只好住在离学校5公里的昆明市郊岗头村一间平房里。当时吴师母身体不好,患有严重的肺病,卧床不起。吴先生一面要给学生们上课,一面又要照顾病弱的夫人,还要在家坚持搞物理研究。

看到恩师忙里忙外很辛苦,朱光亚就常抽空去帮吴先生做些买菜之类的杂事。由于朱光亚很尊重吴大猷先生,努力勤奋好学,在生活中又很体谅恩师的苦衷,所以深受吴先生与吴师母的欣赏和疼爱,吴先生也时常让他留在家里吃饭。

那时吴先生家住的郊区,这儿不通汽车,甚至连黄包车都没有。朱光亚就常常背着吴师母到很远的医院去就医,有时遇上日军飞机空袭,他还要背着吴师母"跑警报"。每当这时,吴师母看着已是满头大汗的朱光亚,就让他休息一下,朱光亚总是擦擦汗说:不累,不累。在朱光亚看来,能为自己的恩师分一点忧,帮老师照顾一下师母,是他最感欣慰的事了。

大学毕业后,朱光亚就留在吴大猷身边做助教。1946年下半年,国民政府需要培养一批制造原子弹的青年才俊,在物理学人才方面,有关方面请吴大猷挑选两位年轻人。吴大猷推荐了朱光亚和当时大学还没有毕业的李政道两人,于是朱光亚和李政道随吴大猷夫妇一同到了美国。后来,因为美国的原子弹研究处于绝对保密状态,外国人根本不可能学习原子弹制造理论和技术,于是到美国留学学习原子弹制造的一群学生都没有学习原子弹制造技术,而是分道扬镳各找出路。李政道进了芝加哥大学物理系学习理论物理学,朱光亚进了密执安大学学习核物理。在过去的这一批人当中,后来只有朱光亚一人回国后真正从事原子弹的研制工作。

1992年5月,朱光亚(左)与恩师吴大猷在北京

虽然日后朱光亚与吴先生被台湾海峡相隔,但他们之间深厚的师生情谊并没有受到任何影响——只是海峡所隔,彼此思念之情与日俱增。1992年5月,为祝贺周培源先生90寿辰,北京召开了一次物理学界的学术大会,吴大猷先生和李政道等海外著名科学家专程来到北京。这是自朱光亚与恩师吴大猷阔别42年后的再度重逢。朱光亚欣喜地见到了已年界80高龄的恩师身体仍然十分健康,两人重叙师生情谊和别离之情,感慨万千。从当时的照片看,朱光亚与吴先生相对而坐,朱光亚身体微微前倾,向恩师倾诉的离情。这时他们都沉浸在何等的愉悦之中啊!吴先生当然会知道朱光亚在研制原子弹事业上取得的巨大成就,作为老师,他当年推荐朱光亚这样的弟子留学美国,真是没有看错人呀!

离别时,朱光亚将一份专门准备的礼物——祖国大陆的一块珍贵化石送给老师,借此聊解恩师在海峡对岸的思乡之情。

"两边跑"的领导

上世纪50年代后期,我国为了研制原子弹,政府决定在第二机械工业部成立一个"九局"。

1958年3月下旬,苏方根据中苏《国防新技术协定》派专家来华。其中,科学调查组有组长聂金、实验物理学家加弗利洛夫和马斯洛夫。加弗利洛夫被苏方指派为二机部九局的科技顾问,准备在华长期工作。加弗利洛夫到北京上班以后,就急匆匆地向核武器研究所提出:"应当调朱光亚来工作,一定得让他来。"

人们颇感意外地问:"您怎么知道有一个朱光亚,并且对调他来这么感兴趣?"

1956年中国原子能代表团访问苏联时合影。(左二至左五)赵忠尧、何泽慧、王淦昌和朱光亚

加弗利洛夫见大家很惊讶,就解释说:"朱光亚在1956年4月曾经到过莫斯科,我们的塔姆院士(1958年获得诺贝尔物理学奖)见过他。在我出国前,塔姆院士向我推荐朱光亚,说他是一位有头脑、能力很强、有才华的青年科学家。"

经他这么一说,人们才知道加弗利洛夫急着要朱光亚的原因。的确,1956年4月,为了进一步争取苏联援助我国建设核工业,经周恩来总理批准,以刘杰为团长的中国原子能代表团赴苏联谈判。朱光亚作为这个代表团的十名科学顾问之一,于1956年4月初到达莫斯科;他也的确见到过塔姆院士,没有想到的是塔姆院士对他还有这样好的评价。塔姆的这一评价后来在朱光亚当"两边跑"的领导时,得到很好的证实。

"两边跑"这件事的原委是这样的,上级因为需要想把朱光亚从原子能所调到核武器研究所,但是原子能所不肯放人。后来几经协商,在钱三强等领导做工作的情况下,原子能所才勉强松口,但不同意把朱光亚的工作关系转走,并提出要"让朱光亚在两个单位同时挂职,每星期在两家各工作三天",即"每星期一、三、五在核武器所工作,二、四、六回原子能所"。后来安排的是,星期一至三在核武器所,四至六回原子能所工作。于是朱光亚成了一位"两边跑"的领导。

但是这个办法只执行了很短的一段时间就行不通。因为朱光亚在接受核武器研究所的新任务以后,这个所的任务非常紧迫,上面要求很严很急,所以每天工作日程都安排得满满的,每天都要忙到深夜才能就寝。这样,每星期四到六回原子能所工作的安排实际上根本无法实现。再后来,原子能所不得不同意放走朱光亚。

张爱萍将军拜师

1960年初,当时核武器研制刚刚起步。有一天,时任解放军副总参谋长兼国防科委副主任的张爱萍将军,来到位于京郊的核武器研究所。他这一次来的目的是专程拜访核武器研究所副所长朱光亚,因为朱光亚主抓技术工作。朱光亚闻讯后感到很突然,心想,兼任国防科委副主任的总参领导在百忙中来所里,那一定是来检查工作的。于是,他赶忙迎上前去握着张爱萍将军的手说:

"我把所里的工作向您汇报汇报。"

可是张爱萍开门见山地说:"我是来向你请教、拜师来了。不是来听汇报的。"

这有一些出乎朱光亚的意料,一向沉稳与谦和的朱光亚连连说道:"不敢当,不敢当。"

张爱萍将军恳切而风趣地说:"我不懂科学技术,只晓得鸡蛋、皮蛋、山药蛋,对于原子弹一窍不通。不懂得它又怎么做领导工作呢?所以,今天特意向你请教来了,请你给我讲一讲什么是原子弹。"

朱光亚为张爱萍将军真诚求知的学风和务实负责的工作作风所感动,于是,就用通俗易懂的语言,认真、详尽地将原子弹的有关知识娓娓道来。

听了朱光亚通俗简要的介绍之后,张爱萍将军说:"受益匪浅,真是受益匪浅啊!"

我国首次核试验现场的张爱萍(右1)与朱光亚(左1)

后来,张爱萍将军几次向人们讲到拜朱光亚为师的事:"那是我第一次系统地了解了原子弹的知识。朱光亚同志是我在核工业战线上的第一位老师!"

朱光亚也为能有这样一位知人善任的伯乐与将军而感到欣喜。

吐烟圈和军大衣

20 世纪 60 年代,朱光亚已是核武器研究院的副院长。有一次,在核武器研究院开会中间短暂休会时,朱光亚抽空点燃一根烟,并吐出一连串又圆又大的烟圈。在一旁看到这一"奇景"的青年技术员们禁不住好奇地问朱光亚:"您怎么会有这样高超的吐烟圈技巧呀?"

朱光亚听了不禁哑然一笑,幽默地告诉他说:"这还要归功于板门店谈判。"

这话从何谈起呢?原来在 1952 年初,由于抗美援朝战争进入到相持阶段,停战谈判成了当时外交战线的重头戏。这时朱光亚作为英语翻译被选派到朝鲜战场。于是朱光亚穿上了中国人民志愿军的军装，包括一件后来有历史意义的军大衣。

由于谈判陷入了僵持阶段，当时中、朝代表与美国人谈判，常常是双方一言不发，你看着我，我看着你，静坐一两个小时后，宣布下一次开会的时间就散会了。久而久之，双方都练出了耐性和坐功，甚至需要忍受较长时间的沉默。这里有一个有趣的插曲，就是由于双方在保持沉默时都是一言不发，中方人员看着美国人一支接着一支地吸香烟、一口接着一口地吐烟圈，于是也相互递烟，朱光亚也就是在这段时间里学会了抽烟和吐烟圈。后来他就一直保留了抽烟的习惯。

朱光亚与女儿

朱光亚对年轻人说：美国代表从鼻子里喷烟，还从嘴里吐烟圈出来。我们的谈判代表也这样奉陪——吐烟圈，而且吐的烟圈一次比一次多、一次比一次大，停战谈判居然成了吐烟圈比赛。美国人谈判谈不过我们，吐烟圈也吐不过我们。

一席话，把在座的人都逗得开怀大笑起来。但是对于朱光亚来说，这个在板门店谈判时染上的吸烟的坏习惯，在晚年成为他呼吸系统出毛病的根本原因。

关于军大衣，也有一段趣闻。回国后的朱光亚，最喜欢披在身上的就是那件见证过板门店谈判的军大衣了。20世纪60年代，已经是副院长的朱光亚，对这件颇有"阅历"的旧军大衣仍然情有独钟。为了尽早造出中国人自己的原子弹，他穿着它走过大雪茫茫的青海草原，去过飞沙走石的新疆核试验现场。就是在北京核武器研究院的办公室，只要是冬季他就总是喜欢把这件已经旧了并褪了色的棉军大衣穿上。

"文化大革命"期间，有一次朱光亚手下的一个青年技术骨干问：

"朱院长，现在搞'文化大革命'了，人们都爱穿军装。您这件军大衣是从哪里弄来的？"

显然，他误以为朱光亚也像"文化大革命"中的一些"赶时髦"的年轻人一

样,弄一件军大衣来穿穿。朱光亚风趣地回答他说:

"谈起这件军大衣那就说来话长了。我曾经是中国人民志愿军的一员,参加过朝鲜停战谈判,当过英文翻译,在谈判桌上面对面地同美国佬较量过呢。这是当时参加板门店谈判时发给我的。这件大衣又暖和又合身,它已经跟了我十多年了。"

何梁何利奖

朱光亚是那种真心诚意地将名与利看得很淡很淡的人。1996年10月,朱光亚获得了"何梁何利基金科学与技术成就奖",奖金为100万港币。在那个年代,100万港币是一个可观的数目。记得人们得知这一消息后,有人对朱光亚的儿子朱明远说,这么一大笔钱,朱老该给你们每个人分分了吧?朱明远听了什么也没说,只是淡然一笑,因为他太了解父亲了。以他的人品与个性,他肯定会在第一时间就将这笔钱捐献给他认为最需要或最有用的地方,而且毫无保留;不仅如此,而且日后肯定会闭口不谈这件事。

朱光亚(中)在何梁何利奖的颁奖仪式上

作为后人,朱明远他们也默默支持父亲的行为。

多年来,朱光亚对后辈的教诲总是:"清苦一点不好吗?"

所以,不慕奢华、耐住清贫,就是朱光亚传给后辈的宝贵财富,它胜过世间任何有形的资产。

曾任中国工程院秘书长的葛能全回忆："光亚院长一向严格要求自己，不张扬个人，对于这一点，我在来中国工程院之前就有所知晓。我到中国工程院工作以后，感受深刻的是光亚院长的无私奉献精神。1996年10月，光亚院长获得了'何梁何利基金科学与技术成就奖'100万元港币的奖金。颁奖头一天，光亚院长对我说，要把全部奖金捐助给中国工程科技奖励基金会，并且说这是他经过考虑、不能改变的。但我还是不忍心这样做，因为100万港币对于任何一个人都不是一个小数目，即便存在银行，当时每年的利息少说也有10多万元。而且我也了解，光亚院长的家里并不很宽裕。于是，我试探性地建议，是不是拿出一部分？光亚院长的回答十分平和：'就这样吧。'"

"第二天我拿到奖金支票后，又重复了上述建议。这时，光亚院长说，中国工程科技界的工程科技奖励基金，现在都是由台湾友好人士捐助的。如果我们也能出一点，虽然为数不很多，但总是比较好一些。乍听起来，原因非常一般，而认真领会一下，其中包含了一种真诚的心意、一种很高的境界。"

葛能全还谈道："令我感动的是，光亚院长捐助100万港币后，反复叮嘱不要宣传。我深知，不张扬是光亚院长的一贯风格，他是真心实意这样做的。我体会到，不让宣传还有另一层意思，就是不希望这种做法给旁人造成压力。因此，我完全尊重光亚院长的意见。很长一段时间里，即便是中国工程院院士也没有人知道这件事，外界更无人知晓。"

敢说敢为蒋锡夔

蒋锡夔(1926—2017),1926年生于上海。中国科学院院士。1952年获美国华盛顿大学化学系博士学位。1955年回国。2002年因为在有机化学前沿研究取得的重要成果,获得国家自然科学一等奖。

换座位和看电影

蒋锡夔(kuí)从小就有一种喜欢提出和坚持自己意见的习惯。这种习惯在小的时候也许显得有一些任性,但是在科学研究上却是一种难能可贵的品格。

童年的蒋锡夔(右1坐小车)和家人

蒋锡夔家里子女众多,也不是一母所生。他的两个哥哥和三个姐姐是父亲前妻所生;他的母亲冯乌孝生下一男四女,蒋锡夔是他母亲唯一的儿子,他有一个姐姐和三个妹妹。因为这种比较复杂的关系,父母在处理家务事的时候随时都比较小心,避免一不小心伤害了儿女。为了培养子女自幼养成良好的生活习惯,在吃饭时父母要求每人都要坐在自己固定的座位上。他姐姐群玉的位子在妈妈旁边,而他则只能坐在父亲旁边,这使他感到不高兴,觉得这是因为妈妈喜欢姐姐而不太喜欢自己。于是他念念不忘的就是一定要想个办法坐在妈妈旁边。有一天,他鼓足勇气坐到了姐姐的位子上,非不让姐姐坐。妈妈开始劝他遵守规矩,但他就是死活不听。看来规劝无效之后,父亲可不客气了,给了他一顿严厉的责骂,最后他只能流着眼泪无限委屈地回到自己的座位上。

还有一次父亲带姐姐群玉去看电影,可能认为他还太小看不懂,就没有带他。他又感到十分委屈,向爸爸求情带他一起去。央求无效后蒋锡夔开始号啕大哭,爸爸没有理睬他,与姐姐走了。但是他却一直到爸爸和姐姐看完电影回来时还在哭。无奈之下,妈妈只得带他也去看了一次。看了什么电影蒋锡夔后来也不记得;可见,看什么电影对他似乎并不重要,重要的是妈妈最后同意带他去看电影了。回来的时候他拉着妈妈的手感到无比的幸福。妈妈看到年幼倔强的儿子心满意足的表情,也不由高兴地笑了。

读初三时的惊人之举

1940年读初三的时候,蒋锡夔闹了一段时间胃病,经过一年多的调养后症状慢慢消失,一直到最后他也没有再发过这种病。但这次生病对他的心灵却是一次打击,他认为他害病是因为学习过度努力,因此在一段时间里他对学习丧失了以前那种兴趣,每日只是像完成任务一样上课、读书。由于他善于学习和思考,虽然学习不如先前努力,在班上仍然名列前茅。但是对于一些需要死记硬背的功课,他开始不大喜欢。这种情况在他上小学时就出现过,当时他不愿意上珠算课,就曾被老师批评。

在读初三时,他做了一件轰动了全班的事情。事情的起因是学校在初三年级开设了中国文学史、中文语法、应用文等课程,他认为学习这些课程简直是浪费时间,因此在一次考试的时候,他故意只抄写了题目却没有回答问题就交了卷子。

这件事情发生在学校里,当然是非常出格的,因此一时颇为轰动,受到老师严厉地批评。他后来对自己的这一行为颇为后悔,因为他逐渐认识到,有些古文范文需要背诵才能记牢,而泛读容易忘却;而且他也认识到单纯学习理科,在研究中往往很难突破瓶颈,只有文理兼长,才能达到融会贯通的至高至美的境界。

异域思乡

1948年8月18日中午,全家人都到上海公和祥码头送蒋锡夔出国留学。下午3时,他乘坐的美国远洋客轮"梅吉斯将军号"离开码头,驶向吴淞口。

9月13日到达目的地华盛顿州的西雅图市,他将在这儿著名的华盛顿大学化学系学习。初到西雅图,在摆脱了旅途的枯燥、兴奋、好奇和新鲜感之后,蒋锡夔产生了深深的思乡之情。身在异国他乡,又是第一次长时间远离父母,蒋锡夔非常思念父母、亲人和朋友,往事历历在目却又遥不可及。第一次在旧金山得到家书时,他在日记里写道:

"欣喜无可言,唯恐万感俱来,一时不敢细读。"

在西雅图收到第二封家书时,他又在日记里写道:"立于大树荫下细读,别时情状,又一一印上心来。"这时他还想起父亲以前写过的诗句:

"惜别无古今,情识傅自苦,低头察脚下,履犹故国土。"

"应怜月上时,异域朝露举"。

在1949年元旦的日记中,蒋锡夔记录了他无限的思绪和无法了断的乡愁:

"离家至今,差不多已四个半月了。来西雅图,居此斗室,已逾三月有半矣。没有好好记过日记,没有对自己长长地

蒋锡夔(前右2)赴美留学时与家人合影

深谈。至今日心灵已能在这环境里安静下来了。是心志的软弱,还是感性之深厚,浓浓的乡愁,苦苦的回忆,雨季中的西雅图把我悲苦、悲苦着。头脑少有休息地工作、工作着,心神绝望地躺在沙滩里,渴望着一线阳光,一丝温暖。虽曾作一大声疾呼,再不能觉到那热热的火,常烧在心头。我没有变得老些,

我知道我还是会流泪、会哭泣,只是有些软弱,孤寂中的软弱。须要着心灵之宁谧,静静沉默的信心,我知道,我已把它找回来了。"

从蒋锡夔的日记可以看出来,他是一个感情多么丰富和细腻的人!

永远是一个敢说敢为的人

蒋锡夔平生最大的特点是:在任何时候都敢于坚持真理,绝对不讲亏心话,不做亏心事。这样的特点可以说贯穿了他的一生。下面的几个事例就是从他刚直不阿的一生中,撷取的几朵带有露珠的花瓣。

1953年,蒋锡夔在普林斯顿大学留影

▲获得博士学位以后,他在美国纽约的凯劳格公司工作了三年多,到1955年初,蒋锡夔向美国移民局提出申请回国。负责网罗人才的移民局官员,劝说这位年轻有为的研究员留在美国。

一天,两位移民局官员到蒋锡夔的住处,告诉他只要他愿意移民,移民局可以帮他办理加入美国国籍的一切手续。为了让蒋锡夔毫无牵挂地留在美国,两个官员还主动提出愿意帮他寻找一个称心如意的美国淑女与他成亲;他们还承诺不管他是否离开美国,都不会把他申请回国的事情告诉凯劳格公司,以免他丢了饭碗。两个官员可以说是诚心诚意、尽心尽责、费尽心机,然而蒋锡夔心平气和地告诉他们:

"我对美国并没有什么意见,我做人最讲究的就是信用。我来美国之前就立下两个志愿：第一我只为中国服务；第二我要回国照顾我父亲和母亲。这是我的诺言。我必须实践我的诺言，这是我的道德的根本。所以不管你们什么好意我也不能留在美国，我总是要回去的。"

▲1955年的年底，蒋锡夔回到上海。在家里一家人团聚了三周之后，来到北京留学生接待处，接待他的是一位年轻人。他告诉蒋锡夔说，根据他的简历决定派他到长春的吉林大学任教。长春是我国东北的经济和重工业中心，吉林大学当时是东北最著名的大学之一。从政府角度来说，派蒋锡夔到吉林大学任教是对他重视的一种表现。

蒋锡夔与父母合影

但蒋锡夔认为他在美国博士毕业后没有在大学做博士后的经历，而是在大公司工作了较长一段时间，他的这一经历在回国人员中是很少见的。蒋锡夔认为自己的特长是开展研究工作，而不是从事教育工作。因此，蒋锡夔就以学用一致的理由坚决拒绝这一指派。

那时国内的情形是，一来各方面气候不是很宽松，二来人家都习惯于"坚决服从分配"，所以蒋锡夔的这种行为是一般人不敢做的。但这其实是蒋锡夔一贯的行事风格，自己有什么想法就直接表达出来，决不瞻前顾后。幸运的是后来一位职位更高的人事干部，在认真听了蒋锡夔的意见后，就分配他到刚成立的中国科学院北京化学所工作。

▲从回国到1964年以前，蒋锡夔虽然也经历了"反右""大跃进""四清""五反"等运动，但都没有成为单位批斗的主要对象。但是从1964年初进入"社会主义学院"学习，一直到"文化大革命"结束，这是蒋锡夔人生经历中遭受巨大磨难的时期。

进入上海社会主义学院的学员，大都出身于"资产阶级家庭"，而且具有国外留学的背景。蒋锡夔这批学员在学习前期的主要任务，是深刻认识家庭出身对自己的影响，批判父母以前过的剥削生活，与家庭划清界限。蒋锡夔在学习中虽然承认自己家庭出身"不好",并有小资产阶级习惯,如爱好西方音乐、喜欢穿西装打领带、谈话中使用英语单词等等,但他坚持认为自己的父母都是好人。蒋锡夔认为家庭出身不能自己决定,但家庭出身不好的人并不一定是"坏人"。

在学院学习结束时,每个学员都要写一篇批判家庭、批判父母的自我检查文章作为小结,但蒋锡夔坚决不写。幸运的是当时学院并没有把他当做典型,深究他的这种"反叛"行为。

在社会主义学院中学习了近一年,蒋锡夔1965年秋回到了有机所。在学院学习期间,他每月可以回家一次,但原来重要的"氟橡胶课题组"研究工作基本上不再由他负责。

▲1972年7月,杨振宁回国参观各个院校和研究机构以后,对国内科学研究现况提了一些意见。后来周总理对科学院的负责人说:

"杨振宁先生认为我们的理论太贫乏了,而且又不跟别人交流,这话有道理。"

此后,科学院各部门开始加强基础理论研究,但是大部分人都顾虑重重。蒋锡夔所在的有机所也在商量成立理论研究组。因为基础研究工作者在"文革"中,大都遭遇可悲的结局,所以很多科学家对于开展基础研究退避三舍,有的人甚至认为在中国开展基础研究"绝对没有好下场",甚至于说后果是"必死无疑"。但蒋锡夔偏不信邪,当领导人找到他希望他带头成立理论研究小组的时候,蒋锡夔一口答应下来。最后研究室成立了608组,开展基础理论研究,由蒋锡夔任组长。

在全所理论组成立的大会上,蒋锡夔作了有关"氟烯"研究的开题报告,系统介绍了理论组将要开展的工作的理论背景和急需解决的问题等等。但是,蒋锡夔这一果敢的行动果然"没有好下场"!

到了1974年5月,608理论组在"批林批孔"运动中,被指责为"回潮组",理论组的人员都立即下放到工厂生产第一线。

还有更大的风暴在后面。1975年11月初,全国发起了"批邓、反击右倾翻案风"的运动。在有机所,蒋锡夔也因为"鼓吹"基础理论研究和担任理论组组长,成为高级研究员中唯一被批斗的对象。科学院还派来了工宣队,他们想搞一个"内外爆炸",要求608课题组成员对蒋锡夔给予彻底的批判。然而，尽管施"高压"，整个课题组里还是没有一个人愿说蒋锡夔一句坏话。

工宣队大头目不信邪，亲自出马找蒋锡夔个别谈话三小时，要他彻底检讨自己，承认做基础研究的错误。但倔强的蒋锡夔寸步不让，不但不认错，反而理直气壮地说：

"我做基础研究是祖国的需要，是要为祖国争光！"

蒋锡夔与学生一起做实验

在"文化大革命"时期，一名"反动学术权威""夹着尾巴做人的臭老九"敢于这样顶撞工宣队的大头目，是需要极大勇气的。当后来谈论起这段经历时，蒋锡夔和理论组的每个成员，也为他们当时的表现感到骄傲。

九天揽月孙家栋

孙家栋，1929年生，辽宁省复县（现瓦房店市）人。运载火箭与卫星技术专家，中国科学院院士，国际宇航科学院院士。中国探月工程总设计师。获得2009年度国家最高科学技术奖。

红烧肉与孙家栋的前程

孙家栋说过："我这辈子还真是喜欢吃红烧肉，这不仅仅是口味的问题，还有一些与红烧肉关联的其他原因，可能也使我喜欢红烧肉吧，比如我的人生道路选择就是由一顿红烧肉而促成的。"

这是怎么回事呢？原来在1950年初的农历正月十五元宵节那一天，正在哈尔滨工业大学读书的孙家栋，本来准备午饭后要去住在哈尔滨的姐姐家一起过节，但是听说学校晚饭要加餐，还有红烧肉！于是他就改变了主意。那

青年孙家栋

是战争刚刚结束的年代，能吃上红烧肉可不容易。就是为了这顿红烧肉，他决定吃了晚饭以后再去姐姐家。

哪里知道正是在吃这顿晚饭时，学校主管人员来到食堂向学生们宣读通知："人民解放军空军要在学生中挑选人员入伍，有意者可立即自愿报名接受挑选。"

不满21岁的孙家栋联想到，几个月前毛泽东主席在北京天安门城楼上向全世界宣告"中华人民共和国成立了"的动人情景；又想到中国人民解放军伴随嘹亮的军歌，迈着雄壮的步伐在天安门广场接受检阅的威武军姿，于是

血气方刚的孙家栋毅然填写了从军申请，当天报名、当天批准，当晚便登上了前往位于沈阳的中国人民解放军空军第四航空学校的列车。

就这样，孙家栋由一名踌躇满志的大学生，正式成为一名身着军装、头戴大盖帽，精神抖擞的军人。当时空军第四航校急需俄语翻译人才，而孙家栋在哈工大学习时优秀的俄文成绩，这一次派上了用场。

报到后，第四航校分派他给苏联航空教官当授课翻译。孙家栋在后来回忆时说：

"我国空军当时的一批优秀飞行员，如赵宝桐、张积慧、王海、刘玉堤等都是在这所学校里学成后参加战斗的，这些出名的飞行员充分发挥了个人的聪明才智在战场上建功立业，为国家和人民争得了荣誉，成为震惊世界的战斗英雄。"

出于对新中国空军的真挚热爱和对事业无限的憧憬，孙家栋在军队里各项工作都完成得十分出色。

1951年9月，国家急需一批人才到苏联留学学习。孙家栋俄语好，工作又出色，于是经过层层选拔审批，与另外20多名军人一起，被选派到苏联莫斯科的茹科夫斯基空军工程学院学习。孙家栋被分派到这所学院飞机设计专业学习。

正是这次留学的机会，给孙家栋提供了走向尖端科学技术的阶梯，使孙家栋日后成为著名航天技术专家。这些机遇和机会，与1950年初农历正月十五元宵节的红烧肉有关系，所以孙家栋说了本节开始的那一段话。

苏联留学时的牛皮文件包

有一年孙家栋在搬家时，在行李堆中有一个失去光泽、到处显出裂纹的旧牛皮箱，很不协调地与一些时尚旅行箱放在一起，帮助搬家的人见了这个文件包就说：

"嗨，这都是什么时代的破玩意儿，留着干吗呀？扔了吧！"

喜欢眯缝着眼的孙家栋笑着说：

"哎，这个可不能扔。再说这房子也不缺放它的一块儿地方嘛。"

这时，老伴魏素萍也赶紧插话说："别看这文件包破旧，可那是千万不能扔的，这是我们老孙的宝贝疙瘩，我可是一直都不敢怠慢它的。"

原来，这个牛皮文件包还有一段故事。当孙家栋留学苏联时，那时空军司令员是刘亚楼，他不仅亲自与这些到苏联学习的军人们谈话，告诫他们国家和军队对他们抱着极大的期望，谈完他又特别下令，给每人添置一个在当时算是非常奢侈和时髦的牛皮旅行箱和牛皮文件

孙家栋留学苏联时的牛皮文件包

包。后来，孙家栋带着这个牛皮箱和文件包从北京来到莫斯科，又从莫斯科回到北京。它们装着孙家栋的一片憧憬，装着孙家栋的满腹理想和拳拳报国之心，一直伴随了孙家栋几十年。所以，孙家栋对这只牛皮箱和牛皮文件包情有独钟，它们已经成为孙家栋永恒的纪念，他又怎么会丢掉呢？

斯大林金质奖章

在苏联留学期间，孙家栋由于刻苦好学和良好的记忆力，许多老师对他都有一些偏爱。

在读三年级的航空发动机理论时，一次考试的时候发生过一件非常有趣的事情。那一次担任主考官的是苏联赫赫有名的苏联科学院院士涅卡耶夫。这一次考试是面试，轮到孙家栋上场时，涅卡耶夫不小心拿错了考卷，问的是孙家栋没有学过的问题。孙家栋看了这个题目以后，本来他完全可以向涅卡耶夫院士说明他还没有学过有关课程。但是孙家栋没有这样说，反而由于好奇和好动脑的习惯，毫不慌张和边说边想地作出了正确回答。陪考官当然知道这个问题孙家栋没有学过，他们本来也可以提醒涅卡耶夫院士，但是孙家栋却没有给他们这个机会，因为他已经开始回答问题了，而且回答得还很正确。陪考官不禁惊诧不解。等孙家栋回答完毕，涅卡耶夫也发现他把考卷拿错了，他也不免奇怪，孙家栋怎么对没有学过的课程能作出正确的回答呢？

涅卡耶夫院士和陪考官都对孙家栋的回答表示超常的满意。

1958年3月10日，孙家栋在最后的留学考试中，以门门5分的优秀成绩，荣获苏联最高苏维埃颁发的"斯大林金质奖章"，并且登上了苏联红军俱乐部的领奖台，隆重接受了颁发给他的那值得纪念和来之不易的纯金奖章。

在当时中国留学生中能够得到"斯大林金质奖章"的,那可真是屈指可数。

1958年4月,孙家栋回到中国,被分配到国防部第五研究院一分院,一分院院长就是鼎鼎有名的钱学森,孙家栋从此在钱学森的指导下从事导弹研制工作。

"东方红一号"里的毛泽东像章问题

1970年4月24日21时35分,中国第一颗人造卫星"东方红一号"发射成功!《东方红》乐曲环绕太空,响彻全球!这是中国科技界的一个伟大的成就,全中国人民为此感到非常骄傲。事后,钱学森曾经满意地对同事们说:

"看来,把孙家栋找来还是对的,他确实敢干事,他也的确会干事。"

孙家栋"敢干事,会干事"这个评语来之不易!除了技术上的严重困难,还有政治上的"地雷"。在研制"东方红一号"的过程中,曾经发生一件当时是一件"政治上极其严重的大事"(现在看来是一件极其荒唐的事),如果不是孙家栋大胆向周总理建言,后果不堪设想!

在研制中国第一颗人造卫星的那个时期,正是全中国个人崇拜的鼎盛和疯狂期间,在街上随处可以看到满身挂着毛泽东像章的人,甚至于有人把毛泽东像章的别针别到皮肤里以显示自己对毛泽东的忠心。但是人们对领袖的崇拜如果与科学产生了冲突,就会变得绝对无法调和。

卫星各系统的仪器研制出来后,不少系统上都安装有毛泽东像章,有的像章还很大;在成套安装时又极其认真地镶嵌一个毛主席像章。人们想用这种方式表示对毛主席的高度热爱。但是,加上这些像章以后,会给仪器带来很多问题。首先,卫星的总重量比原来设计的超过了许多,比如某件仪器的额定设计重量是三公斤,但安装时却成了三公斤半,人们会自豪地说:这超重的半公斤是毛主席像章!在那种历史情况下,谁敢站出来讲增加这半公斤是不对的?

另外,每台仪器都有自己特定的散热条件,仪器所涂的颜色不同,结构材料的厚度不同,散热的情况就会不同,增加了毛主席像章有可能带来许多没有意识到的技术问题。但如果肯定地说在仪器上加上毛主席像章就会使仪器出问题,从技术角度来讲还没有经过充分论证,也没有完整的计算和试验数据加以说明,所以谁也不敢贸然说这种话。一边是政治崇拜,一边是卫星的质量保障,大家都心知肚明,但就是没有人胆敢提出这个极其敏感的问题。在卫星即将出厂前,要召开汇报会向总理汇报卫星质量情况,钱学森带领孙家栋一行前去参加。孙家栋头一天想了一晚上都没睡好觉,这件事情到底应该怎么办？到底要不要在会上大胆陈言？这可是事关卫星发射成功与否的大事呀,这个会上再不说将会错失良机；再说,总理也非常关心质量的隐患呀。这时孙家栋虽然担任着技术上的领导职务,但是造反派正借着孙家栋的爷爷是富农出身而大做文章,因此孙家栋在政治上受到一定的冲击,不得不在很多方面"靠边站"。这时由他提出这样一个极其敏感而又涉及政治的大问题,有多危险啊！

"东方红一号"卫星

最后,孙家栋认识到这件事情如果再不汇报就没有机会了。他想:"我是一个科学工作者,卫星发射的成败涉及国家的利益,关系到在国际上的影响,我只要做到对得起国家、对得起党、对得起人民,群众终究是会理解的。和卫星相比,我个人的事情实在是微不足道,我要做到问心无愧。"

于是,孙家栋很郑重地在汇报会上说:"从政治感情上来说,大家出于对毛主席的热爱,在卫星仪器上装了毛主席像章,是完全可以理解的。但是从技术角度讲,一是重量超限,二是卫星上天后将会对质量产生影响。"

孙家栋提出的毛主席像章问题,马上引起了周总理的重视。总理当时并没有正面说这件事情是对还是错,他只是说:大家对毛主席热爱是对的,但是大家看看我们人民大会堂这个政治上这么严肃的地方,也不是什么地方都要挂满毛主席的像，有的地方是写了主席的字，但是放在什么地方都是非常严肃的，得认真考虑什么地方能挂什么。你看，咱们这个会议室就没有挂毛主席的像嘛，你们回去好好考虑考虑，只要把道理给群众讲清楚，我想就不会有什么问题嘛。

周恩来的话不仅使孙家栋心中豁然开朗，而且使在座各位参加会议的人也都释怀。会后传达了周恩来总理的原话，这件棘手的难题就顺利地得到了解决。

一次失败的发射

1974年11月5日11时。

在一望无垠的茫茫戈壁沙漠里，运载火箭矗立在发射台上，整装待发的第一颗"返回式遥感卫星"完成了各项检测。天空晴朗、万里无云，乳白色的运载火箭显得更加美丽挺拔。发射场按程序，推进剂已经加注完毕、功能测试和升空前的综合检查也都先后完成了……这时，调度指挥的扬声器里传出洪亮的口令：

"控制转内电！"

"遥测转内电！"

"外测转内电！"

这已经是卫星发射进入倒计时一分钟准备的紧张时刻，发射调度指挥员已经果断地下达了口令："电缆摆杆摆开！"

随着这一口令的下达，托举着卫星的火箭将在一刹那间点火起飞……

在这关键时刻，卫星却没有收到"成功转内电"的信号！这时发射指挥台上的倒计时指示计，正一秒一秒地递减，离火箭点火的时间只剩下几十秒钟。

卫星没有按照设定的程序转入卫星内部自供电，这意味着火箭点火以后，运载火箭将会带着不能正常供电的卫星起飞升空，这时送上太空的将只是一个重达两吨、毫无用途的死铁疙瘩。

必须停止发射！如果按照正常程序，"停止发射程序"的命令需要一级一级地逐级申报批准，绝对不该由孙家栋发布；而且即使孙家栋发了命令，指挥员也有可能不会执行他的命令。但是，等待指挥员发布"停止发射程序"的命令，这时已经根本不可能了。就在这千钧一发之时，孙家栋不顾一切地果断命令:"停止发射!"

由于孙家栋在整个发射场地有很高的威望,命令被迅速执行——发射程序终止了。可是,孙家栋却由于神经高度紧张昏了过去。

要知道在这紧急关头果断处置,需要何等的胆识,要承担多么巨大的风险!在那个年代,还不仅仅是技术风险,更可怕的是那无法承担的政治风险。孙家栋如果不把一切私心杂念置之不理,就不可能有如此的气魄!

正常的发射在一刹那间停止了,人们还没有从高度紧张中完全清醒过来,整个发射指挥室里一片嘈杂声,许多人还不知道到底出了什么事情。过一会儿,昏倒过去的孙家栋终于清醒过来,他立即要求检查发射时卫星的数据记录,结果发现外供电插头脱落,干扰了卫星"转内电"程序的执行。故障原因被证实后,卫星操作人员立即作了处置。

供卫星发射的时间段是有严格限制的,只能是 11 时至 15 时 30 分。这个时间段被称为卫星"发射窗口"。而且,加满了燃料的火箭对停放时间也是有严格要求的,否则会引起一系列相关问题。孙家栋一看时间还处于"发射窗口"之内,于是果断地决定立即再次发射。

《奔月:中国探月工程总设计师孙家栋》书影

15 时 30 分,"各系统转内电"的口令再次发出,随着"点火"口令的下达,火箭在震耳欲聋的啸叫声中离开了发射台,冲向蓝空……

不幸的是,运载火箭在点火飞行 20 秒钟后出现了故障,迫使发射场安全控制指挥员不得不按照发射故障处置预案,对火箭实施了安全自毁指令。卫星连同火箭立即在一声巨响声中随着爆裂的火焰炸成碎片,散落在离发射台不远的地面。

几年的心血瞬间化为灰烬!孙家栋和技术人员们为之操劳了上千个日日夜夜的成果,还没来得及亮相就彻底消失了。指挥部里刚才还忙碌的声音突然消失了,在一片静寂中夹杂着低低的泣声。

面对现实孙家栋坚定地说：不要灰心，不要丧气，一定要找到出事的原因。但是想把出事的原因找出来也绝对不是一件简单的事情，首先要在那么大的一片沙漠里寻找炸裂的碎片，炸得再碎的碎片也都得挑出来。结果硬是把那块沙地给翻了一尺多深，然后拿筛子筛；找到了碎片，还得分辨这些碎片原来在火箭的什么地方。

经过无数日夜的寻找分析，最后发现问题居然出在一根不合格的导线上，当用光照射这根导线时，发现完整的外皮里面的导线却是断的！

孙家栋与中国航天员聂海胜(左)、翟志刚(右)

几十年过后，每当提起这次事故，孙家栋还总是情不自禁地流露出内心的惋惜和难过。他说：

"1974年11月5日的那次发射，造成了非常严重的损失，给大家带来难忘的教训。后来把原因彻底查出来后，却是一件非常非常简单的小问题引发的。失败缘于火箭里的一根导线，这根导线里头的铜丝质量不好，在里面断了，可外头胶皮套没断。但当火箭发射时候的剧烈震动那么一震，就恰巧断开了。……但是，只找着这个还不算是充分的证据，还要弄明白这根导线是哪个系统上的？是什么设备上的？这根导线是在什么时间断的？断了之后会出现什么样的现象？要作充分的理论分析，再到试验室进行模拟实验。一定要将试验结果与火箭事故情况完全一样，才能证明这个东西与故障的实际关系。"

有了失败原因的具体分析,孙家栋又领导大家继续干起来。一年后,新的运载火箭和一颗新的卫星完成了各项检测程序,又雄伟地矗立在了发射台上。

1975年11月26日,离上次失败的发射恰好一年时间,返回式遥感卫星发射成功。这颗卫星按计划在太空运行三天,完成了地球的遥感探测任务后按预定方案返回了地球。

"当代神农"袁隆平

袁隆平,1930年生,江西德安人。中国杂交水稻育种专家,中国工程院院士。因为攻克杂交水稻育种与高产的关键技术,获得2000年度国家最高科学技术奖,2004年获得世界粮食基金会授予的"世界粮食奖"。

游泳获奖记

1939年春天,为躲避日寇对湖南的侵犯,袁隆平随家人"逃难"来到重庆。下半年,他和四弟隆德到龙门浩中心小学读书。但是由于日本人的飞机经常轰炸重庆,有时一天就炸好几次,弄得警报长鸣,学生也无法安心读书。这就给袁隆平提供玩的好机会。

1951年春,袁隆平(左)在游泳池边的英姿

袁隆平从小好动贪玩,他想现在既然不能安心读书,就常常带着弟弟到街上看"小人书"(现在称为连环画),再不就带着他跳进嘉陵江里游泳。久

之,他的父亲袁兴烈得知这件事。有一天,袁兴烈站在一处楼上看见江里有几个小黑点,他担心这就是他那两个儿子在江里玩水,于是拿起望远镜一看,果然是自己家的两个混小子。他跑到江边把儿子叫上岸来,责问哥哥袁隆平:"你为什么不好好上学,反而带着弟弟到江里游泳?"

袁隆平直言不讳地说:"飞机不断空袭,学校无法正常上课。反正没有办法好好学习,还不如游泳锻炼身体。"

父亲见袁隆平不但不认错,还要狡辩,狠狠地训斥并揍了兄弟俩一顿,还布置作业,不完成不准他们吃饭。以后,这两兄弟老实了一些,但是,嘉陵江毕竟让袁隆平学会了许多他引以为傲的蛙式、自由式……他成了一个顶呱呱的"浪里白条"。后来还让他足足出了一次大风头。

抗战胜利以后的1947年,袁隆平随家来到武汉,在汉口博学中学读高中。6月,湖北省举行全省体育运动大会,博学中学挑选了十几位同学参加比赛。袁隆平觉得自己可是嘉陵江上的游泳好手,因此也报名参加,但是体育老师看他个子太小,说:"你个子太小,体力不够,不行的。"

袁隆平不服气,第二天,初选上的十来位同学骑着自行车奔向游泳场地。袁隆平个子小,他偷偷地坐在最后一位同学自行车的后架上,也来到了游泳场地。当体育老师看见他也来了倒是没有生气,还笑着对他说:"既然你来了,就试试看吧!"

哪里知道,在预选赛中,袁隆平获得100米和400米自由式两个第一名!最后在湖北省运动会上居然得到两块银牌,为博学中学赢得了荣誉。当他回到学校时,同学们把他抬起来,向空中抛了好几次才罢休。

对这件事情袁隆平记忆深刻,并且说由此他获得很好的启迪:凡是符合实际的"不认输,不服气",不一定是消极因素。

坎坷的姻缘

1956年,袁隆平从西南农学院毕业已经三年,一直在湖南省安江农业学校任教。这年他已经26岁,该是谈女朋友的时候了。恰好这年他被学校派往支援邻近的一所中学的教学,在这所学校他认识了一位女教师。经过一段时间的交往,这位女教师对袁隆平有很好的印象,认为他是一个有远大志向的有为之人;而袁隆平也觉得这个女教师有一种一般女性很难有的识大体而不拘小节的气质。正如谢长江先生在他写的《袁隆平传》一书中所说：

"窈窕淑女，君子好逑"，袁隆平也被这位女教师的才学容貌所打动……。他对她一往情深，她对他倾心相爱，双方都觉得巧遇知音。从此，在同志、同事的基础上，他们更加互相关心，互相帮助，互敬互爱。在教研室里，他们共同切磋教案；在实验室里，他们一块操作实验；花前月下，刻印着他们的情影；香樟树下，有他俩的欢声笑语；沅水河畔，留下了他们的双双足迹……老师们都为他们相知相爱而庆贺与高兴，催促他们趁热打铁，快吃喜糖。

但是在1957年反右运动以后，人们之间的淳朴关系被极度地政治化，他们之间的恋情也因此出现了阴影和危机。"出身不好"在当时是最可怕的一道"紧箍咒"，一不小心就会让你陷入灭顶之灾。袁隆平"出身不好"是大家都知道的，他的父亲曾经在冯玉祥部的第二军团任过上校秘书，后来还出任过侨务委员会科长。因此袁隆平在1957年差一点就在劫难逃，但是也到了右派的边缘——被划为"中右"，随时可能坠入深渊。女友得知这一消息以后，立即陷入万般痛苦之中，"好心人"对她说：

"像你这样出身本来就不好的人，再和袁隆平结婚，岂不成了'双料货'？"

还有人说得更加危言耸听："你是要爱情，还是要进步？"

这些现在看来莫名其妙的"好心"劝告，当时却彻底摧毁了女友的心理防线。结果他们没有收获爱情，而是痛尝分手的痛苦。

幸好在1963年，已经33岁的袁隆平终于得到一位女性的青睐。这位女性名叫邓哲，她那时在距离安江农业学校五公里的农业技术站做农业技术推广工作，也是因为出身不好，尽管才貌出众还是在婚姻问题上屡尝苦果。这年她已经25周岁，快成"老姑娘"了，还是没有人敢与她谈情说爱。有一天，邓哲正在县农业局学习，她的老同学谢万安找到她，心直口快地说：

"我给你介绍一位对象，就是我们大家熟悉和尊重的袁隆平老师。怎么样？"

邓哲当然记得教过她遗传育种课的老师袁隆平，知道这是一个待人诚恳、人品极好的人，她内心对他非常钦佩。同学们的关心和诚心感动了邓哲，她开始动心。想到袁隆平老师这样有抱负的人,至今没有结婚,还不是与自己一样受出身不好的苦。同病相怜和心心相印,终于使他们走到一起。于是,袁隆平经常出现在农业学校和农技站之间五公里的路上。有一次在农校看完电影,袁隆平要送邓哲回农技站,邓哲说不要送,别人看见影响不好。袁隆平说:

"我们大男大女谈情说爱,光明磊落,正正当当,有什么影响不好?就是要扩大影响,让大家知道!"

这就是心直口快的袁隆平,永远光明磊落的袁隆平!1964年他们举办了婚礼,袁隆平终于收获迟来的爱情。

袁隆平与邓哲的结婚照

偷偷研究杂交水稻

1964年袁隆平开始研究杂交水稻,1966年就发表了一篇重要的文章《水稻的雄性不孕性》,刊登在《科学通报》上。

就在袁隆平开始取得研究成果的时刻,"文化大革命"的暴风雨突然向他袭来,不但几乎断送了他的研究,而且还差一点使他成了反革命分子而被镇压。运动刚一开始,袁隆平就预感他可能在劫难逃了。除了他父亲在国民党任过职以外,更使他没有想到的是他无意之中犯了"天条",被"群众"指控为"矛头指向最高领袖"的"反革命分子"。

湖南省安江农业学校，杂交水稻的发祥地。1964年袁隆平在这里开始从事杂交水稻的研究

事情起因于一次春播季节，上级指示必须在几天之内完成稻谷播种。当时正好是寒潮南侵，不宜播种。结果凡是在强行指令下播种的秧苗全都烂了，而袁隆平按实际情况推迟播种的秧苗都保住了。因此他深有感触地对人说：

"农业'八字宪法'[①]，我觉得还要加一个'时'字，让领导生产的人都知道'不违农时'的重要性。"

"文化大革命"一来，这句话就立即成了某些人恶意陷害他的把柄，乘机大肆攻击袁隆平："袁隆平好大的狗胆！胆敢在毛主席的'八字宪法'上加一个'时'字！是可忍孰不可忍！"

这时袁隆平埋怨自己平日太不关心政治了，连"八字宪法"是谁制定的都没弄清楚就胡说八道。唉，悔之晚矣！这是跳进黄河也洗不清的呀。

接着，安江农业学校的校园里出现了狂风暴雨般轰击袁隆平的大幅标语和大字报专栏。

"向资产阶级知识分子袁隆平猛烈开火！"

"打倒资产阶级臭老九袁隆平！"

"袁隆平搞资产阶级盆盆钵钵研究，引诱贫下中农走白专道路，宣传资产阶级的孟德尔-摩尔根遗传学说，我们坚决不答应！"

袁隆平几乎万念俱灰，以为自己的反革命算是当定了，这辈子再也别想做什么科学研究了。幸亏妻子邓哲比他冷静，对他说：

"'九字宪法'是你无意之错，打成'现行反革命'恐怕不至于吧！我看没关系，顶多是去当农民。农民千千万，我也去，我俩一块去。只要不离开土地，雄性不育秧苗没有了，还可以重新找到，重新培育，我们还是可以把杂交

[①] 农业"八字宪法"，是指毛泽东根据我国农民群众的实践经验和科学技术成果，于1958年提出来的农业八项增产技术措施。即"土、肥、水、种、密、保、管、工"。土即深耕、改良土壤、土壤普查和土地规划；肥即合理施肥；水即兴修水利和合理用水；种即培育和推广良种；密即合理密植；保即植物保护、防治病虫害；管即田间管理；工即工具改革。简称"八字宪法"。

水稻搞成功的……"

妻子的劝慰给了他勇气和力量。袁隆平连夜在妻子的掩护和陪伴下，偷偷地摸到放置"试验钵"的地方，把那些被"造反派"毁坏后还残存的秧苗藏进了苹果园的臭水沟里。这样，他们的育种秧苗才得以绝处逢生，在臭水沟里偷偷地生长起来。

幸好他的研究已经引起国家科委九局的重视，九局对湖南方面的人说，袁隆平作为"保护对象"可以继续他的研究。1967年6月，以袁隆平为首的"水稻雄性不育科研小组"正式成立。

院士风波

袁隆平的杂交水稻向全国推广之后获得巨大的效益，仅1976—1977年，全国累计推广杂交水稻2.19亿公顷，为国家增产粮食3000多亿斤！1981年，杂交水稻这项研究获得新中国成立以来第一个国家级的特等发明奖。

1981年，袁隆平在授奖大会上接受方毅副总理的颁奖

此后，袁隆平又接连在1985年获得联合国世界知识产权组织"创造与发明奖章（杰出发明家）"；1987年获得联合国教科文组织"科学奖"；1988年获得英国让克基金会"国际让克农学与营养学奖"。

在颁发让克奖的时候，国际水稻研究所原所长、印度农业部前部长斯瓦米纳森博士给予高度评价。他说：

"我们把袁隆平先生称为'杂交水稻之父',因为他的成就不仅是中国的骄傲,也是世界的骄傲。他的成就给人类带来了福音!"

他还认为,袁隆平一旦解决远缘杂交水稻优势的利用问题,就有希望解决全人类的饥饿问题。

按说做出这样重要贡献的农业学家,获得过国家级的特别发明奖,应该有资格获得中国工程院院士的称号。但是事与愿违,1991、1993年两次由湖南省人民政府出面为袁隆平申请院士,都以失败告终。这当时在国内引起了不小的反应,不少人不能理解这是为什么,一时议论纷纷。此后几年袁隆平在国内外还在继续不断地获奖,例如1994年获得何梁何利基金生物学奖等。

时间到了1995年,中国作物学会、中国农学会、中国资源委员会等一级学会经过中国科协遴选,向中国工程学院推荐袁隆平为中国工程院院士候选人。

1995年5月,中国工程院院长朱光亚给袁隆平发了贺电,通知他已经当选为工程院院士。

中国农民的心愿

湖南省郴州市北湖区华塘镇塔水村二组有一位名叫曹宏球的农民,从种植袁隆平院士培育成功的杂交水稻的20多年的实践中,深切体会到正是由于杂交水稻的成功,他们才能够由温饱走向小康。因此曹宏球多年来就有一个心愿,要将他农业致富所积蓄起来的一些钱,为"杂交水稻之父"袁隆平塑一尊汉白玉雕像。

为了实现这一愿望,他在1996年一年时间里就一次往返四川、四次往返北京,行程万余里,耗资五万余元,终于在年底从北京运回了袁隆平的汉白玉塑像。

这年春天,他先到四川冕宁县雕塑厂考察,发现那儿的玉石质量不理想。后来打听到北京人民大会堂使用的汉白玉来自北京房山,于是他立即赶到北京房山想买到一些汉白玉。到房山才知道他们已经多年不再向外销售汉白玉了。他耐心地向当地人说明他的心愿,当地人听了深受感动,破例销售一尊特等汉白玉雕像原材料给这位湖南农民;接着河北省曲阳县羊平镇雕塑厂为他加工成像，一共花费 4.8 万元。雕好后，他在当地租了一辆货车，雇请三个驾驶员，连夜运回郴州，运费又花了 5 千多元。他还有一个更大胆的想法是，等家乡郴州至桂阳的高等级公路建成以后，将袁的雕像无偿捐献出来，安放在郴州市北湖区新修建的人文景观"稻仙园"内，让广大农民群众不要忘记这位为解决人类饥饿做出贡献的"功勋科学家"。

农民曹宏球（右2）为袁隆平塑的汉白玉雕像

曹宏球的家并不富裕，他的住房还是 50 年前土地改革时分的老房子，又破又旧。他的妻子朱云娥常对人说："等袁伯伯的雕像安放好后，再修自家的房子也不迟。"

无独有偶，2002 年 9 月 16 日首届国际水稻大会在北京召开的时候，江西农民代表、陶瓷鉴赏家崔浩伦先生向出席大会的袁隆平赠送了袁隆平陶瓷像。崔浩伦先生说：

"给袁隆平赠送塑像是想表达我们农民的一片心意——感谢他为广大农民做出的巨大贡献。"

挑战极限陈景润

陈景润(1933—1996),中国数学家,中国科学院院士。他的主要研究方向是解析数论,并且在研究著名的哥德巴赫猜想中取得了一系列重大成就。

摆书摊

青年时代的陈景润

陈景润从厦门大学数学系毕业以后,分配到北京一所中学教书。但是由于他的表达能力太差,只好让他专门给学生改本子。但是又由于常常生病,中学只好让他"回家修养"。

1954年10月,陈景润拖着病弱的身体从北京回到了家乡福州。离开喧闹、拥挤的都市,看到日思夜想的亲人,听到熟悉的乡音,他的心里踏实多了。但是不久,生计的困窘使他那颗刚刚落下的心又悬了起来。

陈景润没有告诉家人他是被学校赶出校门的,他引用校长的话,"我是回家休养的"。几个月过去了,他的休养还没有结束,北京的工资也不见寄过来,老父亲和兄弟们渐渐猜出几分,他们不忍心揭穿他的谎言,只是劝他好好养病。

回到福州之后,陈景润很少出门,偶尔出去也是去书店买书,积蓄花光之后,他无力买书就经常去书店看书。只看不买,当然是不受欢迎的,售货员每每制止他在柜台前的苦读。一天陈景润又在柜台前出神地读书,售货员再次从他手中夺过书:"你到底买不买?"

陈景润的脸一下红了:"我……看看。"

"看完就不用买了，都像你这样我们的书还怎么卖？"

"我……"陈景润悻悻地走出了书店。

有一天，陈景润决定要摆书摊来谋生，亲朋都伸出热情的手从家里拿来书，还有的拿出钱为他买书。不久一个像样的书摊就准备好了，为了吸引读者，陈景润还特意买了一百多本小人书。

书摊摆好了，但生意并不兴隆。陈景润没有营业执照，工商管理人员免不了找他的麻烦。他又羞于招呼顾客，每天守着书摊只顾读自己的书，过往行人甚至不知道他这一摊书是做什么的。

陈景润摆书摊的消息被厦门大学校长王亚南知道以后，王校长坐不住了，学生就像自己亲手栽培的树苗，眼见树木成才而无用武之地，栽培者心急如焚。王亚南是个懂得人的价值的人，他决定把陈景润调回厦门大学，由学校安排工作。

正当陈景润无限失望地决定一辈子以摆书摊为生，并准备继续自学数学的时候，邮局送来了厦门大学的公函，把他召回厦大工作。自分配到北京之后，他的脸上第一次露出了舒心的笑容。此后，他就在厦门大学数学系资料室工作。这个工作他感到太适意了——他终于有机会研究数学！

向数学高峰冲刺

回到了厦门大学以后，陈景润除了上班不得不去资料室外，他几乎停止了其他一切与数学无关的活动。经过深思熟虑，陈景润决定从研究"他利（Tarry）问题"出发，去叩击数学王宫的大门。"他利问题"是数论的中心问题之一，吸引了无数数学家的关注和钻研。华罗庚在《堆垒素数论》中对这个问题进行了探讨，在 1952 年 6 月出版的《数学学报》上，他的《等幂和问题解数的研究》一文，也专门讨论"他利问题"。华罗庚在他的论文中写道："但至善的指数尚未获得，而成为待进一步研讨的问题。"

在七平方米的小屋里，陈景润发起了对数学高峰的第一次冲刺。每当同事们在餐厅悠闲地边吃边聊时，他们总看见陈景润端着简单的饭菜，匆匆闪进自己的房间，然后把门带上。人们很难猜想，他是在演算，还是在吃饭，也许这两项是同时进行的。只有在他进门的一瞬间，人们偶尔可以瞥见地板上杂乱地堆积着写满字的纸片和纸团，桌上堆积着厚厚的书籍和稿纸。不知经过了多少个辛劳的日日夜夜,那小房间里的纸片和纸团越积越厚,它们慢慢地凝聚、结晶,终于在上面凝成了一叠书写得工工整整的论文稿纸。

陈景润和妻子由昆、爱子欢欢在家中合影

1956年,陈景润完成了数学论文《他利问题》,改进了华罗庚先生在《堆垒素数论》中的结果。他思考再思考,演算再演算,迟迟不敢把他的论文公之于世。他的心一直在犹豫:

"这可是我国著名数学家华罗庚的著名论作啊!像我这样一个初出茅庐,甚至还没有进入科研之门的小毛童,能推进华罗庚教授的研究成果吗?这样做会不会不自量力、枉费心机呢?"

几经犹豫,陈景润终于偷偷把他的论文拿给同事李文清先生看,后来李文清又把这篇论文寄给中科院数学所的关肇直先生,并由关先生转交给华罗庚。华罗庚收到陈景润的手稿后,立即把它交给数论组的王元等同志审阅,大家一致认为陈景润的想法和结果是对的。得知有人改进了自己的成果,胸怀宽广的华先生非常高兴,他颇为感慨地对数论组的年轻人说:

"你们待在我的身边,倒让一个跟我素不相识的青年改进了我的工作。"

他现在最着急的是想见一见这位有想法、肯钻研、有培养前途的年轻数学家。后来,在华罗庚的努力下,陈景润被调进了科学院数学研究所。

挑战人类智力的极限

1966年,中国《科学通报》17卷9期刊登了陈景润《哥德巴赫猜想(1+2)》的结果。正在这时,突如其来的"文化大革命"爆发了。在这次"文化大革命"中,陈景润是"只专不红"的典型代表,这使他不断被批判斗争、挨打受骂。但是拳头没有打掉他的理想,侮辱没有摧毁他的信念。陈景润的心里从来没有放弃对数学高峰的冲刺。电灯被掐断了,他不声不响买来了煤油灯;桌椅被抄走了,残留的麻袋成了凳子,揭开被褥的床板成了桌子;稿纸用完了,他把大字报的反面拿来演算。书香凝溢在斗室麻袋之间,陈景润暂时忘却了窗外的喧闹以及心头的惶惑和不快。

大小不一的纸张又重新在他的房间里堆积起来,这一次陈景润是拼命了。数论研究是挑战人类智力的极限,而哥德巴赫猜想是挑战数论领域250年智力极限的总和。陈景润就像一个竞技场上的运动员,对这一挑战充满了打破纪录的信心,为此他准备投入全部的生命。他感到自己生命的火花在经历了一系列打击之后,正逐渐地黯淡下来,他要在它熄灭之前,把(1+2)的证明简化,给后人找到一条登上这个台阶的最便捷的道路,他把自己残存的生命化成一页一页的数学符号和公式。

陈景润在没日没夜地工作中,维持他生命的只是窝窝头和开水。与他的数论研究齐头并进的是他日益严重的腹膜结核症,他经常处在低烧状态,浑身出着冷汗。腹部的疼痛常常迫使他停下手中的工作,铅笔从他颤抖的手中滑落,汗水浸透了衣衫。他不时蹲下身来,用手狠狠挤压着腹部,制止疼痛。疼痛一过,他又马上拿起了笔。有一次同事发现陈景润脸色苍白,浑身浮肿,腋窝处的棉袄已经被反复冒出的汗水浸黄了,就劝他:

"你休息一下吧。"

陈景润说:"我知道我的病日渐严重,细菌在吞噬我的肺腑内脏,我的心力已到了衰

由昆在陈景润雕像边留影

竭的地步,我的身体确实是支持不了啦,但是我的脑细胞异常活跃,所以我的工作停不下来,我也不能停止。"

在恶意的诽谤和打击中,陈景润以常人不可想象的毅力向他的目标迈进,屋里的稿纸越来越厚,手中的证明结果愈来愈薄,当陈景润的论文只剩下十几页的时候,他终于找到了通向山峰的捷径。他没有放声欢笑,也不敢向世人公布,他只能在无人光顾的小屋里,偷偷品尝他的成果。这时距离陈景润1966年在《科学通报》上公布他初始的证明结果已经整整七年,陈景润只用了三年就把世界著名的哥德巴赫猜想推进到(1＋2),而简化它却用了七年时间,是他生命中九分之一的时间。对于一个享年只有63岁的科学家来说,这段时间实在是太长了。

1973年,他的结果终于有机会刊登在《中国科学》上。这篇论文立即引起国际数学界的轰动,他的结果很快被命名为"陈氏定律"。

与陈景润同时进军哥德巴赫猜想的潘承桐院士,对陈景润"文革"期间的工作是这样评价的:

"在风刀霜剑相逼,人人自危,朝不保夕的日子里,我至今仍无法想象景润是以怎样的信念、理想、勇气、毅力以及机智巧妙的方式,不顾后果地把全身心倾注在自己的'初生婴儿'上,以汗水、泪水、血水浇灌培育它成长。"

在陈景润去世不久,哥德巴赫猜想的发源地德国的一位资深数论专家访问了中国。在中科院数学所,他把254年前哥德巴赫致欧拉的那封信的复印件和英译文镶在镜框里,系上红色的绸带,作为礼物送给了数学所。他深情地说:

"如果哥德巴赫在世,他一定会访问中国,访问北京。"

"嫦娥之父"欧阳自远

欧阳自远，1935年出生于江西吉安，著名的天体化学与地球化学家，中国月球探测工程的首席科学家，被誉为"嫦娥之父"。中国科学院院士、第三世界科学院院士、国际宇航科学院院士。

秀才赶考

1952年，全国首次实行高等院校招生统一考试。江西吉安地区的应届高中毕业生，全部集中到吉安市白鹭洲中学参加考试。白鹭洲中学的前身是我国著名文人文天祥就读过的白鹭洲书院。

1950年，欧阳自远（右1）与同学们在永新烈士园留影

欧阳自远这年从吉安地区永新县的永新中学高中毕业，准备参加当年的高考。欧阳自远家里并不富裕，就是他读高中也是家里省吃省穿地节约几个钱，才勉强让他读完高中。现在到180里路以外的吉安市参加考试，他只能靠双脚走去。

欧阳自远很懂事，他悄悄地把书本、学习用具等装进一个箱子里，又把生活用品、行李等装进另一个箱子里,用扁担挑着它们,告别父母上路。这还真有一些像以前秀才赶考一样。那是欧阳自远第一次一个人走出永新,远赴他乡。当时正值夏季,丰饶的吉泰盆地,稻浪滚滚,瓜果飘香。欧阳自远清楚,这一次的远走他乡,将决定着他未来人生的走向,这让他心中充满兴奋和憧憬。以至于一天30公里走下来,人住在公路旁的旅店时,他丝毫感觉不到疲惫。当像他一样赶考的学子疲倦地揉搓双脚时,他则边看书,边拿出箱子里的干粮和咸菜津津有味地吃了起来。奔向梦想的心,将疲惫远远甩在身后。

结果,他如愿以偿地考取了当时国内著名的八大院校之一的北京地质学院。

妻子眼中的欧阳自远

1958年,欧阳自远与青梅竹马的女友邓筱兰,结束了苦苦的离别和无尽的思念以后,终于在北京完婚。在共同生活了半个世纪以后回首往事和谈起丈夫的时候,邓筱兰说:

> 他几乎把所有的时间都用在工作和学习上了。现在70岁的人了,还这样,回到家就是进书房,看书、查资料、上电脑。家里的事他什么都不管,怎么都可以凑合。饭做好了,叫他吃他就吃。什么菜,烧得怎么样,他也无所谓,做熟了就行,好的赖的,什么样的都能吃。因为是南方人,不爱吃发面的馒头,不像我在部队上锻炼了好些年,米饭、馒头一样吃。但他是你做了我也吃,不过就是少吃点,决不说你这个做得不好,从来不说一句。
>
> 穿衣服,恨不能天天穿同一件,哪件拿顺手就拿哪件,冬天不知添衣,夏天不知减衣。我们家洗脸毛巾、洗脚毛巾,都分得很清楚,我是学医的嘛,对这些更讲究。可我给他讲一百遍,他都会弄混了。我把毛巾的颜色明显分开了,他有时候还弄不清楚,他就不记这个,你怎么办?他一洗脸,我就紧张,得赶紧去卫生间看看,弄不好就错了。

欧阳自远与妻子、岳母和儿子合影

小孩多大，什么时候生的，他也统统记不住，只晓得大概多少岁。他对小孩就一条，你给我好好读书，要听话，对人要好，同学之间要互相友爱，他把原则交代一下，剩下的就是我这个当妈的事。

写检讨和抽烟

1966年2月，中国科学院地球化学研究所（简称"地化所"）成立。这个所的任务是研究矿产资源、环境、天体以及地球深部物质。欧阳自远奉命调入这个研究所工作。4月，成立不久的研究所因为涉及国防科研任务等方面的原因，奉令迁到贵阳市。

迁到贵阳市不久，"文化大革命"爆发，以前因为在外面探矿等原因一直游走在各种政治运动之外的欧阳自远，这一次没能逃脱。到贵阳市以后不久，北京造反派已经揪住科学院领导人张劲夫不放，他被批判为执行了一条"刘少奇的修正主义路线"，因此被他赏识和推荐的一批科学才俊理所当然地成了"修正主义苗子"。欧阳自远以前被张劲夫看重，因此就成了地化所大字报批判的主要目标。先是说他是"修正主义的苗子"，而后又升级为"地主阶级的孝子贤孙"。

有一段时间，欧阳自远每天到所里要干的第一件事情就是看大字报，"虚心"接受群众的批判；再接下来就是写大字报自我批判。

按照当时造反派的要求，欧阳自远每天必须写满十张大字报。可是他能够写一些什么呢？子虚乌有的事情怎么编也编不出来十张呀！即使能够往自己头上戴的帽子、能够在大字报上写的内容，不就是上纲到刘少奇"黑线"，还能还敢翻出什么花样来？而以前干出的成绩根本上就不是什么黑线的东西，这些又统统不能写。欧阳自远真是感到为难。第一天总算稀里糊涂地糊弄过来，但是第二天就干脆没写的了。在这极度迷茫和困惑中，像许多人一样，从来不吸烟的欧阳自远无奈地吸上了烟，以此来打发以前觉得那么珍贵的时间。然而，香烟也没办法帮助欧阳自远完成每天的那十张大字报。后来他发现，他写的那些大字报造反派根本顾不上看，造反派有更重要的事情干，哪里把所里的技术人员放在眼里！？于是他想了一个办法——干脆抄报纸，把报纸上的社论和重要文章，基本上原样不动地抄到大字报上。这样一来，每天十张大字报的任务就很好完成。让他痛心和可惜的，是那些白花花的纸和被浪费掉的时间！

对"文化大革命"的不理解、怀疑、困惑和忧虑，使他无法摆脱沉重的压抑和内心的苦闷。

妻子奋起抗争

妻子邓筱兰看着欧阳自远深锁的眉头，在家里烦躁地走来走去的身影，她开始着急了。作为妻子，她可以忍受离别日子里无尽的想念和牵挂，也可以承受独自抚养教育子女的重担，但是，她不忍心看着自己的丈夫遭受无妄之灾所经受的痛苦折磨。

有一天，她实在忍不住了就问欧阳自远："这到底是怎么回事，怎么大字报里说你是'地主阶级的孝子贤孙'？可是你家里根本不是地主啊！这我还不清楚吗？"

是啊，欧阳自远和邓筱兰是从小一起长大的，谁还不知道谁啊？欧阳自远无奈地说："群众运动嘛，他们爱怎么写就让他们写吧，以后总会水落石出，弄清事实的。"

邓筱兰是一位性格刚烈的人，她不依不饶地说："什么时候才能清楚啊？

不行,等河清海晏、水落石出,人不都老了?我要去说清楚!"

在邓筱兰看来欧阳自远一定是怕惹事,因为谁都不知道这个突如其来的运动今后会怎么搞下去。邓筱兰想不了那么多,而且她得知在当她刚到贵阳的第二天就有人自杀;后来,又有一个老研究员上吊……她担心这种事会发生在自己家里,因此她一定要为欧阳自远讨一个公道,把话说清楚,不能糊里糊涂让别人把脏水往丈夫身上泼。她相信公道自在人心。

第二天,邓筱兰就径直走进地化所红卫兵的办公室。她不等对方开口就说:"你们写欧阳自远的那些大字报是怎么回事啊?毛主席说要你们造反,不是要你们造谣!他怎么是'修正主义的苗子'?更荒唐的是他什么时候成了'地主阶级的孝子贤孙'?我和欧阳自远从小就认识,你们怎么不来问问我他是一个怎样的人呢?毛主席不是一贯强调实事求是,要说老实话,做老实事吗?我看你们是反其道而行之,专门欺负老实人。"

邓筱兰越说情绪越激动,很快就引来一大群人围在办公室门口。几位红卫兵的脸色越来越难看,后来实在忍不住了就大声吼叫:"你这是包庇你丈夫!"

豁出去了的邓筱兰的声音更大:"造谣就是不行!造谣是在违背毛主席的指示,造谣的人绝没有好下场!"

不知道是邓筱兰的"兴师问罪"起了作用,还是因为她是地化所医务室最关心人的医生,大家平时对她的尊重这时起了作用,或许是红卫兵们还有更大的斗争对象……总之,从那以后,对欧阳自远的批判居然真的退潮了。

美国总统的礼物之谜

1978年,美国总统卡特的特使、美国国家安全顾问布热津斯基先生访问中国,卡特总统通过他送给当时的中国领导人华国锋两件礼物:一面中国国旗,曾由"阿波罗"号带上过月球;另一件是由"阿波罗"号宇航员从月球上取回来的一块岩石样品。

岩石样品被浇铸在一块有机玻璃里,这块有机玻璃又被巧妙地做成一个凸透镜,起放大作用,让岩石看起来有大拇指指甲盖般大,可实际上只有1克重。

"阿波罗"号飞船曾经六次成功登月取回岩石,11号、12号、14号、15号、

16号、17号飞船都去过。美国方面没有说明这一小块作为礼物的岩石是哪一次登月、在月球上哪一个地方采集的。美国很可能是为中国科学家出了一个谜语，考一考中国人的智慧。

当时国务院总理华国锋随即询问中科院，有谁能搞清这块石头的来历？

中科院立即有人说："有一个人可以，这人叫欧阳自远，在贵阳地化所。"

于是，地化所立即派人到北京取回了这块月球岩石，又交到欧阳自远手中。欧阳自远面对着这块小小的岩石，心情激动而又紧张，他小心翼翼地在高洁净的手套箱内用螺丝刀将有机玻璃撬开，用镊子取出只有小指甲盖一半大的月球岩石。他将这块黄豆般大小的岩石一分为二，一半用于科学研究，另一半珍藏在北京天文馆让公众参观。随后，他组织全国有关科研单位的三四十位科学家，对它进行了仔细的研究：岩石学、矿物学、主量与微量元素、月岩冲击效应、微细结构、矿物晶体的表面结构、月岩的历史……凡是能做的研究都做了。

"嫦娥一号"发射现场

研究的结果，欧阳自远认定这块岩石样品是"阿波罗17号"的宇航员登月时，采集的70017-291号样品。他还确认了岩石的采集地点，以及岩石的所在位置是否有阳光照射……

最后，美国人不得不服气地说："真没想到，我们什么都没说，你们居然都搞清楚了。"

这是欧阳自远第一次和月球如此地"亲密接触"，尽管只是月球上的1克岩石，但却深深震撼了他。他深刻地认识到中国空间探测与月球研究，必须尽快开始。没有想到的是，26年以后的2004年他被任命为中国月球探测工程的首席科学家。

学德文的秘诀

1980年代初，欧阳自远在德国做合作研究。原来他应德国马克斯·普朗克科学促进会(简称"马普学会")的邀请,到核物理研究所和化学研究所合作研究吉林陨石,并且合作培养研究生。

在去德国前,欧阳自远连一个德文字都不认识,所以他先到德国的歌德学院学了3个月的德语,然后才到研究所工作。虽然句子句型、语法结构等基本的要素掌握了一些,看东西也渐渐入门,但口语完全不行,根本不能与同行们对话,虽然拼命用各种各样的表情、手势来帮助表达,彼此仍然不知道对方在说些什么。欧阳自远向来就是一个不服输的人,他决定要想办法在短时间内快速提高自己的德语对话能力,否则就会直接影响到他的研究工作。

不久他就想出了一个好办法。原来欧阳自远到德国以后,结识了邻居家的一个德国小伙子。德国的啤酒业闻名世界,男人们个个都能喝善饮,而且只要一喝上了酒,话就多得如长长的流水。欧阳自远就经常邀请这个德国小伙子一起吃晚饭。这时,他都要先搬来一箱12瓶啤酒,然后边吃边喝边聊;而且两个人每次都事先讲好,谁先上厕所谁就买单。

他们聊天的内容天南海北,包罗万象。两个多月后,已经记不得喝掉了多少啤酒,但是德国同行们发现原来"口吃"的欧阳自远德语进步神速,不仅读写没有问题,而且口语不仅发音准确,讲起来还十分流畅。

方正之士王选

王选(1937—2006)：中国科学院院士，中国工程院院士，第三世界科学院院士。汉字激光照排系统的创始人，这一系统后来被誉为"汉字印刷术的第二次发明"。

捉蛐蛐的秘诀

王选全家福。王家共有五个孩子，王选（左1）最小

少年王选捉蛐蛐（蟋蟀）那是真有一套了不得的功夫，连他的两个哥哥都深为佩服。

到了秋天，那可是王选捉蛐蛐的大好机会，他轻易不会放过。由于寻找蛐蛐需要在荒草野地跑，他的脚因此经常被乱石及草木刮伤，但是他从不吭一声，照常乐此不疲。为了能顺利地捕到蛐蛐中的极品，他还专门翻阅一些捕捉蛐蛐的古书。古书上一些对蛐蛐的论述使王选大受启发，书上说：

"出于草上者，其身则软；出于砖石者，其体则刚；生于浅草瘠土砖石深坑向阳之地，其性劣。"

这是说生长在不同环境中的蛐蛐，有不同品性。经过多次实践，他还总结出一套捕捉上佳蛐蛐的窍门。比如，在野外四下都是此起彼伏的蛐蛐鸣叫声中，要想捕到战斗力强的蛐蛐，就要追踪那些声音洪亮、雄浑的蛐蛐下手。上好的蛐蛐，往往鸣叫快捷有力，震动人心；那些鸣声尖小、声音虽高听上去却没有节奏感的，就知道一定是下品，用不着费心追捕。

这些捕捉蛐蛐的方法,使王选屡次捕到别人捕捉不到的上好蛐蛐。两个哥哥常常赞叹说:"别看我们家的王选人小,'鬼'主意可多啦!他有好多捕捉好蛐蛐的门道。"

王选不仅喜欢捉蛐蛐,而且他非常疼爱家里的小动物。他家里有两只猫,一只叫阿咪,一只叫阿黄,它们是一对母女。每天放学,王选只要一脚跨进家门,两只小猫就会"喵呜喵呜"地叫着向他争先恐后地跑来"邀宠",那景象着实有一些动人。

冬天的夜里,猫咪常常钻到王选的被子里取暖。有时雪夜猫咪起夜,等它们回来浑身湿漉漉地往他被窝里钻的时候,王选也不忍心把它们赶出去。有一次,阿咪甚至叼着刚生下的小猫宝宝往王选的被窝里钻,他照样不嫌弃它们。

关键时刻的选择

1954年,王选考上了北京大学数学系。这年数学系录取了200多人。开始没有分专业,大家都在一起上基础课。到二年级快结束时,学生们需要在三个专业中选取自己的专业,这三个专业是:数学、力学和计算数学。

大学一年级王选(后排中)与部分同班同学合影

人们都知道,在人生路途中关键时刻的选择是极为重要的。微软的创办人比尔·盖茨在谈到他成功的经验时说:

> 我的成功如果说有什么秘密的话，那就是两个字：选择。

这两个字也同样体现在王选的身上。王选的大多数同学，也是一些学习成绩突出的同学，大多选择了数学专业，而相比较之下，计算数学专业则是北京大学刚刚成立的一个专业，不但没有一套像样的教材，而且由于应用性比较强，包含大量非创造性的技术工作，所以许多同学对学习优秀的王选居然选了这个专业，不免感到惊讶，有的同学还为他的选择深感惋惜。但是，王选本人自有分晓。他认为越是古老和成熟的学科，越是有完整严密的理论体系，越是难以取得新的突破；而新兴学科多不够成熟，但是它往往代表着未来，留给人们的创造空间就越大。计算机在当时的中国很多人还闻所未闻，它是一块未曾开垦的处女地，前景无法估量。

为了证明他的这个想法，他去图书馆查阅了大量资料，有两篇文章给他留下了很深的印象。一篇是钱学森关于电子计算机与航天工业的论述，王选看后激动不已，甚至产生了驾驶宇宙飞船畅游太空的遐想。另一篇是胡世华[1]写的关于计算机在国防中重要作用的文章，胡世华断言在未来战争中，导弹的发射、拦截，飞机空战等都离不开计算机。而且，计算机不仅能应用到国防等高科技领域，还有可能改变人们未来的生活。计算机发展的前景使王选非常振奋。

这是一方面，另一方面是王选根据自己的能力也觉得自己适合研究计算机科学。这方面表现出青年王选很成熟的一面。他后来对此说了很有启发性的话：

> 我能够取得成就，最重要的一点，应该是具有远见和洞察力。我在解难题上面的本事并不大，年轻时精力最旺盛的阶段，解题能力可能也不如现在北大计算机研究所的李平立；在电路的功底和动手能力方面不如同学毛德行，更不用说跟无线电系毕业来方正的王

---

[1] 胡世华（1912—1998），又名胡子华，祖籍浙江吴兴，出生于上海，数理逻辑学家、计算机科学家，中国科学院院士，民盟成员。1935年毕业于北京大学，1936—1941年先后在奥地利和德国学习和研究数理逻辑与数学基础。他是中国开展数理逻辑研究的代表人物之一，倡导将逻辑研究与数学紧密联系起来；他也是国内将逻辑研究与计算机设计相结合的倡导人。

永达比了。但是有一点我大概是突出的,就是洞察力、远见力,英语叫 vision 或 insight,具体表现就是我能比别人早一拍走到正确道路上。选择计算数学,以及后来自觉地训练英语听力,从硬件跨到软件,两者结合起来研究,直到选择搞激光照排,都是这种 vision 在起作用。

忙得穿错衣服

一转眼就到了 1958 年。这年春季是王选大学毕业前的实习阶段。这时中国的经济建设,已经开动了高指标建设的"大跃进"运动,北京大学当时给数学系一项重要的任务,就是改进"北大一号"计算机。大学当局非常重视这项任务,希望研制成功以后作为这年献给国庆节的厚礼。这项任务落在了计算机专业的学生的肩上。

由于时间紧迫,王选像铆足了劲儿的机器一样日夜兼程、不分昼夜地工作,把自己的精力几乎用到了极限。半夜里,王选常常迷迷糊糊地从床上爬下来就往机房跑。有一天夜里,他照例稀里糊涂赶到机房接班调试机子,一直干到第二天中午才得空去食堂买饭。一路上他觉着一些人用一种怪异的眼光瞧着自己,当时他心里有一点叨咕,但是不明就里,也就没有把这件事放在心上。

走进食堂以后,有一位同学冲着他大喊:

"王选,你这是把谁的上衣穿到自己的身上了?"

同学们把目光都转向王选,立刻引起一片轰笑声。王选低头看了一眼自己穿的上衣,发现上衣又瘦又小,被扣子拉得紧绷绷的,好像随时都会崩开。这时他才恍然大悟,原来是半夜起床时把同学的衣服胡乱穿到了自己的身上,却一点都没有觉察到。不仅如此,在他用上衣口袋里的笔写字时,发现这支笔与往常不一样,好像瘦了一圈。他当时还觉得奇怪,以为是自己的手指由于这些时日不断地劳作变粗了,竟没有发现这支笔原来不是自己的。

想到这儿,王选自己也觉得真是有一点好笑。

Never Give Up！

1974年8月，电子工业部、机械工业部、中国科学院、新华通讯社和国家新闻出版署五家单位共同发起一个研究项目——"汉字信息处理技术研究"。国家计委把这个研究项目称为"748工程"。

王选迅速认识到这个项目对整个出版业是一场颠覆性的、前无古人的大革命，使用价值之大与应用前景之广阔简直无法限量。于是，从1960年就开始深受疾病折磨、并一直作为病号拿劳保低工资的助教王选，和同样在家养病的妻子陈堃銶[①]，就主动积极地参加了这项工程，而且成为最中坚的力量。

王选和妻子陈堃銶合影

后来由于种种原因，这个工程几乎使王选处于孤军奋战的局面。好在他是一个"吃劳保"的病号，没有人管他们，使他们可以集中全部精力提出了一个"全电子照排系统"的设计方案。

1975年底，王选的研究使得激光精密照排成为可能。但是这时王选的身体虚弱到极点，低烧与咳嗽一直伴随着他；妻子陈堃銶也因过度劳累血压很低，经常头晕目眩，走路时双腿发软。尽管如此，她还是和丈夫一起日夜不停地"攻关"。

每当困难到看来几乎克服不了的时候，王选夫妇就常常想起丘吉尔一场精彩的演讲，并以此来鼓励自己和妻子。那是在剑桥大学的一次毕业典礼上，整个会堂坐有上万名学生，丘吉尔慢慢地走上讲台，他脱下大衣交给随从，然后又摘下了帽子，默默地注视着所有观众，过了一分钟后，丘吉尔说了一句话："Never give up！"（永不放弃）。丘吉尔说完后穿上了大衣，带上了帽子离开了会场。整个会场鸦雀无声，一分钟后掌声雷动经久不息。

对，永不放弃！永不放弃有两个原则。第一个原则是，永不放弃；第二原

[①] 堃（kūn），同"坤"；銶（qiú），古代的一种凿子，也指一种独头斧。

则是，当你想放弃时回头看第一个原则，还是永不放弃！永不放弃也是王选和妻子的共同信念。正是在这种永不放弃的追求中，久违的幸福感鼓舞着这对已近不惑之年的夫妇，因为人生价值正在他们的苦苦追求中一点点彰显出来。

后来所经历的种种艰辛和困难，这儿无法一一道出，但是它绝对可以使人想起居里夫妇在研究镭射线所经历的一切。（读者如果有兴趣，有好几本王选的传记可以阅读。）

时间到了1986年，王选参与这一工程已经是第十二个年头。这年王选主持研发的"华光汉字激光照排系统"，被国家评为当年十大科技成就之一——从此，中国印刷业彻底摆脱了落后的铅字印刷，这是一个具有重大意义的革命进步！

接着，荣誉向他们夫妇涌来：1986年获得第十四届日内瓦国际发明展览会金奖；1987年与袁隆平一起获得国家科技进步一等奖，这年王选还获得1987年"毕昇奖"。在成绩面前，王选说了一段让人感动和唏嘘的话：

> 科学是一种美的享受，所以居里夫人曾经讲过，科学探讨本身就是一种至美。歌德说，一个真正有才干的人在工作过程中会感到最高度的快乐。他提到一位著名画家鲁斯，看鲁斯画的山羊，从山羊的毛发中可以看出画家当初愉快的心情。我想一个献身于科学的人，他的最大回报并不是名和利，而是克服工作中的千难万险、最终取得成效所享受到的快乐！

我们中国自家的事，何必转手外国人？

1989年，王选主持研发的"华光Ⅳ型机"开始在全国新闻出版、印刷业推广普及。这年年底，所有来华研制和销售照排系统的外国公司全部退出中国内地市场。《人民日报》在引进美国HTS照排系统后一直无法使用，1990年全部改用华光系统。HTS公司宣布破产。

关于美国HTS公司，有一件使王选不能忘怀的事。那是1987年5月22日，当华光系统已经为《经济日报》排出了世界上第一张用计算机屏幕组版、用激光照排系统整版输出的中文报纸的胜利时刻,《人民日报》却不相信华光系统,用了高达430万美元的款项购买美国HTS公司两套精密照排系统。这种明显对国人自主研发的华光系统的轻视,让王选非常不服气。他信誓旦旦地说:

> 我的目的是两个:一是要抢在美国HTS系统之前出日报;二是华光系统的价格只有美国HTS系统的八分之一。

两年后,王选的誓言全部实现。华光系统的性能不仅比HTS优越得多,而且华光系统的价格比当初王选估算的还要便宜,全套设备总共只需要180万人民币,是HTS系统的十五分之一。

按照合同,HTS系统应该在1987年底正式出报,却一直不能兑现这一承诺。后来,《人民日报》报社了解到HTS系统的硬件设备虽然很先进,但对汉字庞大的信息量却一筹莫展,汉字信息处理技术像一只桀骜不驯的拦路虎,美国人对它毫无办法。

王选在查看汉字激光照排系统输出的报纸胶片

为了解决这一他们无法解决的技术难题,HTS公司派人来找王选,想购买他们的专利技术和设备。王选随口说了个天文数字,用吓人的高价把那人吓跑了。

当有人问王选:"干吗要这么高的价?"

王选微微一笑说:"我们中国自家的事,何必转手外国人?"

北大方正

现在大家都知道,在市场经济条件下一个产品的商品名称,对消费者的选购有直接影响。如果名字取得恰当,可以扩大影响、增加销售;命名不当则可能减少销量,甚至于毁掉一个产品。当王选主持研发的新一代电子出版系统成功以后，很快就会打入迫切需要它的市场，这时为这个出版系统取一个合适的商品名称就显得十分重要。

有的同事说："没有王选老师，就没有我们的激光照排系统，我看干脆叫'王选激光照排系统'吧！"

王选一听急忙反对："我坚决不同意。激光照排系统是集体力量的结晶，不能用我的名字。我们还是群策群力，用征名的方式为我们的'新嫁娘'取个好名字！"

大家一致表示同意。不久就有上百个名字汇集上来。北大赵为民老师别出心裁，提议用"方正"命名，他说：

"察身而不敢诬，奉法令不容私，尽心力不敢矜，遭患难不避死，见贤不居其上，受禄不过其量，不以亡能居尊显之位，自行若此，可谓方正之士矣。"

1991年3月8日下午，公司召开会议，专门商榷产品的命名问题。王选非常慎重，因为产品的名字一旦确定下来，发现不好再改名就不那么容易了。但是当同事们把一张"北大方正"的样张拿到王选面前时，他看到用琥珀体斜排的"北大方正"四个字时，他的眼前一亮，笔画不但简单明快，而且厚重大气，具有极强的文化底蕴。

王选当即拍板说："好，就叫'北大方正'！"

就这样，北京大学计算机科学技术研究所和北京大学新技术公司联合推出了新一代电子出版系统——"北大方正"电子出版系统。"北大方正"这一享誉海内外的著名品牌，由此诞生。

方正大厦外貌

真正的"方正之士"

传记作者白晶女士在她写的《王选传》里,有一节的名称就是"方正之士"。这一标题想说明的就是王选是一位"方正之士"。白晶女士引用了王选的一段话:

"错误地把院士看成是当前领域的学术权威,我经常说时态搞错了,没分清楚过去式、现在式和将来式。我38岁的时候,从事电脑照排领域的研究在国内处于最前沿,在国际上也可以称得上十分前沿,创造了我人生的第二个高峰,但是我是无名小卒,说话没有分量;1995年我58岁的时候,当选中国两院院士和第三世界科学院院士,获得两次国家科技进步一等奖、一次联合国教科文组织科学奖,虽然没有脱离业务,但1993年我就离开了具体设计第一线,所以我的(创造)巅峰已经过去,我当时就觉得已经不是这个领域的权威了;今年我68岁,三年前得了国家最高科学技术奖,但离学科前沿更远了,现在靠虚名过日子!"

王选还说过:"中国古代有句话,上士忘名,将名利彻底淡忘;中士立名,靠自己的成就把名立起来;下士窃名,自己不行就窃取人家的。我做不到上士,因为我做不到忘名的地步,但是我不会为了立名而去窃名。"

可见他对名利的态度是淡漠的,但是淡泊名利并不是说王选拒绝名利。王选认为不该得到的名利千万不要得,可得可不得的名利尽量不要得,应该得到的是可以接受的。他说:"如果是我的劳动所得,我会欣然接受,然后按自己的方式去处理。"

他如何处理他得到的利呢?他获得过不少奖项,但是奖金拿回来以后他没有存进自己个人账户,而是放到计算机研究所的账户上。他把自己获得的30万元奖金捐给北大数学学院,设立"周培源数学奖学金";2002年他获得国家最高科学技术奖时,把国家和北京大学奖励他的共计900万元捐赠出来,设立了"王选科技创新基金",奖励有杰出贡献的科研人员。他还把他个人的50万元交完税后又放到研究所的账上……

反观他个人的生活,那真可以说是朴素到了极点。十多年来,眼镜一直不曾换过;穿的衣服,总是夏天白衬衫、黑裤子,冬天外罩一件夹克;有一件西装只在正式场合穿,领带很长时间只用一条。

对此,白晶女士无限钦佩地赞叹道:

这就是王选,殚精竭虑、呕心沥血的永远是祖国未来和科学事业的明天。他用自己的一生,诠释了"方正之士"的真正含义。

"核潜艇之父"黄旭华

黄旭华,1926年出生于广东汕尾,中国工程院院士。1949交通大学毕业,中船重工集团公司719研究所研究员、名誉所长,中国第一代攻击型核潜艇和战略导弹核潜艇总设计师。开拓了中国核潜艇的研制领域,被誉为中国"核潜艇之父"。

学习生涯

1926年3月12日,黄旭华出生于广东海丰县一个乡医之家,当时取名为黄绍强。

1938年,因抗日战争战事吃紧,黄绍强和大哥赶到迁至东揭西山区的聿怀中学求学。1940年夏,黄绍强已无法坚持在聿怀的学习,就去广西桂林中学读书,但是直到1941年夏初,才顺利通过桂林中学的入学考试。在桂林中学他改名"黄旭华",取自"旭日荣华"之意。1944年,黄旭华几经辗转到了重庆,进入国民政府为流亡学生开办的大学特设先修班;后被保送到中央大学航空系,接着又以第一名的成绩考上国立交通大学(即今上海交通大学前身)。

1949年,黄旭华毕业于交通大学造船系。

走上研制核潜艇的艰苦路程

大学毕业后,黄旭华先后在上海军管会船舶建造处、上海招商局(海运局)工作。但是在1954年,黄旭华逐渐扛起了终其一生的艰巨任务——研制和生产核潜艇。

开始他被选送参加苏联援助中国的舰船的转让制造和仿制工作。1958年,黄旭华被调到北京海军,到国防部第七研究院,并开始担任核潜艇研究室副总工程师。

1983年，黄旭华被任命为第一代核潜艇的总设计师；1988年，在完成中国第一代核潜艇深潜试验和水下运载火箭后，接力棒传给了第二代核潜艇研制人员。此后他致力于为核潜艇的研制献计献策，促进国家和地方的科技发展与人才培养，为国家培养锻炼了一大批优秀的研究和建造核潜艇的人才，其中包括一位中国工程院院士、两位船舶设计大师、两位中国船舶重工集团公司首席技术专家，还有一位核潜艇工程总设计师以及7位"型号总设计师"、和30多位"型号副总设计师"。

主要贡献——核潜艇无中生有

黄旭华等参研人员最初只参加过苏制常规潜艇的仿制工作，至于核潜艇是什么样的，谁都没见过。没有90厘米厚钢材的加工设备，潜艇专用的特殊钢板的研制工作也没有开始。

中国第一颗原子弹的成功爆炸解决了核动力问题，"09工程"才取得了进展。

黄旭华带领设计人员，研制出比常规"流线型潜艇"水下阻力更小的"水滴形潜艇"，同时解决了核潜艇的操纵性问题。国外的技术封锁加大了研发的困难程度，某国为加强导弹发射时艇身的稳定性，专门设计了一节舱来安放一个重达65吨的大陀螺。但是水下空间异常珍贵，这个大陀螺却占用了潜艇的黄金空间。这显然不是理想的设计。黄旭华领导的一个小组经过反复计算、分析、研究，通过调整核潜艇内设备布局，不但解决了65吨大陀螺占用空间过大的问题，还为潜艇节省了空间，而且摇摆角、纵倾角、偏航角、升沉都接近于零。

1970年代，中国陆续实现第一艘核潜艇下水，第一艘核动力潜艇交付海军使用，成为继美、苏、英、法之后世界上第五个拥有核潜艇的国家。

1974年8月1日建军节，中共中央军委发布命令，将中国第一艘核潜艇命名为"长征一号"，正式编入海军战斗序列。1988年中国核潜艇水下发射运载火箭试验成功，又成为世界上第五个拥有二次核打击力量的国家。

1988年初，核潜艇按设计极限在南海作深潜试验。黄旭华亲自下潜到水下300米，这时核潜艇的艇壳每平方厘米要承受30公斤的压力。黄旭华指挥试验人员记录各项有关数据，并成为世界上核潜艇总设计师亲自下水做深潜试验的第一人。

黄旭华一生获奖无数,其中重要者为1978年获全国科学大会奖;1986年被授予船舶工业总公司劳动模范;1989年被授予全国先进工作者;1996年因为导弹核潜艇的研制获国家科学技术进步奖特等奖;2014年获得"感动中国2013年度十大人物"奖;2017年10月25日,荣获2017年度何梁何利基金最高奖"科学与技术成就奖";2017年11月9日,获得第六届全国道德模范敬业奉献奖;2018年3月20日,华人盛典组委会公布黄旭华获得"世界因你而美丽——2017至2018年影响世界华人盛典"终身成就奖。

中国核潜艇的雄姿

"中国的脊梁"

尽管黄旭华一生获奖无数,但是由于严格的保密制度,长期以来,黄旭华不能向亲友透露自己实际上是干什么的,也由于研制工作实在太紧张,从1958—1986年,他没有回过一次海丰老家探望双亲。直到2013年,他的事迹逐渐"曝光",亲友们才体谅他不能回老家的缘由。

1988年南海深潜试验,黄旭华顺道探视老母,95岁的母亲与儿子对视却无语凝噎。这时的黄旭华已双鬓染上白发,但隐姓埋名三十载,依然默默无闻,寂然无名。

他为人一贯低调和艰苦朴素,他的办公室里没有空调,分房时挑的是没人要的顶层,以至于夏季室内温度经常达到39.5摄氏度;直到2005年,他才在家里装了一台空调。黄旭华没有专车,所里最好的两辆小车是用了几年的"桑塔纳"。

2014年1月,他获得"感动中国"奖,颁奖词是:

> 时代到处是惊涛骇浪,你埋下头,甘心做沉默的砥柱;一穷二白的年代,你挺起胸,成为国家最大的财富。你的人生,正如深海中的潜艇,无声,但有无穷的力量。
>
> 你们为国家做出了巨大贡献,却把名利看得淡如水,你们是中国知识分子最优秀的一群,也是鲁迅先生所讲的——"中国的脊梁"。

这个颁奖词正是黄旭华生平的写照——贡献巨大,但一生把名利看得淡如水。这也是所有"中国脊梁"共同的特色!

黄旭华认为奖项应该是属于大家的,不应该属于他一人,因此2017年,他把获得的奖金20万元港币,分别捐给母校白沙小学和白沙中学,支持家乡的教育事业。又从自己获得的"何梁何利基金科学与技术成就奖"奖金中拿出20万元港币捐赠给中船重工719所离退休及社区管理办公室,用于帮助有困难的离退休职工。

"天眼之父"南仁东

南仁东(1945—2017),吉林辽源人,中国天文学家、中国科学院国家天文台研究员,曾任500米口径球面射电望远镜(Five-hundred-meter Aperture Spherical Radio Telescope,FAST)工程首席科学家兼总工程师。2018年,党中央、国务院授予南仁东"改革先锋"称号,颁授改革先锋奖章。

"咱们也建一个吧"

1993年,在日本国际无线电科学联盟大会上,科学家们提出,在全球电波环境继续恶化之前,建造新一代射电望远镜,接收更多来自外太空的讯息。

南仁东事后便常常对同事们说:"咱们也建一个吧。"

自1994年始,南仁东提出利用喀斯特洼地作为望远镜台址,并开始启动贵州选址工作。为了给500米口径球面射电望远镜(FAST)工程选址,他带着300多幅卫星遥感图,跋涉在中国西南的大山里,先后对比了1000多个洼地,时间长达12年。

"中国天眼"的主要发起者和奠基人南仁东

在"中国天眼"落成启用前,南仁东已罹患肺癌,并在手术中伤及声带。但是患病后他仍然带病坚持工作,尽管身体不适合舟车劳顿,仍从北京飞赴贵州,亲眼见证了自己耗费22年心血的大科学工程落成。

2016年9月25日,FAST工程在贵州省平塘县的喀斯特洼坑中落成启用,并开始接收来自宇宙深处的电磁波。在工程正式竣工之时,习近平主席发来贺信,刘延东副总理亲临现场视察并致辞。

一个神奇的老头

南仁东是一个很有个性、爱美的老爷子。"他可以很讲究,也可以很不讲究。"一位学生这么形容南仁东。他说,老爷子的审美很好,"你看FAST多漂亮"。

这样一个爱音乐、爱画画,常年留着小胡子、爱穿西装的"讲究人",却是个相当随性的老头儿。他爱抽烟、爱喝可乐,还经常往西装口袋里装饼干,而又忘记拿出来,过段时间一看,全都成饼干末儿了。

他给学生发邮件都自称"老南",也让大家直接这么叫他。而大伙儿私下里更爱喊他"老爷子"。

令所有人大跌眼镜的是,身任FAST工程"总司令"的他竟成了现场工人最好的朋友。同事们回忆,南仁东常常跑到工棚里和他们聊家长里短,他记得许多工人的名字,知道他们干哪个工种,知道他们的收入,知道他们家里的琐事。他经常给工人带些零食,还和老伴亲自跑到市场给他们买过衣服。而工人们也像家人一样对他。

FAST雄姿

他就是这样一个极善良、一心为别人着想的人。南仁东过70岁生日时,学生们要给他庆祝,他只同意一起到园区餐厅简单吃个午饭;他生病期间,学生们去看他,他说人来可以,什么东西都不许带;治疗期间,他仍然坚持到办公室工作；他从不愿意麻烦别人，却经常带学生改善生活、操心他们的工作和发展。在贵州山区，他见到当地人生活的艰苦、上学的不易，就自掏腰包给予他们资助。

最令他的学生们羡慕甚至有点"嫉妒"的是，"老南"有着近乎传奇的人生经历：年轻时，他曾利用大串联的机会跑遍祖国的大好河山，在上山下乡的十年里苦中作乐，到北京天文台工作后，又跑去荷兰求学，之后在日本工作当了客座教授，最后又回到了祖国。

南仁东(右五)和工程施工人员合影

对于这其中精彩的细节，大家听得如痴如醉。一开始以为他在吹牛，慢慢发现不是这样——"我们能求证的事情，他说的都是真的。"在学生们眼里，南仁东的人生充满着执着、义气和随性，"太有意思了"。

南仁东星

FAST是南仁东人生的最后一次拼搏。2016年，经过20年的努力，FAST终于建成了，成为举世瞩目的工程奇迹。虽然南老师没有能等到它产出科学成果的那一天，没有能等到他应得的荣誉、奖励，但他离去的时候心里一定非常清楚，自己毕生的事业已经成功了。

2018年10月15日，中科院国家天文台宣布，经国际天文学联合会小天体命名委员会批准，国家天文台于1998年发现的国际永久编号为"79694"的小行星被正式命名为"南仁东星"。

诺奖得主屠呦呦

屠呦呦，女，1930年生，药学家，中国中医研究院终身研究员，青蒿素研究开发中心主任。2015年10月，因发现青蒿素治疗疟疾的新疗法获诺贝尔生理学或医学奖。屠呦呦是第一位获得诺贝尔科学奖项的中国本土科学家，也是第一位获得诺贝尔生理学或医学奖的华人科学家。2016年，荣获2015年度感动中国人物。同年，入选《时代周刊》公布的2016年度"全球最具影响力人物"。2017年，被授予2016年度国家最高科学技术奖。

从中医药里挖掘宝藏

瑞典卡罗琳医学院于2015年10月5日，在斯德哥尔摩"诺贝尔大厅"宣布：2015年诺贝尔生理学或医学奖授予中国科学家屠呦呦、爱尔兰裔科学家威廉·坎贝尔（William C. Campbell，1930年生）和日本科学家大村智（Satoshi ōmura，1935年生），以表彰他们在药物治疗疟疾、盘尾丝虫病和淋巴丝虫病方面所做出的杰出贡献。

这是中国本土科学家首次获得的诺贝尔科学奖，是中国医学界迄

屠呦呦获诺贝尔奖时的盛况

今为止获得的最高奖项，也是中医药成果获得的最高奖项。诺贝尔生理学或医学奖评选委员会主席齐拉特对记者说：

"中国女科学家屠呦呦从中药中分离出青蒿素应用于疟疾治疗，这表明中国传统的中草药也能给科学家带来新的启发。"

齐拉特还表示：经过现代技术的提纯和与现代医学相结合，中草药在疾病治疗方面所取得的成就"很了不起"。屠呦呦是诺贝尔医学奖的第十二位女性得主。评委们介绍了获奖科学家的贡献：屠呦呦发现了青蒿素——一种可以显著降低疟疾患者死亡率的药物。在上世纪60年代末，常用治疗疟疾的药物药效减弱，但疟疾患者却在持续增加。那时，中国的屠呦呦将目光转向了传统中草药学，并发现了植物青蒿中的提取物有疗效。屠呦呦翻阅古典，找到提取的办法，并将该物质命名为青蒿素。青蒿素代表了一种新型的抗疟载体，能够在疟疾寄生虫发展的早期就迅速杀死它们，因此在治疗严重疟疾方面产生了前所未有的疗效。

屠呦呦获得诺贝尔奖的消息一经公布，中国各大新闻报纸和网站立即被这一激动人心的消息所占满。当天中国《人民日报》立即发表文章：《从中医药里挖掘宝藏，用一株小草改变世界：屠呦呦打开一扇崭新的窗户》。文章里写道："青蒿素是传统中医药送给世界人民的礼物。"

晚上看电视的时候，才知道得奖的

外界热闹，屠呦呦却出人意料地平静，青蒿素的发现，是中药集体发掘的成功范例，由此获奖是中国科学事业、中医中药走向世界的一个荣誉。

10月5日晚上8点18分，2015年诺贝尔生理学或医学奖揭晓近3小时后，有一位记者第四次才拨通了屠呦呦家的电话。这位记者一度以为他拨打的是一个错误的电话号码。正在犹豫之际，幸好第四次终于接通了。

"喂？"电话里传来的是一个声音有些低沉的女性声音。

"您好，请问是屠呦呦教授吗？"

"是的，您是哪位？"

"不好意思这么晚打扰您，我们想简单采访一下您。"

"哦，今天已经有很多人打电话来了。"

"我只是想很简单地问问，尽量不耽误您休息。您是什么时候知道自己得奖的？"

"今天晚上看电视的时候才知道得奖的。"

说起得知获得诺贝尔奖这件事,屠呦呦与很多诺贝尔获奖者在得知获奖消息后的反应大相径庭。开始屠呦呦还以为电视上说的是哈佛大学医学院颁发的华伦·阿尔波特奖的事,当确知是诺贝尔奖以后,她皱着眉头咕哝:"这个刚闹完,又出来个诺贝尔奖!"还仿佛这是一件陈年纠纷似地说:"就这点儿事呀,到现在都几十年了。"

电话那边记者不知道老太太想什么,还在继续追问:"这次能够获得诺贝尔奖,有意外的感觉吗?"

"没有什么特别的感觉。当然,有一些意外,但也不是很意外。"

"为什么这么说呢?"

"因为大家一起研究了几十年,能够获奖不意外。"

这时候一个男声接过电话说:"不好意思,她单位的同事来看她了。"然后这个男声对记者说"我是屠呦呦的爱人李廷钊"。李廷钊与屠呦呦是中学同学,也是宁波人。

"您是屠呦呦的爱人?请问对她的获奖您有什么想法?"

"就是为国家争光嘛。"

接着李廷钊说声对不起,因为要接待客人就挂断了电话。

中国本土科学家第一次获得诺贝尔奖

有的报道说这是中国科学家第一次获得诺贝尔科学奖,这种说法是不准确的。因为1957年杨振宁和李政道两位物理学家在获得诺贝尔物理学奖的时候,他们持的还是中国护照,因此他们获奖是以中国物理学家的身份获奖。杨振宁在国内很多公共场所都一再提醒大家注意这一重要的事实:"我获得诺贝尔奖的时候持的是中国护照!"正因为这样,后来有一年在瑞典召开诺贝尔奖获奖国的会议时,中国政府派了代表参加。

因此屠呦呦2015年获得诺贝尔生理学和医学奖,不是中国科学家第一次获得科学奖,而只是第一个本土科学家获得这一大奖。这从屠呦呦的讲话中可以清楚地看到这一点。

屠呦呦于1930年出生于浙江省宁波市。她的父亲经商,母亲没有工作,做家务。她出生后,父亲根据《诗经·小雅》的名句"呦呦鹿鸣,食野之蒿",给女儿取名"呦呦",寄托了屠呦呦父母对她的美好期待。"呦呦"是鹿鸣声,"食野之蒿",据宋代朱熹注称,"蒿即青蒿也"。

为她命名的父亲,当时一定未曾想到女儿会与青蒿结下不解之缘。

她的家那时在宁波开明街和莲桥街一带,离天封塔很近,是非常典型的宁波老宅子,白墙黑瓦的两层老房子。当时家乡肆虐的疟疾,给儿时的她留下了深刻的印象;还有自幼耳闻目睹中药治病的奇特疗效,因此从小她对中药就有了深刻印象,这促使她后来去探索其中的奥秘。

1948年,屠呦呦进入宁波有名的效实中学学习。1951年,屠呦呦考入北京大学医学院药学系,她选择的专业是一般学生不太感兴趣的生物医学,当时她觉得生物医学专业最有可能接近探索具有悠久历史的中医药领域,符合自己的志趣和理想。从此她就和天然药物的研发和应用结下不解之缘。在大学4年期间,屠呦呦学习努力,取得了优良的成绩。在专业课程中,对植物化学、本草学和植物分类学,她尤其有极大的兴趣。

1955年大学毕业后,屠呦呦分配在卫生部中医研究院(现中国医学科学院)中药研究所工作,一直工作到现在。

效实中学的屠呦呦雕像

由屠呦呦的成长和求学经历来看,她全部的教育以及研究都是在国内进行,因此她是货真价实的中国本土科学家。

2015年10月屠呦呦获得诺贝尔奖以后,母校效实中学的各地校友会共同倡议,自筹制作资金为屠呦呦树立铜像,并将其放置在效实中学校园内。

只有研究是第一位的

1965年美国悍然出兵越南后,越美双方都因地方性疾病——恶性疟疾造成严重减员。那时恶性疟疾致死人数甚至多于战斗减员的人数。但当时传统治疗恶性疟疾的药物都已经因为种种原因而失效,因此双方都急于寻找更有效的治疗恶性疟疾的方法。

1967年5月23日,中国人民解放军总后勤部和国家科委在北京召开了抗药性恶性疟疾防治全国协作会议,组织60多家科研单位协力攻关,制定了三年科研规划,称为"523任务"(或称"523项目",因为开会第一天是5月23日)。屠呦呦参加的研发抗疟疾药物的这一项目,正是在战争背景下开展的。

屠呦呦回忆说:"那时这件事比打仗死伤人数还要高,以前的治疗方法因为抗药性都开始失效,因此双方都急于研究寻找新的药物治疗。"越南当时处于战争期间没有精力做研究,就只好向中国求助,当时中越是"同志加兄弟"的亲密关系,中方答应了越南的请求。

在获诺奖后记者采访时,屠呦呦平静地说起接受"523任务"的事情时说:"交给你任务,对我们来说,就是努力工作,把国家任务完成。任务一来孩子一扔,就走了。"

屠呦呦被派去海南岛,在苏联学过冶金的老伴李廷钊被派去云南的五七干校。一家人天各一方。老伴李廷钊曾低调地说:"别人抗美援朝命都丢了,我们做这点贡献算什么!"

自这一任务开始,屠呦呦和她的研究组就开始了长期从事中药和中西药结合研究。屠呦呦创造性地从《肘后备急方》等中医古典文献中获取灵感发现了青蒿素,并由此开创了疟疾治疗新方法。

屠呦呦领导科研组从系统整理历代医学典籍入手,收集二千多种方药,归纳编纂成《抗疟方药集》,又从中选出200多方药,以现代科学组织筛选,不断改进提取方法,终于在1971年发现抗疟新药"青蒿素"对鼠疟、猴疟均具有100%的抗疟作用的。此后在全国协作下,验证病例达2千多,确证青蒿素为"高效、速效、低毒"的抗疟新药,特别对抗氯喹恶性疟有特效。接着她又首先发现"双氢青蒿素",研制出"复方双氢青蒿素",把药效扩展到免疫领域。

青蒿素的发现不仅找到了一个抗疟新药,而且为寻找抗疟药开辟了一条新的途径,促使世界上很多国家对青蒿素展开进一步的研究,挽救了全球发展中国家数百万人的生命。

屠呦呦因为这一重大贡献,受到国家多次高规格嘉奖。1984年她被国家授予第一批"中青年有突出贡献专家",1990年第一批享受政府特殊津贴,1992年由中国中医研究院授予最高荣誉奖和终身研究员称号,1994年被中央国家机关授予"十杰妇女"称号,1995年出席全国劳动模范和先进工作者表彰大会，由国务院授予"全国先进工作者"称号，同年以"中国政府代表团"代表的身份出席"第四届世界妇女大会"，并再次出席全国科学技术大会。2011年获得"拉斯克—狄贝基临床医学研究奖"（Lasker DeBakey Clinical Medical Research Award）。

拉斯克奖是国际上很有名的大奖，这个大奖被科学界誉为诺贝尔奖风向标，也就是说获得这个奖的科学家绝大部分不久将有极大的可能获得诺贝尔奖。当宁波中学校友会会长陶瑜瑾打电话祝贺屠呦呦获得拉斯克奖时，陶瑜瑾说：

"她非常低调，在获奖后，很多亲友和相关单位都向她发来贺电，也表示要前去拜访，也有人通过我表示了这个意思。但是她都婉言谢绝了，更是拒绝了媒体采访，她一直说谢谢大家，心意我领了，但请大家理解。"

屠呦呦说过的一段话，尤其让陶瑜瑾感动：

> 我是搞研究的，只想老老实实做学问，把自己的事情做好，把自己的课题做好，没有心思想别的。我这把年纪了，从来没有想到去国外，也从来没想去获奖。青蒿素的研究，其实不是我一个人的功劳，是我们团队的成果。

陶瑜瑾说："我也是做科研的，非常理解屠呦呦的这种心情，在她的心里，只有研究是第一位的，只有造福患者是最重要的，名利之类看得非常淡泊。"

屠呦呦获诺奖带来的启示

1.集体与个人贡献的关系

在1979年发表的关于青蒿素的第一篇英文报道中，包括屠呦呦在内的所有作者和研究人员都隐去了自己的名字。正是不署名这件事引起后来无穷的争论。

著名科学家饶毅教授说："在'文革'期间，中国的所有文章（无论是论文还是报刊上的文章），除了毛泽东的出版物和马列经典外，几乎都不标明作者，特别是个人作者，要么不标作者、要么用集体作者。为了平等而取消标明作者,带来其后更多争论,颇具讽刺意味。"

无论是拉斯克奖,还是这一次的诺贝尔奖颁发给屠呦呦之后,在国内都掀起了激烈的争论。反对者认为把发现青蒿素的功劳记在屠呦呦一人名下显然有失公道,认为这一发现绝对应该是集体的功劳。还有不少人认为青蒿素是自己首先发现的等等,一时争论得不可开交。

之所以国内有这样激烈的争论,大部分国人认为这一争论实际上应该归咎于我国在1980年代以前,过分强调集体主义和严厉批判个人主义价值观所致。集体主义中存在一个"群体取向"的维度,也就是说,在重视国家、社会利益的情况下,个人利益可以忽视,"自我"可以缺乏和丧失。而在个人主义中,强调"我"而不是"我们"。正因为如此,屠呦呦参加的523项目,在1978年最终官方认定的结论是:"这是我国科技工作者集体的荣誉,6家发明单位各有各的发明创造。"至今还有很多人坚持这一认定。持这种观点的人认为屠呦呦的署名和屡次获奖,是对集体主义的"叛离"。

而在互联网上不少人开始对中国集体主义价值观普遍性的认知开始了反击,在大量评论中,超过9成的网友力挺屠呦呦,对集体主义制度抹杀科学家个人功劳表示不满,认为屠呦呦获奖理所当然,应该反思的是中国现行科研制度。

这一争论表明,国内舆论已经开始为个人主义正名。不少网友引用诺贝尔生理学或医学奖组委会秘书格兰·汉森的意见:

> 毕竟,个体才能做出发现,而不是组织。在组织和机构变得愈发重要和有权力的时代,从中辨识出真正具有创造力并改变了世界的个体也变得愈发重要。

个人主义价值观作用正日益受到重视,类似屠呦呦这样"集体主义中的另类"肯定会越来越多,尤其在青年一代之中。

北京大学饶毅教授严正表示:青蒿素的发现被归功于屠呦呦。因为屠呦呦提出用乙醚提取,这对于发现青蒿的抗疟作用和进一步研究青蒿都很关键;具体分离纯化青蒿素的钟裕容,是屠呦呦研究小组的成员;其他提取到青蒿素的小组是在会议上得知屠呦呦小组发现青蒿粗提物高效抗疟作用以后进行的，获得纯化分子也晚于钟裕容。

可以肯定的是，这一争论将有益于中国科学事业的发展。

2.中国传统医学与现代科学之间的关系

屠呦呦获得诺奖还引发了中西医之争。公开的资料显示，给屠呦呦得到灵感的《肘后备急方》是古代中医方剂著作，为东晋时期葛洪所著，是中国第一部临床急救手册。书中对天花、恙虫病、脚气病以及恙螨等的描述都属于首创，尤其是提倡用狂犬脑组织治疗狂犬病，被认为是中国免疫思想的萌芽。

有趣的是《肘后备急方》本身并没有特别突出用青蒿治疗疟疾这一药方，但屠呦呦和其研究团队研制成功后，有些版本就以此为卖点，在封面上大字标明"国家一类药物'青蒿素'就源自该书治疗疟疾的一首单方"。

因此屠呦呦的获诺奖，使得传统医学和现代医学之争的硝烟再次燃起，中西医的拥护者各执一词，争得不可开交，以至于在中国中医科学院在屠呦呦获奖后的新闻发布会上，院长张伯礼也被问到了这个问题。

张伯礼说，中医药有几千年的历史，是老祖宗给留下的一份非常有价值的宝库，有很多东西都值得后人深入挖掘。但是，张伯礼也坦言，中医药毕竟是几千年前留下的东西，现在研究必须取其精华，同时结合现代的科学技术方法，把二者巧妙结合。"中医原创的思维、原创的经验和现在的科技结合，就是原创性的成果。实际上，青蒿素的研究就是这条路径。"张伯礼表示，"屠老师得奖对我们研究的方向和策略是个鼓舞，我们会更加大胆、深入地提取中医药的精华，更加大胆地结合现在的科学技术，做出更多贡献，解决更多问题，不但服务于中国人民，也服务于世界人民。诺奖的大门已经打开了，中国科学家们会不断去冲击，会不断有人获得这个奖项。"

"目前对我们误解的地方太多。比如某些人本身对中药并不了解，讲很多不负责任的话。"的确，很多完全不懂中医的人，在不同论坛上发表很多误导听众的意见，这种现象必须制止。张伯礼呼吁社会给中医药一点时间，让中医科研工作者静下心来努力去工作，拿出过硬的、可信的证据，就会逐渐被大家所接受。在他看来，中医被广泛认可，只是一个时间问题。

3. 质疑院士评选机制

屠呦呦的获奖,还引来了对国内院士评审机制的质疑。能够获得国际上大奖的科学家,却不是院士;而且几次参加评选都没有评选上。这件事本身就是一个巨大的讽刺。因此必然会使得许多人对院士评选机制产生疑问。不少人认为评选中过多地关注论文,而不是实际贡献。中国工程院院士张伯礼对此很遗憾地说:

"青蒿素的成果在国内外一直是被公认的,屠老师个人却很长时间没有得过大奖,或者说得到一个应该有的名分。""不能唯论文论,更要看到一个人实际的业绩。"

4. 失败乃成功之母

屠呦呦团队获得的成功,是在历经了190次的失败之后,才姗姗来迟的。

2015年,屠呦呦一篇题为《青蒿素的发现——中药的馈赠》论文,在世界著名的学术期刊《自然》上发表,屠呦呦在文中谈到献身科研过程中一些鲜为人知的故事。

"我们调查了2000多种中草药制剂,选择了其中640种可能治疗疟疾的药方。最后,从200种草药中,得到380种提取物用于在小白鼠身上的抗疟疾检测,但进展并不顺利。

"东晋葛洪的处方给了我灵感。1971年10月4日,我第一次成功地用沸点较低的乙醚制取青蒿提取物,并在实验室中观察到这种提取物,对疟原虫的抑制率达到了100%。这个解决问题的转折点,是在经历了第190次失败之后才出现的。

"青蒿素治疗疟疾在动物实验中获得了完全的成功,那么,作用于人类身上是否安全有效呢?为了尽快确定这一点,我和同事们勇敢地充当了首批志愿者,在自己身上进行实验。在当时没有关于药物安全性和临床效果评估程序的情况下,这是用中草药治疗疟疾获得信心的唯一办法。

"在自己身上实验获得成功之后,我们课题组深入到海南地区,进行实地考察。在21位感染了疟原虫的患者身上试用之后,发现青蒿素治疗疟疾的临床效果出奇之好。

"很难描述自己的心情,特别是在经过了那么多次的失败之后,当时自己都怀疑路子是不是走对了，当发现青蒿素正是疟疾克星的时候，那种激动的心情难以描述：成功是在历经了190次的失败之后，才姗姗来迟的。"

当时由于科研条件简陋环境差，盛放乙醚浸泡青蒿的大缸，时时发出刺鼻的气味……后来，屠呦呦还因此得了中毒性肝炎。但是这些困难都没有吓倒屠呦呦和她的研究小组成员们。

正是这种不畏失败的精神，不畏艰难困苦的精神，使她和她的研究小组获得成功，并获得来之不易的荣誉。

神舟"总舵手"戚发轫

戚发轫，1933年出生于辽宁省复县（今瓦房店市）。国际宇航科学院院士，中国工程院院士。1957年毕业于北京航空学院（现北京航空航天大学），分配到中国运载火箭技术研究院工作。1968年调入中国空间技术研究院从事卫星和飞船的研制，曾任研究院副院长、院长，同时担任过多个卫星型号和飞船的总设计师。

人物简介

戚发轫，1933年出生于辽宁省复县一个农村家庭，5岁的时候与家人一起迁往大连市。在日占区他一直接受的是日本人的奴化教育，但是从小戚发初就一直仇恨日本占领者，因为内心有一种强烈的"强国梦"，并且这也成为他一生坚定的理想与信念。

解放以后，1952恰逢全国高考统一招生，这时19岁的戚发轫在填写志愿表的时候，把三个志愿都填为"北京航空学院"，决心为祖国的国防贡献自己所有的力量！

中国工程院院士戚发轫

1957年毕业于北京航空学院后，戚发轫被分配到中国运载火箭技术研究院工作，这正如自己所愿，所以他兴奋得不得了。

在主持中国第一颗人造卫星研制工作时，戚发轫提出完整的地面实验方案，为保证发射成功做出了重要的贡献。在主持"东方红二号"通信卫星研制工作时，提出并建立了卫星可靠性设计规范，为提高卫星可靠性做出了有益的工作。在主持"东方红三号"第二代通信广播卫星时，采用公用平台和模块化设计原则和多项新技术,不仅使中国通信卫星上了一个新台阶,并为后续卫星研制提供一个技术成熟的公用平台。在主持"神舟"系列飞船时制定了具有中国特色、符合中国实际情况的总体方案,神舟五号载人飞船完成了中国首次载人飞行。作为总设计师在解决卫星和飞船研制过程中的重大工程技术问题上,发挥了指导和决策作用,做出了系统的、创造性的成就和贡献。

由于这些重大的贡献,戚发轫曾获国家科学技术进步奖特等奖二次,一等奖、三等奖各一次,航空航天部劳动模范,全国五一劳模奖章获得者,成为国家级有突出贡献中青年专家,享受政府特殊津贴。2000年获中国工程科技奖,2001年当选为中国工程院院士,2003年获何梁何利基金科学与进步奖。

厚积薄发

1957年,刚出北航校园的戚发轫来到了刚成立不久的国防部五院。这是新中国第一个为研制导弹、火箭而成立的研究院。神秘之色包裹了这些特殊的人,可是导弹比他们本人更神秘。为了揭开导弹头上神秘的面纱,钱学森钱院长亲自给他们主讲"导弹概论"。一群纯粹的门外汉,被前行的大师拉进了导弹研究的大门。从此,戚发轫就身不由己地成了航天事业的一块"砖",哪里需要就往哪里搬了。

上世纪50年代末到60年代初,意气风发的戚发轫参与了中国第一枚仿制导弹东风一号的研制工作。

1966年,因承担"两弹结合"任务而进入酒泉发射场的戚发轫,在戈壁荒原上一连奋战了5个月。这年10月底,他们终于盼来了中国首枚导弹核武器发射的时刻。那天上午,伴随着一声巨响,离弦之箭准确命中目标,发射试验取得圆满成功。

搞过导弹之后,戚发轫又参与了中国长征一号运载火箭的结构和总体设计。正当他打算在火箭研制的天地大干一番之时,聂荣臻元帅亲自批准把他和另外17人(被人称为"航天18勇士")调往新成立的研制卫星的研究院,也就是后来的"中国空间技术研究院"。

1968年,戚发轫正式从火箭研制转向卫星研制,并成为中国自行研制的第一颗卫星——东方红一号的技术负责人之一。

此后,他当过多颗通信卫星的总设计师,直到担任飞船总设计师。

没有刻意追求,中国航天史上许多的"第一"自然而然地融入了戚发轫的生命中:第一发导弹、第一枚运载火箭、第一颗卫星、第一艘试验飞船,都让他给赶上了。

有人开玩笑,说这些"第一"写在他的生命中,与他的名字有关。"发轫",字典里这样解释:"拿掉支住车轮的木头,使车前进,比喻新事业开始。"一个有如此寓意的名字,融进了我们航天事业的每一次辉煌。

神舟帅印

戚发轫,作为中国航天领域的技术专家,中国知名的空间技术专家,自1957年从北航毕业进入航天领域工作开始,不仅亲自参加了中国第一颗卫星——东方红一号的研制工作,而且主持过东方红二号、风云二号、东方红三号等6种卫星的研制,还亲自组织了十余次卫星发射任务。1992年,他走马上任"神舟"飞船总设计师的职位。

飞船总设计师是一个外人眼中光环笼罩的职位,可是有谁能够想到这项工作背后的艰辛?

当上级领导让他从东方红三号卫星总设计师的角色,转换到飞船总设计师时,他对以前的岗位竟有些难以割舍。因为自1968年开始,他是亲眼看着中国的通信卫星完全依靠中国人自己的力量使其诞生、发展,继而一步步走向成熟的。从第一颗试验通信卫星到东方红二号再到东方红三号,设计寿命越来越长,通信容量越来越大,技术上不断上台阶。研制的过程中,他和他的研制队伍结下了深厚的情谊。

他的留恋也有一点"私心":已是59岁的年龄,还要像年轻人一般去自己不熟悉的领域学习新东西吗?造飞船不同于搞卫星,要胜任总设计师的角色,要绕过一系列的"关口"。此外,载人航天的风险显而易见,担当重任首先就要具备能够坦然面对风险的承受能力。戚发轫为此有些犹豫。

不过,与以往历次接受新任务、转换新角色时一样,想到组织的信任,他执掌起了飞船设计的帅印。在临近花甲之年,戚发轫步入了人生又一个需要探索的新天地——研制飞船。

呕心沥血

几十年来戚发轫一刻也没有停止对飞船研制工作的高标准严要求。从神舟一号试验飞船开始,凡是能被人预想出来的万一会出现的问题,戚发轫都要求设计人员千方百计去发现和寻找,有时就像大海捞针,但他却从不言放弃。

早在1999年11月发射试验飞船之前,在有人提出"火箭升空到一定高度工作结束,该与飞船分离的时候,万一分不开咋办"的问题后,工程总体部门就要求飞船上再增加一项能让航天员手控发送分离指令的功能,以对付这个万一。这个指令要从飞船送到火箭上,还要有独立的电源来支持,牵扯的问题比较多,解决起来很是棘手,当一些人带着抱怨情绪议论纷纷时,戚发轫果断地宣布:只要是为保成功,保航天员安全,我们就只能有一个字,干!

夫妻情深

新世纪之初,神舟二号飞船开始了新的太空之旅。2001年1月10日这一天,世界各地的电视、报刊、广播、网站一齐发布着这样的新闻:"中国第一艘无人飞船发射成功!"

这是中国载人航天工程的第二次飞行试验,对全面掌握和突破载人航天技术有着重要意义。为了造好这艘飞船,戚发轫承受了更多的压力与情感上的煎熬。

以前,是家庭的支持,让戚发轫开足马力驰骋在通往太空的大道上。经常晚下班,经常不回家。

"做航天人不是件容易的事儿",戚发轫常常这样说。他为常常不能在家陪伴妻子、儿女而深感愧疚。好在爽快、贤惠的妻子老姜,对一生埋头航天事业的丈夫已经"修炼"到了习惯加理解的境界。老姜的心愿就是戚发轫能有时间和她一起在家吃饭。

在神舟一号试验飞船发射之前,老姜参加了由夫人们组成的"支前代表团",到酒泉发射基地参观,在那里充分理解了丈夫工作的重要意义,也更能理解身在前方的丈夫的艰辛。那一次,老姜动情地对戚发轫说:"我一定全力支持你早日将中国的航天员送上太空。"

自此,这个愿望就成了夫妻二人共同的心愿。

然而,美丽的心愿未了老姜就病倒了。在戚发轫为第二次发射飞船进入发射场时,老姜的肺癌已到了晚期。进场之前,他是白天忙任务晚上去医院,哪头也不能耽误。这样没日没夜地转下来,一下子憔悴了许多。一边是国家赋予的神圣使命,一边是亲人流露的期待目光,自己同时还在受着高血压、高血脂、高血糖的折磨,戚发轫把所有的压力与苦楚一同默默地承受下来。

就在第二艘神舟飞船发射成功后不久,相濡以沫的老伴被无情的病魔夺去了生命。失去了相随相伴的爱人,戚发轫悲痛欲绝。

这以后,他化悲痛为力量,对工作更加一丝不苟、精益求精。

三步方案

戚发轫说:1992年1月,中央确定了921中国载人航天工程。在前期准备时,确定了三步走的方案。第一步,建立一个大系统,把中国自己的航天员送上天,运行一段时间,安全返回到地面。这一步通过神舟五号和六号已经圆满地解决。第二步,要建立一个航空实验室,为第三步建立空间站作一些技术准备和技术实验。

这就有很多关键技术要解决。首先,建立空间站,就需要大部件的组装。空间站在运行过程中,万一有问题要去维修,航天员就要完成修理任务。因为空间站不是一次发射,是多次发射,要对接起来。空间站有了以后,飞船作为一个天地往返的运输工具,可以和另外一个空间实验室和空间站对接,所以必须有交会、对接的技术。

几个大的舱段,对接以后变成一个组合体,能够很好地运行。这些问题都要通过第二步来解决。

第三步,建立一个长期有人驻守的中国空间站,做很多地面完不成的工程、技术和科学实验。

飞天路上

神舟三号飞船发射之后,有专家又发现一个不安全因素:在进行大气层外救生时,由于运载火箭燃料未用尽,而火箭与飞船的分离速度又不够,有可能造成空中"追尾"事故。万一爆炸,可能直接危及飞船与航天员的安全。为了避免这一事故的发生,就要增加火箭与飞船的分离速度,戚发轫立即组织科技人员对飞行程序、飞行软件等进行修改,竭力阻止火箭与飞船在空中"接吻"。

几年来,戚发轫和他的同事们为增强飞船的可靠性与安全性,绞尽了脑汁,发现问题、解决问题半点不敢懈怠。排除各种疑虑,使航天员有了更平安飞行的保证。

神舟飞船对接场景

令戚发轫深感欣慰的是,从1999年11月20日发射神舟一号试验飞船至今,中国航天飞船已相继经受了太空的洗礼,每一次发射都是一次新的跨越,航天员"一步登天"的天梯,在一次又一次的跨越中搭建完成。站在这个直入云端的天梯前面,他已经为航天员准备好了这样一句话:"年轻人,放心飞吧,你们一定能平安归来!"

参考文献

何学良,李疏松,[美]何思谦.海国学志——留美华人科学家[M].上海:上海人民出版社,2007.

黄健.走近科学家[M].长沙:中南大学出版社,2000.

杨建邺.20世纪诺贝尔奖获得者辞典[M].武汉:武汉出版社,2001.

张建伟,邓琮琮.中国院士[M].杭州:浙江文艺出版社,1996.

核工业神剑文学艺术学会.科学家的足迹[M].北京:原子能出版社,1991.

宋健."两弹一星"元勋传[M].北京:清华大学出版社,2001.

熊杏林."两弹一星"功勋科学家——程开甲[M].长沙:国防科技大学出版社,2003.

北京电视台海外节目中心"世纪之约"栏目组.世纪之约:科学人生[M].北京:中国青年出版社,2003.

涂元季,马京生,罗元生,等.科学人生——中华人民共和国十大功勋科学家传奇[M].北京:西苑出版社。2002.

杨建邺.爱国科学家的故事[M].武汉:华中师范大学出版社,1996.

吴大猷.回忆[M].北京:中国友谊出版公司,1984.

杨振宁.杨振宁文集[M].上海:华东师范大学出版社,1998.

杨建邺.杨振宁传[M].长春:长春出版社,2003.

魏洪钟.细推物理须行乐——李政道的科学风采[M].上海:上海科技教育出版社,2002.

顾迈南.丁肇中[M].北京:新华出版社,2002.

张汉如,吴练达.李远哲——诺贝尔奖坛上的华裔科学家[M].福州:福建教育出版社1993.

黄卓然,卢遂业,卢遂现.求知乐——崔琦教授的诺贝尔奖之路[M].北京:科学出版社,2004.

李剑君、曹慧.朱棣文——捕捉原子的诺贝尔奖得主[M].北京:北京交通大学出版社,2006.

高锟.潮平岸阔——高锟自述[M].许迪锵,译.香港:三联书店,2005.

江才健.物理科学的第一夫人——吴健雄[M].上海:复旦大学出版社,1997.

吴大猷.早期中国物理发展之回忆[M].上海:上海科学技术出版社,2006.

丘宏义.中国物理学之父——吴大猷[M].乌鲁木齐:新疆人民出版社,2004.

张怀亮.吴健雄传[M].南京:南京大学出版社,2002.

[美]迈克尔·坎内尔.贝聿铭传——现代主义大师[M].倪卫红,译.北京:中国文学出版社,1997.

史建.大地之灵:东西方经典建筑艺术的魅力[M].济南:山东画报出版社,1998.

刘晓莉.田长霖的伯克利之路[M].北京:北京大学出版社,1999.

张克荣.李昌钰[M].北京:现代出版社,2004.

李昌钰,刘永毅,季树仁.神探李昌钰破案实录:美国世纪大审判[M].桂林:广西师范大学出版,2007.

刘克峰,季理真.丘成桐的数学人生:数学与数学人[M].杭州:浙江大学出版社,2006.

胡文中.詹天佑[M].广州:广东人民出版社,2009.

陈群,张祥光,周国钧,等.李四光传[M].北京:人民出版社,1984.

顾迈南.华罗庚传[M].石家庄:河北人民出版社,1985.

王元.华罗庚[M].南昌:江西教育出版社,1999.

张奠宙,王善平.陈省身传[M].天津:南开大学出版社,2004.

公盾.茅以升:中国桥梁专家[M].北京:中国展望出版社,1985.

茅玉麟,孙士庆.茅以升[M].贵阳:贵州人民出版社,2004.

林家治.吴有训图传[M].武汉:湖北人民出版社,2006.

胡宗刚.不该遗忘的胡先骕[M].武汉:长江文艺出版社,2005.

马新生.严济慈[M].贵阳:贵州人民出版社,2005.

段志文,钟学敏.核物理先驱——赵忠尧传[M].杭州:浙江人民出版社,2007.

苏步青.神奇的符号[M].长沙:湖南少年儿童出版社,2010.

郑作新.与鸟儿一起飞翔[M].长沙:湖南少年儿童出版社,2010.

崔纪敏.科学巨匠:王淦昌[M].石家庄:河北教育出版社,2000.

郭兆甄,苏方学.日魂:著名核物理学家王淦昌[M].北京:解放军出版社,2001.

常甲辰.王淦昌[M].贵阳:贵州人民出版社,2005.

刘海军.束星北档案:一个天才物理学家的命运[M].北京:作家出版社,2005.

李鸣生,岳南.寻找"北京人"[M].北京:华夏出版社,2000.

贾兰坡.悠长的岁月[M].南京:江苏人民出版社,2008.

谈家桢.生命的密码[M].南京:江苏人民出版社,2008.

祁淑英,魏根发.科学巨匠:钱学森[M].石家庄:河北教育出版社,2000.

柯琳娟.钱伟长传[M].南京:江苏人民出版社,2009.

葛能全.钱三强[M].济南:山东友谊出版社,2006.

王霞.自然之子:著名核物理学家彭桓武[M].北京:解放军出版社,1998.

关洪.胡宁传[M].北京:北京大学出版社,2008.

王舒.风云人生:叶笃正传[M].南京:江苏人民出版社,2009.

熊杏林.程开甲[M].贵阳:贵州人民出版社,2004.

柯琳娟.让数学回归中国——吴文俊传[M].南京:江苏人民出版社,2008.

朱邦芬.黄昆——声子物理第一人[M].上海:上海科学技术出版社,2002.

王增藩.科学巨匠:谢希德[M].石家庄:河北教育出版社,2001.

彭洁清,高智.姚同斌[M].北京:金城出版社,2008.

《纪念钱宁同志》编辑小组.纪念钱宁同志[M].北京:清华大学出版社,1987.

钱理群.心系黄河——著名泥沙专家钱宁[M].北京:科学普及出版社,1991.

祁淑英,魏根发.科学巨匠:邓稼先[M].石家庄:河北教育出版社,2000.

葛康同,邓仲先,许鹿希.两弹元勋邓稼先[M].北京:新华出版社,1989.

苏方学,郭兆甄.民族之光:著名核物理学家邓稼先[M].北京:解放军出版社,2001.

郭梅,庞茹.梁思礼传:梦想与火箭一同起飞[M].南京:江苏人民出版社,

2009.

顾小英,朱明远.我们的父亲朱光亚[M].北京:人民出版社,2009.

黎占亭.蒋锡夔[M].北京:金城出版社,2008.

王建蒙.奔月:中国探月工程总设计师孙家栋[M].北京:当代中国出版社,2007.

谢长江.袁隆平传[M].贵阳:贵州人民出版社,2004.

王丽丽,李小凝.陈景润传[M].北京:新华出版社,1998.

润涛,陈昕.欧阳自远传——飞天揽月[M].南京:江苏人民出版社,2009.

白晶.王选传——方正人生[M].南京:江苏人民出版社,2010.

刘道玉.一个大学校长的自白[M].武汉:长江文艺出版社,2005.

《屠呦呦传》编写组.屠呦呦传:中国首获诺贝尔奖的女科学家[M].北京:人民出版社,2017.